〔師道〕

南懷瑾「心要」

怀师文化编委会 ◎ 编著

国际文化出版公司
·北京·

图书在版编目（CIP）数据

师道/怀师文化编委会编著. —北京：国际文化出版公司，2015.7
ISBN 978-7-5125-0789-0

I.①师… II.①怀… III.①师德 IV.① G451.6

中国版本图书馆 CIP 数据核字（2015）第 135159 号

师道

作　　者	怀师文化编委会
责任编辑	赵　辉
总 策 划	葛宏峰
统筹监制	兰　青
策划编辑	福茂茂　耿媛媛　雷　娜
特约编辑	宫　岩　刘江艳
美术编辑	秦　宇
出版发行	国际文化出版公司
经　　销	国文润华文化传媒（北京）有限责任公司
印　　刷	北京天恒嘉业印刷有限公司
开　　本	710 毫米 ×1000 毫米　　16 开 24.5 印张　　　　　　　243 千字
版　　次	2015 年 7 月第 1 版 2018 年 12 月第 2 次印刷
书　　号	ISBN 978-7-5125-0789-0
定　　价	58.00 元

国际文化出版公司
北京朝阳区东土城路乙 9 号　　邮编：100013
总编室：（010）64271551　　传真：（010）64271578
销售热线：（010）64271187
传真：（010）64271187-800
E-mail: icpc@95777.sina.net
http://www.sinoread.com

教育的目的是什么呢？就是传统文化上的"化民成俗"四个字。教育担负的最大责任不是传承知识，而是移风易俗，这是师道的精神。

——南怀瑾

前 言

南怀瑾先生，1918年出生于温州乐清世代书香世家。先生幼承庭训，饱读诗书，少年时期就已读遍诸子百家的各种经典。他精研儒、释、道，将中华文化各种思想融会贯通，是当今享誉中外的文化大师、国学大师。先生毕生讲学无数，著作等身，教化人间，门生弟子受益者遍天下，堪称"一代宗师"。

南师早年发弘誓愿，弘扬中国传统文化，重整文化断层。1969年，先生创立了东西精华协会，旨在促进东、西文化精粹之交流，数十年来无论身在何处，都秉持这样的精神演说、授课。南师在台讲学三十六年，旅美三年，后居港十数年。在港期间，先生为促进两岸和谈，投资国内建设及推动全球儿童读经运动等事业终日操劳。

南师民族情怀根植于心，书剑飘零大半生后，终于寻根问源回到故土，建立学堂，为弘扬、传承和复兴民族文化精华和人文精神不遗余力。在金温铁路通车之时，先生当即作了一首诗："铁路已铺成，心忧意未平。世间须大道，何只羡车行。"耄耋之年，南师始终惦记着的还是要为子孙修一条"人生大道"，在太湖大学堂启动的第一天，先生曾郑重地宣布："现在这个地方，我想继续修一条'人道之路'开始的基地，再启动一下。"这是南师晚年做的大事之一，开辟太湖大学堂"教育实验基地"。

南师一直想写一部教育的书，全面梳理上下三千年中国教育思想的历史。他曾说，教育问题太复杂了，没有几百万字说不清楚的。直到先生匆匆离开我们前，终于完成《廿一世纪初的前言后语》一书。可以看得出，这应该是南师说的那部巨著的纲要，或许这也是他老人家留给世人的一个话头。南师给世人留下的话头很多，需要我们用心细细参读。

曾有一些来自国外和国内教育机构组织的教育参访团到太湖大学堂考察，他们大多是校长和教育专家，考察之后反馈的感言也都是激动不已，感慨万千。正如南师的秘书马宏达先生所说："老师说盖这片地方（太湖大学堂），办这两个学校，与过去办其他文化教育机构一样，也都是暂时一用飞鸿踏雪的方便花样而已，重点不在于这些机构本身，而在于推动国家与社会对文化教育事业的反省与重建、继往与开来。"

感念南师对教育的心愿，结合我们对南师"教育实验"的亲身体验和心得，作为教育工作者，我们内心自觉有一份不可推卸的责任，把南师的教育理念和"实验"经验推广到社会，让更多人参与研究。因此，我们觉得有必要首先把南师教育思想中"师道"的命题特别呈现出来。根据当今教育实际，我们整理编写了《师道》一书。希望借此核心概念，引导人们研究、讨论和践行，并依此不断修正、补充、扩展和完善《师道》内容，故做为"心得记要"，即"心要"。

由于学力和编写时间有限，再加上我们对南师理念的认识，也只能说是隔山望海，不足之处在所难免，敬希各位前辈、同仁和朋友们不吝赐教指正。

怀师文化编委会　赵强
2015年1月5日

目　录
Contents

◎ 第一部分：中国的师道

第一章　尊师重道　/003

尊师重道精神　/004

中国传统文化的师道　/005

现行三级学校的敬师　/008

家庭与社会的尊师　/009

师道的自尊　/011

师道尊严　/014

第二章　通晓中国文化的经师与人师　/019

万古通晓的文化体系　/020

先研究大小学　/021

中国的书院　/022

尺牍与师爷　教授与叫兽　/023

儿童经典诵读工程　/024

经师易得　人师难求　/025

民办、官办教育的历史得失　/027

知识分子的榜样与精神追求　/028

◎ 第二部分：为师之道

第一章　教育的宗旨和目的　/039

孔子的教育宗旨　/040

教育的目的　/043

有教无类——孔子的学费问题　/071

教育要知性情　/072

学以为己　/087

反求诸己　/097

学而不厌，诲人不倦　/124

见与师齐，减师半德　/126

教育是增上缘　/128

第二章　为师的学问修养和品格　/131

孔子的素描　/132

温良恭俭让　/134

学问的修养　/139

不迁怒，不贰过　/152

博学，审问，慎思，明辨，笃行　/156

进步和退步　/160

过犹不及 /163

勿轻后学 /165

诚敬 /168

谦虚和自信 /194

百无一用是书生 /197

名利浓于酒 /199

性天风月　春风化雨 /215

第三章　施教　/229

教育靠影响 /230

应机施教 /242

因材施教 /256

传统教育的教法 /271

诗教和礼乐 /289

静定 /301

循循善诱 /331

刺激和诱导 /335

玩索而有得 /338

无有定法　贵在得法 /340

◎ 第三部分："师道"久违　"体用"待明

第一章　有关中学与西学的体用问题　/347

体用之见　/348
百年的人与事　/349
戴鸿慈的资料　蒋梦麟的说法　/350
西学为体的百年　/353
西方的毒害　/355

第二章　中和位育　/359

致中和　/360

第一部分：中国的师道

第一章　尊师重道

在五千年来中国文化的传统中,"师道"的尊严、"尊师重道"的精神和礼仪上的风气,俨然已与"君道"互相对峙,构成"政"、"教"互助的特质。即使没有读过书、没有受过教育的人,在文化传统的熏染中,也都知道"尊师"的重要。

尊师重道精神

"尊师重道",是人类文明的共通德性,无论中外都是一样,只有礼仪形式上的不同,并无精神上的差别。

在五千年来中国文化的传统中,"师道"的尊严、"尊师重道"的精神和礼仪上的风气,俨然已与"君道"互相对峙,构成"政"、"教"互助的特质。即使没有读过书、没有受过教育的人,在文化传统的熏染中,也都知道"尊师"的重要。尤其在过去的民间社会,不读书、不进学校、自由从师学习百工技艺为专业的人,其"尊师重道"的精神和行为,比起读过书、受过教育的人,有过之而无不及。至于习"武"的人,对于"尊师",更加重视。

但在二十世纪,数十年间,师之不尊,道之不行,其所由来者久矣。因此社会苦心复兴中国文化,强调"尊师重道"的行谊，每逢一年一度的"教师节"，特别提倡"敬师"的运动，实在是煞费苦心。

但从另一角度来看，衰落才须复兴，颓废才须提倡。正因为中国文化的优良精神，经过几十年来的蜕变、没落，产生了许许多多的弊病，所以才须复兴和提倡。即如"尊师重道"一事来说，也正因为感慨于"师道"的沦夷，因此才重新号召。老子所谓"六亲不和有孝慈"，也便是这个道理的反映。可是多少年来，无论在教育界、在社会间，提倡"尊师重道"的风气，确实有改进吗？事实并不如此。相反地，如果深入观察，反而看到现代师生之间的彼此排斥、不信任、轻视，甚之互相仇视和伤害等不正常现象比比皆是。由此可知，一种优良的礼仪风气养成，绝不能单靠制度或规定。它的基本根基仍然有赖于教育和学风的改正，以及整个社会风气和全民思想的培植。

中国传统文化的师道

回顾一下历史文化上有关"师道"的情形，"温故而知新"，可以得到准确的方向。在我们的传统历史上，师道的尊严，自三代开始，就与"君"、"亲"并行。所谓"作之君，作之亲，作之师"。

自东周以后，有孔子的精神和人格的感召，"万世师表"的典范，和"尊师重道"的观念，便与"君道"分途而截然独立。但与"亲"道仍然是互相呼应。秦、汉以后的"传经"和重视师承的风气，虽然渐已趋向狭小而发生流弊，但这种优良传统精神的存在，依然有其特殊的价值。

魏、晋南北朝之间，师道渐趋衰落，但因新兴佛教重视师承的作风，以及政治体制上确立了王者尊师的礼仪，"师道"为尊的精神，又走向一个新的境界。

到了中唐以后，韩愈写了《师说》与《原道》，为"尊师重道"和重视师儒的风气，又添了一番新的景象。由于儒、佛两家学风的影响，到了宋代，理学兴起，撷取《礼记》和"丛林制度"的精神，新的"尊师重道"的面目，便从此确立。

如果肯读一下"四朝（宋、元、明、清）学案"和"五种遗规"等书，资料具在，在此不必多说，因此自明、清以后，各阶层社会重视"师道"的观念，普遍流行。过去许多家庭的中堂，供奉了一个宗教式的牌位，上写"天、地、君、亲、师"五个大字，也便由此而兴。所谓"一日从师，终身为父"，乃至尊重"一字之师"的美德，也便为大家所乐道。民间社会和宗教上"师父"的称呼，以及帝王们在朝廷上对"师傅"的恭敬，也由此而成为当然的风俗。

可是，所说的这些故实，还只是历史上的精神形式。事实上，自宋、明以后，"师道"的尊严，并非只是对学生们的要求。

实际上,是师生互相尊重的礼仪。固然"一日从师,终身为父"是对学生们的教诫,但是老师对于受业的学生,亲情爱护,以及对他的学术思想乃至行为上,都需负起毕生的责任。学生对于老师,固然视之如父,但是老师对于学生,在中国礼仪的传统习惯上,向来都很谦抑,犹如兄弟的相处。所以古来称学生为"弟子",就有弟兄的意义。老师写信给学生,除了"贤契"等文绉绉的称呼以外,有时多以"仁弟"或"老弟"相称。老师自己的具名之上,不是加上"友生",便是"愚兄",表示互相的尊重。

即使学生中了"状元",做了"宰相",而在乡的教师,始终是青毡一席,没有博得功名,终老于白屋,一旦"状元"或"宰相"的学生,衣锦回乡,仍然还是执礼甚恭,犹如在学之日。

由此影响所及,从前官场的仪注,对于门生故吏之间的感情,也如师生一样。便是由于这种学风而来。

就中国文化史上师生彼此负责的事实,只举出宋、明以来历史上两三个故事,便可代表了这个观念。

第一个故事:就是宋代忠臣文天祥被陷在元朝的时候,他的学生怕他受不了威逼利诱,特别作了一篇祭文,连带祭品偷偷地送给他。他看了一笑,带信告诉学生们放心,他绝不会不忠而投降。

第二个故事:我们都知道明代的忠臣方孝孺,不肯为明成祖的篡位写诏书,惹得成祖要杀他十族。古代最重的刑戮是灭九族，明成祖对方孝孺的灭十族，便是加上一个师族。这岂不是表示中国文化"师道"的尊严和师生之间彼此负责任的事实吗？

第三个故事：便是清代的年羹尧，相传他的禀赋非常恶劣，后来是靠一位明师教导出来而"文成武就"的。后来，他对请来教导子女的"西席"老师，也就特别恭敬、重视，优待异常。但是他在老师教书的地方，却贴了一副对联："不敬师尊，天诛地灭。误人子弟，男盗女娼。"这副对子，虽然很粗鄙，但也正是对教育和师生之间的互相责任上，下了一个严谨的忠告。

现行三级学校的敬师

最近二十多年来，我们所看到"尊师重道"的精神和风气，只有在小学的学生们，还可以保存这些气息。一开始进入中学，就渐渐地淡了，到了大学，就只有一些影子了，甚之，连影子也看不见了。至于一般的社会和家庭，有时提到老师一词，等于代表了讥笑和讽刺的笑料名词。在小学生们的纯洁心灵中，大体说来，对于好的老师的尊敬，真有神圣庄严之感。看到老师就要敬礼，同时又一半胆怯、一半含羞亲切地喊一声老师。可是一到初中，学生的年龄大了，老师的尊严也走样了——当然这与现行教育的学校制度是有密切的关系。于是对于"尊师"的态度，比起在小学时代，已经大大地打了折扣。再到了高中时代，比起初中，又减少到一半以上。如果一考进了大学，学生与师长之间，就几同陌路之人。甚之，离开课堂以外，在任何地方碰见了师长，还肯向老师翘翘下巴（不是点头），举举手打个招呼，老师们应该有"受宠若惊"之感。倘使亲切地喊一声"老师"，真会使你感到感激涕零，不胜感动呢！大学毕业以后，在别处遇见了老师，还能礼貌地招呼一声，那会使你觉得其人可以"德配尧舜，道贯先贤"了呢！这种情形，是现代中国人和教育界心照不宣、显而易见的事实。我们由此可知，在现行教育制度的学风之下，教育程度愈高，知识愈丰富，尊师重道的精神也愈减少。甚之，低到于零。唯有在军事学校的教育方面，大体上还能保留了固有文化的精神和袍泽情深的情感。

家庭与社会的尊师

除了因为学校的制度而形成"师道"沦夷的因素以外，社会和家庭教育方面，也逐渐地丧失了传统文化的精神，并不真正重视"师道"。因此与学校制度互为因果，便使五千年来的礼仪之风，几乎不绝如缕，这也便是最大的原因。过去的"尊师",因为由于某一个人的"传道、授业、解惑"之关系,所以对于传授精神生命学问的老师,终身视之如父。现在是以"母校"为标榜,一切的荣誉,归之于学校,教师们只是学校中的一分子。纵然有好的老师,一切荣誉,也只有归之于学校,与个人无涉。而且工商业影响整个时代,老师们按月领薪水、拿钟点费,等同工商业的行为,所谓上课也者,也便是出卖知识而已。品行和人格的教导,当然由训导处去负责,何必多事。教室和讲台上的蛛丝尘渍,自有总务处来管理,不必劳心。教师们没有固定的休息室,没有固定的茶水供应,那是活该,又有谁来管你?下了课,要赶快去赶交通车,学生要想在课外请教,实在没有时间,也没有地方——办公室。交通车赶不上,自掏腰包划不来,这个月的生活预算怎么办?至于负责"德育"的训导,以及具有"内相"之才的总务,是否真能做到与负责"智育"的教务互为一体,那也只有天晓得。其实,办"总务"和管"训导"的,根本各自为政,谁也没有做到,谁也没有责任。因此有许多学生们一离开校门,"怨声载道,有口皆悲",更影响了家庭和社会对于学校的轻视。学店观念和只要有学历的思想,便普遍流行,谁还管你老师的好不好呢!结果弄得对于个人"尊师重道"的风气沦丧殆尽,对于学校的情感和信赖,也只是若存若亡而已。

旧式的社会,"家教"便是教师,师严而从道尊。现在的请"家教",是由于社会的风气和有些家长们盲从升学主义的促使。大致说来，可以把他分为三类。

第一类：家长们也是受过教育的知识分子，不过都是现代人，学问思想，大多都在不中不西、不古不今的夹缝中。望子成龙心切，更有崇拜自然科学的时髦感，自己不管子女的天才和本质如何，只是要求老师努力向这一方向去教导孩子，有时候自己还顺便扮演一下旁听学生兼督学，往往弄得"家教"老师吃不消地知难而退。

第二类：家长们，尤其是主妇们，上了牌桌就六亲不认，孩子们学业的好坏——不是学业，只管考试，一切责之于"家教"的老师。学生们考不好，老师便是冤家。学生们考得好，就认为"这个家伙"还不错。

第三类：惨了！学时髦，请"家教"，根本就不知道为什么。"家教"的老师教完了，还凭特殊的身份，克扣报酬。

我们试想，"家道"如此，"师道"如此，中国文化怎么办？

师道的自尊

讲到"尊师重道"的话题，看来好像都是学校、社会、家庭的不对，老师们都是绝对的对似的。其实，人靠平地才站起来，同时也正因为有了平地才使人跌倒的！现在教育的进步和教育的普遍，比较三十年前，大有天渊之别。但是我们的国家，我们的文化，又加上正在一个"古今中外"的回旋中求复兴，求建设。所以忘记了旧的人格修养的教育思想和教育精神是"学问"，新的学识和技能的教育是"知识"。因此观念的分野，混淆不清，所以教育的思想和规定就乱了章法。同时人文学科的重要和科学新知识的重要，更没有完全分别确定其尊崇的地位，因此教育上的科目和课程，一味乱排，轻重倒置。又加上教育的来源不同，倾倒欧洲派和美国派的学人意见互相冲突，因此更使中国文化徒具口号，并无实质的内义可循。这还是对于教育前提的荦荦大者而言。其中的前因后果，各个存有许多关键，一时言之不尽。

至于从事教育事业的老师人才，扪心自问，是否真为教育而教育，这是一个很大的问题。虽然多少年来，自有专门培养教育师资的学校和学系，但是有关培养师资的"教育之教育"的问题也还不少。而且最大的原因，从事教育的已经有明文规定成为公教人员，因此做教师的是否都具有一片赤心为国家、为民族教育子弟而任教，或者仅为个人生活的需要而谋求任教为职业的，更需大加反省。

中国文化过去的明训是"学而优则仕"。但是过去的学而优不仕，而专为教师的真也不少。现在呢？一切受西方文化表层的影响，"学而优则商，商而不优则仕，仕而不优则教学"的，实在是一个罪过的思想。常听人说，"有什么关系，谋不到好职业,去教教书总可以吧!"你想,他有没有学问不要说,但以此存心而从事教育,其后果不问可知矣。而且教育界的老师,原来如此,又怎么能够使人尊敬他为清高或高尚的职业呢!此外,无论在大小学教师之中,有的教科学的,教的是几十年前陈年的知识,丝毫不图长进,有新书,有新知,便藏起来,不让学生们知道。有的教文法的,把图书馆里好的参考书,借回家后,有去无回,束之高阁。课堂上,大骂天下人、天下事一番,错的都是别人,不是自己。自我标榜学贯中西,才无今古,余子碌碌,都是混蛋,可惜你们与人们不懂而已。骂完了,已经去了三分之一的上课时间,然后查问一番,略讲一节,训诫几句,使学生们为了学分而忍气吞声地鞠躬如也,敢怒而不敢言。比较好一点的,写黑板,宣读一下自己的著作,上课、下课,如此而已。也许是时代的病态,形成了人们多多少少都有些肝火太旺,或者是心理变态的毛病。但是以此而言教育,那就要值得我们好好地反省深思了!如果骂人的教育,需要开课,这倒是很好的榜样。否则,夫子的"温、良、恭、俭、让",以及"望之俨然,即之也温"的教育态度,必须要努力去学习做到才好。我这番话的动机,绝对不存有任何其他意见。只是蒿目时艰,为了国家民族培养后一代青年们着想,所以偶尔发出伤时的感慨。希望大家能够真诚坦率地在"孔圣"面前由衷地忏悔改进。

师道

师道尊严

古云:"经师易得,人师难求",老师有两种,一个是经师,一个是人师。古代什么叫"经师"?教各种各样的知识学问。现在的幼稚园、小学老师,上至大学教授,不过是传播知识的经师而已。尽管现在有的人拿到博士学位,大多也是拿张文凭骗饭吃,学问还谈不上。活到老,学到老,学者效也,效法和效果,这个效果在哪里?很难了。

所以讲"经师易得",传播知识容易,"人师难求",用自己的行为、品性、言语影响学生,有道德有品性,一辈子给孩子们效法,这叫人师。

现在提一个问题,由幼稚园到初高中、大学,请问哪个老师影响你一生,给你的印象最深刻,你最敬佩的有几个?从小受教育到现在,多少老师都忘了,为什么?"人师难求"。

中国文化有君道、师道,到了后代师道超然独立,超过帝王和父母之上,这是做老师的尊严。我们称孔子为"大成至圣先师",做皇帝一样要礼拜,把师道尊奉在君道及父母之上,所谓师道的尊严到这个程度。上古历史有称三公,当了皇帝还有老师讲课。中国古代政治,譬如唐、宋朝以后,做皇帝的也要进修,每个月要请一个老师来讲课,老师是大臣学士或翰林院的大学士,请来的这些学者叫经筵侍讲,直到清朝还保留这个制度。

第一部分：中国的师道

有一个故事，讲明清这些太子、王子没有登位以前，也有宫廷的教育，是请民间考取翰林学士、学问好的，来教孩子们。皇帝、皇太后还亲自出来给老师行礼。某一代，这个皇太子不守规矩，不认真读书，吊儿郎当，那个时候一样要打手心的。这个太子被老师打了手心以后，老师再给太子跪下。打手心是师道，跪下是行臣子之礼，对不起了。太子回去跟老祖母皇太后报告，老师打我。老太后不高兴了，这个老师怎么可以随便打太子？不可以，祖母给你出气吧！就请经筵侍讲的老师进宫，皇太后请吃饭，但是很客气地讲，某某人啊，我们这个孩子请你教，是要严厉点，但是我们皇家的孩子，读书也做皇帝，不读书也做皇帝。这位大臣一听站起来，是，太后，读书的做圣贤的皇帝，不读书的是做暴虐的皇帝。这个皇太后一听愣了，马上说你讲得对，尽管打吧。

中国这一百多年来，出现教育问题了。教育是人性的问题，人性究竟是善良还是坏，还是不善不恶？在外国的教育哲学很少讨论这个，中国比较特别，有几派。春秋战国的时候，我们假设儒家以孔孟做代表，儒家讲人性是善的，人天生个个是善良的，后来怎么变坏了？思想行为受社会污染的影响，变坏了。所以孟子说，"恻隐之心，人皆有之"，人性是善良的，慈悲心本来有。为什么人性会变坏？——没有受到好的教育。

同样是儒家的荀子，他提的意见不同，认为人的天性是恶的，自私自我的。因为人性本来恶的，所以要教育，教育是为了把恶的习性改正为善良，这是教育的目的。

与孟子同时的学者，告子说人性不是善也不是恶，人生下来，天生非善非恶，善恶是人为加上识别，碰到事情的是非分别起来的。所以人需要教育，塑造成一个好的人格。

第四家，墨子（墨翟），他认为人性无所谓善恶，无所谓不善不恶，看社会教育给他染成哪个颜色，就变成那个颜色。

教育是讲什么呢？基本的教育原则是改正人性，使人向善良的方面走，这是一个目的。所以教育的目的是改进人性，教育就是政治，就是法律。

我们谈教育，讲人性善恶，都讲了，教育是改进人性，究竟应该严厉地体罚，还是只讲原谅呢？大有问题。

教育同人性有关系，你说一个年轻人犯了错误，是原谅他，让他自我反省改正，还是教育处罚呢？这是人性大问题，至于处不处罚，或让他自我坦白不坦白，这很难下定论，要临机变通的。总之，教育是启发引导人性向好的路上走。如说一定完全用爱心，要他自动启发的方法，除非他是圣人。

譬如清朝有一个很有名的大案。有个年轻人犯罪，做土匪头抢人，被绑到刑场，要被杀头以前，老规矩，做官的要问，你还有什么话吗？有。这个时候他提出来的，做官的要给他做到。他说我想见我的妈妈一面。那应该，马上派人把妈妈接来后，两个都痛哭啊。然后，妈妈说你还有什么话讲？他说妈妈你很爱我，我马上要死了，要离开你了，我要求吃你最后一口奶，妈妈解开给他吃奶，他一口就把妈妈的奶头咬掉了。他说妈妈我今天的下场就是你教出来的，我从小爱拿人家东西，你还鼓励我，说我那么聪明那么乖，每次你都那么教我，所以我认为偷人抢人是当然，才落到今天的下场。

那么，师道的目的是什么呢？就是传统文化上的"化民成俗"四个字。教育担负的最大责任不是传承知识，而是移风易俗，这是师道的精神。

第二章 通晓中国文化的经师与人师

　　中国文化讲教师是两个要点,"经师易得,人师难求",什么是经师呢?教四书五经、数理化、国文等各种各样的知识,教这个知识容易,所以讲"经师易得";"人师难求",用自己的行为、气质、言语影响学生,有道德有品性,一辈子给孩子们效法,这叫人师。人格的表率,像孔子、孟子一样,不容易!所以经师易得,人师难求。

万古通晓的文化体系

中国文化的定义有四个要素：言语、文字、思维方式、生活习俗，这些综合起来，包含了政治、经济、军事、文学等，都在内。所谓中国文化，是相对于外国文化而言，全世界有四大古老文化：印度、埃及、希腊、中国。所以研究中国文化，不要忘记了与其他文化对照。

拿一个国家的文化跟中国文化做对照，就是印度文化，它非常高深。所有世界上的宗教，包括摩西出埃及建立的文化世界，都是从古印度文化影响的范围来的，所有的宗教都是从印度来的。

中国文化跟印度文化同样是古老文化，我们开始不用宗教，而用科学，用数学、天文等，建立了中国文化。但是印度文化没有像中国文化这样，用统一的文字记载了几千年的文化内容，很可怜的。

四大古老文化的比较研究，其实问题很大、很多。比如我们现在全世界通用的阿拉伯数字1、2、3、4、5到10，原始是由印度传到阿拉伯而发展出来的。

我们要了解，自己的文化是这么一个特别的东西，掌握了这套文字的钥匙，一万年之后的人，读古人的书，没有时间距离。所以说文字语言特别重要！

先研究大小学

那么，研究文字先要研究"小学"，我们的文字学，最有名的一本书《说文解字》，汉朝许慎的。中国的文字有"六书"：象形、会意、形声、转注、假借、指事，六个方向。我们看象形字，有些是图画来的。

很多字是形声字，根据自然的法则，譬如"江"跟"河"，我们读"江"是照现在普通话发音，照广东发音，念"刚"，模仿长江流水的声音。河，"呵"，模仿黄河流水的声音。都是水字旁，旁边加一个字不同。形声来的文字有很多。

会意，许多中国字一个字指多方面，你一联系上下文就知道是什么意思。譬如我们听声音的"听"字，有时候在古文里这个听字不念平声，而是去声，任其自然的意思，是会意来的。

"六书"配合《康熙字典》,中国文字三个月就搞通了!像现在的教育方法,天天上课,搞通文字了吗?不知道。

中国的书院

什么叫书院?书院以个人导师为主。譬如朱熹办书院,湖南有岳麓书院,福建有白鹿洞书院,以朱熹为标志。清末民初有名的无锡国学专修馆,是以唐文治先生为主导。后来如清华大学讲国学,是因有陈寅恪先生而声名鹊起。而书院上课,不是大学这样上课,它是以老师为主的。在书院,有时候老师个把月不讲一句话,他读他的书,学生读学生的书。等他想到了要给学生上课的时候,一讲起来三个钟头也不停。学生说,老师啊,饭菜都冷了!他说,不要慌!他兴致没有完。书院是学生生活、学习、做事都跟老师在一起,老师有一个心得发现,会滔滔不绝地讲给学生听。有时候他不讲话,学生自己研究。然后学生讲给老师听,他也静静地听,除非这个学生说错了。如果没有错,"咦!你讲得有道理哦!呵呵,孺子可教也!"会这样奖励。

所以书院同佛教禅宗教育一样,四句话:"见与师齐,减师半德"——你的学问见解跟老师平等,减师半德,你只算一半。老师一百分,你只有五十分。为什么?老师起码比你大个一二十岁吧,等你再大十岁,老师的学问又增加了;"见过于师,方堪传授"——你的学问见解超过了老师,好学生!他把所有学问经验都告诉你,否则你消化不了,没有用。

所以做学生写信给老师不称"学生",而是"受业";那么老师回学生的信不称"老师",而是"友生",我是你的朋友,老朋友,代表了师生之间的关系,这是中国文化!

尺牍与师爷　教授与叫兽

现在学国学,先好好地把中国的"尺牍"学一学,学会写信。中国文化明清六百年间的政治,是靠秘书的,靠师爷,好的秘书是辅导老板的。清朝三百年满族人文化程度不够,是靠绍兴师爷。实际上清朝三百年治天下,是三百年浙江人治天下,浙江的绍兴师爷!学国文的讲,师爷做得好就是宰相。现在大家很可怜,连信都不会写,怎么说?"尊敬"是西方文化翻译,"亲爱的"啊,"达令"啊,"亲爱的某人","尊敬的南老师",南老师是个代号,你写给谁?下面那签名呢,比米南宫的草书还难认,而且不用姓的,譬如讲"王文明",他"王"也不写,来个"文明"。现在没有规矩,这个文化算个什么呢?

所以我们从"小学"开始学起,文字、音韵、训诂,只要花两三个月时间，就可以读古书了，变成大学问家。

原来的西方教育制度，大学本科毕业已经写论文了，硕士博士不上课，同书院制度一样，导师制，跟一两个老师研究专题。民国初期，还保持这个风气。

那时候，一个大学教授四百块钱银洋一个月，银洋，银子打的。以金为本位，一块银洋换算十毛钱，十个角子，上海叫十毛，一毛换三十个铜板，一个鸡蛋一个铜板。教授们四百块，做国家的部长四百五，多一点点，一天吃鸡鸭鱼肉不到七块钱，买一套英国的西装料做得最好，不到七块半八块钱。

那么，大学教授上课，一个礼拜不会超过六个钟头。然后，教授们出来坐的是黄包车，前面两个红灯，坐在上面大咧咧的比总统出来还威风。

现在是什么？现在教授，社会上有戏称是会叫的禽兽！老的是老叫兽，年轻的是小叫兽！现在教授是个代号，给人看不起。"穷得像教授一样！"这是什么文化时代？！

儿童经典诵读工程

讲到这个文化、这个时代的演变，"小学"，千万注意，讲国学先把这个学好。还有，多朗诵诗词文章，不朗诵不行！

譬如，在我们的祖国，包括在香港，几十年了，推广的儿童读书,人们叫做儿童读经,叫错了。中国文化的希望靠后代吧,发展导读,中文、英文、珠心算一起来。到现在,全国推广开来几十年,几千个幼儿园小学推行开了,边疆、穷苦的地方更多。所以影响到大家关注中国文化。

许多人要办书院,要恢复国学研究,这是个新的风气。但是,我们了解书院吗?读过书院没有?换句话说,书院的老师在哪里呀?看也没看过书院,光是理想。有一本书叫《五种遗规》,《四库全书》里有,办教育、书院,譬如朱熹当时怎么办的?还有做官是怎么做的?都有遗留下来的一小部分规矩,这些值得研究,当然不是说亦步亦趋,是研究它的精神和方法,这是研究方面。

经师易得 人师难求

以我们中国文化而言,知识分子、读书人应该有个什么目标呢?我们现在读书是为了什么?现在提一个口号,很难听,"教育无用论",教育无用。现在这样的教育是在糟蹋人才,贻害未来。譬如一个乡村的孩子,父母很辛苦培养他读了书,读到中学糟蹋了一半,读到大学,完了!这个孩子永远不回来了,到上海、北京各个闹市居住,要发财,要爬到金字塔的那个塔尖上去。农村那么辛苦,培养一个孩子出来,农村丧失了一个人才，没有人了！

今天这个教育是在竖这个金字塔，都向上面爬。而教的是知识，不是教的学问啊！人格没有养成，做人做事都不对，对社会、国家有什么真正益处呢？

中国文化讲教师是两个要点，"经师易得，人师难求"，什么是经师呢？教知识，四书五经、数理化、语文，教这个知识容易。人师呢，他的人格，他的一切，在导师制的书院可以做一位人师，人格的表率，像孔子、孟子一样，不容易！所以经师易得，人师难求。

那么，中国原来的知识分子读书的目标呢，是求学问，包括做人做事、身心修养等等一切的学问，这是凭兴趣来的，玩味一辈子，人格是平等独立的，同谋生是两件事。不像现在的人读书，都是为了谋生。现在反正社会的教育出问题，所以教育无用。

第一个，父母出问题，所有的父母培养子女，是把自己做不到的希望压在孩子身上，自己没有发财，希望自己儿女将来发财；自己没有做官的，希望儿女出来做官；自己理想做不到的，希望儿女将来给他做到。望子成龙，望女成凤，这是严重的错误！

第二个，升学主义，不是求学问。

第三个，读书的目标是升官发财，至少是赚大钱。

这是什么教育？搞不清楚。自己的社会、家庭、国家，教育没有个方向，没有个目标。你说他没方向目标，他却说我方向目标都有啊。有没有目标，你要看这个家庭、社会、国家教育的实际走向、目的是什么，不要看表面文章。

再譬如说，现在把中国隋唐开始的很好的考试制度，用到坏的方面去了。现在考试起来，连幼儿园小学还要考试，好的成绩考取了进名校，考不取了进差等的学校，这是什么教育？教育的目标是讲这个孩子不成器，你把他教成好的成器的人。读书是凭兴趣，靠启发的，那才有动力、有创造力！知之者不如好之者，好之者不如乐之者。现在变成了全力应付考试，有兴趣也给搞没了。所以现在说"教育无用论"，不晓得搞些什么！自己教育的方向目标，都没有研究清楚。

民办、官办教育的历史得失

再说，大家没有反省，我们想一想，中国三千年教育，由周朝到秦始皇，汉唐宋元明清，政府没有出几个钱办教育，你们怎么不去研究呢？那中国文化过去有没有学校？有啊，"学校"两个字夏朝开始的，唐朝有国子监，现在我们北京还有国子监古迹，汉朝叫太学。政府有学校啊，政府的学校等于现在的党校，高干子弟读的，不是给老百姓读的。老百姓是自己读书的，中国历史上这些名人、才子、忠臣孝子乃至最好的宰相、最好的文人、武将，都是民间自己培养出来的，培养一个货品给你朝廷、给你政府来买，人才是个货品，中国老百姓自己培养的，都是私塾出来的。所以古人说："学成文武艺，货与帝王家。"然后，政府用个什么功名，三年一考，五年一考，考取了做官或者备用。

历代没有像我们今天这样，花了多少的教育经费培养了多少人才，然后出来了还要负责给大家找职业，大学生失业的太多……中国本来诗礼传家，都是家里读的，自愿读的，要谋生就直接学谋生技术好了。这个我们要反省。

知识分子的榜样与精神追求

书院是宋朝开始的，宋朝真正开始提倡书院的是范仲淹，因为他是孤儿出身，他跟名宰相晏殊两个开始提倡书院。然后清朝有一个皇帝提倡，就是雍正皇帝，他下了命令各个州县都要办书院。但是书院是私塾制度，不是现在的学校制度。所以这个问题是大问题。

推翻清朝以后，教育怎么会变成现在这样？先给你带上个框框，像个紧箍咒，不能发展了。这又是一个问题。

现在回转来讲，中国的读书人，尤其现在学国学，国学是什么？是中国文化。中国文化是个大宝库，包括那么多内涵，不是孔子、孟子就能代表的。其实谁也不能完全代表，因为内容太丰富了。

既然研究中国文化,就要有思想准备,做学问准备凄凉寂寞一辈子。不想做官,不想出名,安贫乐道才能做学问。

那么,研究中国文化,第一个要学宋儒。宋朝的大学问家张载(横渠),是宋朝有名的五大儒之一,陕西人。他年轻的时候出来,到西北去当兵,找谁呢?找范仲淹,范仲淹在西北做大元帅,在边疆防守西夏很多年了。他是江苏吴县人,老元帅了,我们读范仲淹守西北的诗:"将军白发征夫泪",西北当时的敌人是大夏国,他守在那儿,多年没有战争,都是因为他在那里。可是他也很痛苦,将军白发征夫泪啊!张横渠来找他,范仲淹一看,你来干什么啊?他说我想当兵,范仲淹看了看说,过来,我俩谈谈。范仲淹也很赏识人才,所以他看张横渠,年轻聪慧,是有前途的,何必来当兵呢?

那么张横渠问了:那你要我干什么呢?回去读书,范仲淹就抽了一本《中庸》给他看,也许还送他两个路费吧。张横渠后来变成大儒,所以他的名言,读书的目的,做个学者为了什么?"为天地立心,为生民立命,为往圣继绝学,为万世开太平"。读书、知识分子的目的是这个。研究中国文化,应该以这样的精神来读书。

研究中国文化,学国学,还要懂诸葛亮的《诫子书》——诸葛亮写给儿子的信,这是千古读书人的名言。

> 夫君子之行，静以修身，俭以养德。非淡泊无以明志，非宁静无以致远。夫学须静也，才须学也。非学无以广才，非静无以成学。慆慢则不能研精，险躁则不能理性。年与时驰，意与日去，遂成枯落，多不接世。悲守穷庐，将复何及！

"君子之行，静以修身，俭以养德"，诸葛亮告诉儿子，先学会宁静，宁静不是单指打坐时思想的宁静，而是心境要随时可以宁静，欲望就减轻了。第二是俭，这个俭好像省钱的俭，同样的一个寓意，简化，脑子情绪不要复杂，一切都要简化，抓到要点。尤其这个时代，事情那么多，大家都忙昏了头，都在拼命，精神问题越来越多，要好好学习俭和静。静以修身，俭以养德。

"非淡泊无以明志，非宁静无以致远"，求学问的道理，先要学会把自己的思想情绪学会淡化，甘于寂寞，甘于淡泊，要安静。要是天天想着出去玩，欲望太多，就耽误很多时间。求学是非宁静无以致远的。

"夫学须静也"，学问要宁静。"才须学也"，才能是靠学问培养的。"非学无以广才，非静无以成学"。诸葛亮一辈子写的信都是几句，很简单，所以诸葛亮的一生只有两篇大文章，就是万古流传的前、后《出师表》。他文学水平非常高，写的信简单扼要，有时候只三句话，包含了很多。

"慆慢则不能研精，险躁则不能理性"，"慆慢"，傲慢，慆，自己得少为足，有一点点懂就认为了不起了，然后傲慢，看不起别人，这样求学没有用啊，不能研精，不能深入了。"险躁"，心里蹦蹦跳跳的，情绪很乱，则不能理性，不能养静，这句话讲做学问。

然后下面告诫儿子的话，"年与时驰，意与日去"，年龄一年一年长大了，时间溜走了，时间像车子一样，跑过去很快很快。"意与日去"，我们的意志、思想随着年龄大了会懒，堕落，勇气没有了。这八个字非常重要！他告诫"遂成枯落"，"悲守穷庐，将复何及"。他说如果你犯了这个毛病，一天偷懒，以上的告诫你做不到，随着年岁老大，遂成枯落，永远就是这个程度了！年纪大了才后悔，悲叹穷庐，少年不努力，老大徒伤悲！将复何及也，那个时候都来不及啦！

这是诸葛亮告诫儿子的一封信，简单明了，一辈子都适用。所以诸葛亮的一生，虽然帮助刘备建立一个国家，当宰相，他始终是"淡泊宁静"四个字，是他的学问修养。他死了以后，现在是万古一人，大家都想学他。他的学问是宁静来的，所以知识分子要学他。

第三个呢，要看南宋陈亮陈同甫的文章，他和朱熹同时代，比岳飞晚。陈亮跟谁最好呢？辛稼轩！他们很要好，陈亮是浙江金华永康人，他跟叶适反对朱熹这些单纯讲学问的——坐在那里，对国家社会有什么帮助啊！陈亮的话：

研穷义理之精微，辨析古今之同异，原心于秒忽，较理于分毫，以积累为功，以涵养为正，晬面盎背，则于诸儒诚有愧焉。至于堂堂之阵，正正之旗，风雨云雷交发而并至，龙蛇虎豹变现而出没，推倒一世之智勇，开拓万古之心胸，自谓差有一日之长。

　　"研穷义理之精微，辨析古今之同异"，现在学者做学问就是这样，研究哲学、宗教、科学，专门谈理论，"研穷义理之精微"，到了最精致最微妙最高的程度，学问很好，会写论文发表文章；"辨析古今之同异"，辩论、分析古代现代什么都会。他把朱熹这班学者们都批驳了。

　　"原心于秒忽，较理于分毫"，他说你们这样搞死学问没有用啊！"原心"，推究这个思想心理，呵！一秒一分，一刹那之间都把握。"较理于分毫"，写的文章都是逻辑，分毫之间都很严密。

　　"以积累为功，以涵养为正"，著书立说，论文积累一大堆。读书研究这些干什么？写博士论文很简单，两个要点：大题小做，小题大做。你研究什么？研究中国历史之演变。资料那么多！你读得完吗？研究中国历史三年当中的演变就够了！大题就小做。小题要大做，研究这个月的事情，把外国的资料呀，苏格拉底怎么说呀，什么人怎么说啊，都把它拿上来，有些书别人没有看过的，你都把它列出来，很有学问的样子。这样没有用啊！这就是以积累为功，堆起来就是一本书，一篇篇论文文章，这有什么用？"以涵养为正"，自己那里规规矩矩，讲朱熹他们，"睟面盎背，则于诸儒诚有愧焉"，修养很好，走起路来衣服穿得整整齐齐，坐起来像个学者，面孔养得很好，盎背——背上驼驼的，很有学问的样子。眼睛戴个八百度的近视眼镜，多漂亮！

接着看陈同甫的话，"风雨云雷交发而并至，龙蛇虎豹变现而出没"，这是说社会的复杂变乱，等于台风吹来，整个社会乱的时候，我拿出办法，拿出计划来，使整个国家社会安定。不管你是坏蛋还是好人，整个社会演变的时候，我所讲的学问，是可以安定天下的，这个才叫做真学问！

"推倒一世之智勇"，他眼睛里看你们一切都够不上。"开拓万古之心胸"，打开自己的胸襟思想，为这个国家民族社会建立一百年一千年的前途。他说如果这样做学问，"自谓差有一日之长"，对不起你们诸位老兄，我们一对比，这个我做得到，你们做不到！——他就那么讲。

引用这一段，是希望我们记住，"推倒一世之智勇，开拓万古之心胸"！要有这个心胸，有这个努力，扎实用功。

再补充一点，我们中国过去讲知识分子，翻开《史记》，孔子去见老子，给老子训了一顿，老子有几句话："君子得其时则驾，不得其时则蓬藁而行。"做一个知识分子，真要研究学问，学问自己累积，不一定要做官或发财。老子告诉孔子，他明知道孔子要救世救人,老子批评他,说时代不属于你孔子,你拉不回来。"君子得其时则驾",要把握机会,看到机会你再去。"不得其时",机会不属于你时,"则蓬累而行",最好隐姓埋名,不要去管事。

另外,引用《素书》的一段——做知识分子,读书人基本的修养在这里——这是黄石公传给张良的,后人考据,认为这个《素书》不是当时原文。就当他是当时传给张良的。《素书》有一段这样写:

> 贤人君子,明于盛衰之道,通乎成败之数,审乎治乱之势,达乎去就之理。故潜居抱道,以待其时。若时至而行,则能极人臣之位;得机而动,则能成绝代之功。如其不遇,没身而已。是以其道足高,而名重于后代。

"贤人君子,明于盛衰之道",要把时代看清楚,明于盛衰,看懂这个社会的变化;"通乎成败之数",你的知识学问,对做人做事,成功失败都要有把握;"审乎治乱之势",要观察整个社会的转变;"达乎去就之理",这是指个人,看清这些之后,个人应该怎么办啊?读书?还是学职业?还是求吃饭?乃至一个工作要不要做?都要自己晓得。"故潜居抱道,以待其时",知识分子四个字:"潜居抱道",自己有学问,自己不想出来,学问为自己修养。"以待其时",等待机会。"若时至而行,则能极人臣之位",有机会给你出来做一番大事业,极人臣之位,譬如做宰相。"待机而动",要等待机会,"则能成绝代之功"。机会不到,一切不要强求。"如其不遇",知识分子要有一个准备,自己要有个基本修养,"如其不遇",一辈子没有机会的,"没身而已",这一辈子默默,很寂寞地享受自己,有学问,怕什么!很寂寞,做一个出家人一样,没身而已,要能把享受寂寞当快乐。没有在寂寞中乐于学问的修养,也不可能有真学问。

因此,下面两句话,是读书人知识分子的基本原则,"是以其道足高,而名重于后代",这是告诉张良,有机会你出来帮一下,没有机会就算了,自己优哉游哉过一辈子。"是以其道足高",这个道,学问之道,才是求学问的目的,或者你将来自己著书立说做什么都可以。

第二部分：为师之道

第一章　教育的宗旨和目的

　　孔子教育的宗旨，就是文、行、忠、信。过去向德行的路上走，对于学生知识、学问的成就，还是第二步的要求。既然受过教育，至少第一步要打好品德的基础。几千年来，我们中国人的道德为什么如此敦厚呢？就是德行教育的结果。

孔子的教育宗旨

> 子以四教：文、行、忠、信。

现在有些研究孔孟学说的人，跟着新时代走，他们说孔子是非常科学的，在当时孔子就有分科教育了。他对学生们分有文、行、忠、信四门类别，好像现在分科分系的教育法。这是说笑话了。

孔子教育的宗旨是这四项：

第一"文"：包括了知识、文章——广义的文章。文章的文采、字句和条理，章是连起来的一大篇文理。狭义的是指文字作品叫文章，这是后世观念。在春秋战国时候，文应该是广义的文章，包括了一切知识及文学。

第二"行"：文章好，知识好，充其量变成文人。学者们要注意，古人早就有"文人多无行"的说法。所谓文人多半无行，就是说，知识多了，正理、歪理，条条有理，因此凡事满不在乎，便成了"名士风流大不拘"。还有，往往文章写得好的人，并没有什么实际的功业。看中国三千年来文学史，文学造诣高、诗词歌赋都行的人，在事业上并没有什么了不起之处。以诗人来说，杜甫、李白等在其他方面没什么大成就。在功业上有成就的人，不一定文学是好的。不过像唐代几个皇帝，文章诗词都非常好，尤其唐太宗诗作得非常好，不过他不肯作，书法也好。所以唐代文学好，是帝王们提倡的。宋朝的儒家，理学讲得好，推其原因，也是受宋太祖的影响。赵匡胤本身就内行，所以说转移社会风气在于一二人者，但不是你我一二人。这从历史上可以得到很多证明。但有功业的人，他的丰功伟业又往往盖住了文学上的才气。所以孔子四教中的"行"，也不是单指普通的操行，而是指一生事业的成果。

第三"忠"：不是唐宋以后所讲的忠于某一个人的意思。孔子讲的"忠"，是对国家、社会、父母、朋友，任何一人、一事，答应了的话，就贯彻到底，永远不渝的诚心；对一事一物无不尽心者谓之"忠"。

第四"信"：就是有信义。

这是孔子教育的四个重点，不能够分开的。如果说他是分科了，那就是笑话。

谈到这里，我们对于中国现代教育，感慨很多。今日的教育，实在是一个严重的问题,尤其是对于我们国家民族文化的前途,更是个大问题。中国这几十年来的问题,根本发生在教育上,而且很严重。甚至三千年来的历代兴衰,都与教育问题有关。什么道理?很值得研究。过去我们虽没有明文规定的教育宗旨,但读书人根本上要把品德修好,这是公认的目的。可是近几年来,跟着西方文化转,尤其是现在美国标榜"教育就是生活"的教育方针,大家体会到的生活就是现实,不外物质。教育的目标也因而移转,完全忽略了心性的修养。搞到现在怎么样呢?我们的教育目的是什么?小学毕业以后考中学,考进了中学,小学所学的没用了,丢了;中学毕业考高中,考进了高中,初中学的没用了,又丢了;高中毕业考大学;高中所学的又没有用了,当然也丢了;等考取留学又丢了大学的;留学回来,参加公务员考试;当了公务员,还有升等考试。三年一大考,两年一小考。我们的教育就成了考试。其实,考过了又不算数。清代有人对考试的评语是:"销磨一代英雄气,官样文章殿体书。"现代科学八股的考试方法更可怕,将来很可能要变成"销磨一代精神气,电脑规程机械书"。

现在高中三年级的教育,谈不到教学问。只是告诉学生,用什么方法应付这种电脑考试。像语文方面,一个名词除了教他们正确的解释之外,还要告诉他们四五种不正确的答法……

这就是教育!怎么办呢?

现在我们讲到孔子教育的宗旨,就是文、行、忠、信。过去向德行的路上走，对于学生知识、学问的成就，还是第二步的要求。既然受过教育，至少第一步要打好品德的基础。几千年来，我们中国人的道德为什么如此敦厚呢？就是德行教育的结果。所以文、行、忠、信并不是四科，以现代观念勉强来解释，应该是他的教育中心。文包括了文学，乃至一切学问的完成。行，狭义的是行为、品德，广义的是事业的成果。忠、信，是内心的修养，是人格的造就。

教育的目的

（一）教育以成功做人为目的

从中国的传统文化来说，有一个重要的老问题。一个人为什么要读书？传统最正确的答案，便是"读书明理"四个字。明个什么理呢？是先要明白做人的道理。人生来就是人，个个自然会做人，哪里还要有什么另外一种做人的道理呢？不错，人本来就是人，原始也和世界上一切"灵长"的生物差不多。但人类的老祖先，尤其是我们中华民族的老祖先，早在五千年前，就开始建立了一套文化，教育我们后代子孙怎样才能懂得"人伦"的基本道理，然后才扩充到怎样去为"生活"，怎样好好地"生存"在这个世界上，完全不同于一切"灵长"生物一样的原始状态。当然，其中还包括了"科学"的、"哲学"的、"宗教"的、"艺术"的等等文明。

如果要问中国人素来的教育目的是什么？让我们再重复一句：是为了"做人"。不是为了"生活"。因为"生活"的意义，是人要"生存"在这个世界上，怎样设法来维持自己的生命，同时，使人人都有更好的"生活"，过得很舒适快乐的一生。这都是在"读书明理"以后，因为"智慧""智识"开发了，就容易懂得了"谋生"的"技术"和各种有利"谋生"的"智识"。也都属于"读书明理"，明白了"人伦"之道以后，那是当然、必然的事。

但很可惜，现代人所认识文化教育的基本目的，只是为了"谋生"。我们要孩子们去学习，读书受教育，就是为了孩子们将来的前途，有好的职业、有高的待遇，或是能够赚很多的钱，过得很好的"生活"。甚之，有的人，还把自己一生的失意，或一生做不到的事，都寄托希望在孩子们身上，拼命要求他们去上学读书学习。完全不考虑孩子们的"性向"——个性的所好和兴趣，也不了解孩子们的脑力和健康，一味地强迫孩子们读书学习，不知道"爱之反而害之"，因此，妨害了孩子的一生。尤其是现代化的学校和课外补习的教育方法，简直是"竭泽而渔"的办法，使一般还未成年童子们的脑力健康，受到过分负荷的伤害，最为严重。

其实，一般的人们，太过年轻现代化了，根本不知道过去传统的教育方法，是有多么的轻松愉快，使儿童们在歌唱舞蹈的气氛中，达到文化教育水平。古人所说"弦歌不绝"，就是这种境界。尤其是所采用的古书，都是浓缩了"人文科学"和"自然科学"等多方面"智识"的结晶，所以后世的人，就很尊敬它叫做"经典"。而且所谓这些"经典"的古书，它本身的文字，便是"文学"的"艺术"作品，所以也叫它"文章"。好"文章"，就是"文学"的"艺术"，一定可以朗朗上口，便是很有韵律的歌唱。无论古文或现代的白话文，这个道理都是一样的。因此古人把最难记的"算术"，和其他"天文""地理""物理"等学识，都编成"歌诀"来唱，声声"朗诵"。那便是最高明的方法，使儿童不用绞尽脑汁去背记，自然而然地进入记忆，一生到老也不容易忘掉。而且犹如现在的计算机一样，意识一动，就在嘴上背诵出来了。只要有内行的好老师，懂得这种不是"注入"式的教育法，就可很自然地达到"启发式"的"注入"效果了。

现代的学校教育法，以及家长们对儿女的教育要求，都有很大的偏差，应当"反求诸己"，不可再来自误误人了。文化教育，是国家民族全民的大问题，现在一些有心之士正在领先尝试传统文化的教育法，为后一代的民族幼苗，培养文化的读书种子，使他们懂得"人伦之道"的"做人"道理，懂得"生存"之道的"生活"艺术，懂得人生进入"文学"化的境界，不禁使人俙眼顿开。

我们中国几千年教育的目的，不是为了谋生，是教我们做一个人，职业技术则是另外学的。而且教育从胎教开始，家教最重要，然后才是跟先生学习。人格教育、学问修养是贯穿一生的。所以社会除了政治、财富力量以外，还有独立不倚、卓尔不群的人格、品格修养，作为社会、人心的中流砥柱。

不像现在家庭和学校的教育，乃至整个社会的教育观念，专门为了职业，为了赚钱，基本人格养成教育都没有。人如果做不好，还讲什么民主、科学、自由、法治、人治、德治、集权，乃至信用、环保、团结、和谐等，理想都很好，可是没办法做到，因为事情是人做的。

这是一个好像最讲民主平等自由的时代，其实现在全世界的皇帝姓"钱"，都是钱做主，以钱来决定贵贱，没钱就没自由。没有真正独立不倚、卓尔不群的人格修养、学问修养，有的只是乱七八糟的所谓个性张扬和向钱看，变成听"钱"指挥，连科学研究、教育、学术都在听"钱"指挥，为就业忙，为钱忙，精神支柱没有，一旦失业，就天塌下来一样。

譬如孟子的话"君子穷则独善其身，达则兼善天下"，告诉我们一个读书人知识分子，如果倒霉，就把自己弄好，不管外面的事。倒霉没有关系，至于职业做什么都可以，职业跟学问根本是分开的。学问是一生的事，学问不是知识，会做人做事都是学问。"达则兼善天下"，如果有机会叫你出来做事呢，那就不是为个人为自己，而是把自己贡献出去，为整个社会、国家做出贡献。这是孟子的教育。这与一切向钱看的教育因果差别有多大,值得好好深思。

再譬如老子的话:"君子得其时则驾,不得其时则蓬藟而行。"有道德才能的人,时节机会来了,环境逼得你去做官,"则驾",开汽车一样,你就发奋去做事了。"不得其时则蓬藟而行",时机不对,则随遇而安,乐得自在,刚好读书提高修养,做点什么谋生都可以。

这些是孟子、老子的教育。不像现在,读书,就想到学哪一科最好,读完了做什么待遇比较高,有前途,这完全是商业行为,不是教育行为。那何必去读书呢?学技术多好呢,学一个好的技术就赚钱更快。

(二)教育从洒扫应对开始

为什么我们要发动和推广读经呢?因为中国文化的根断了,想把它接上去,这件事在全国各地推广,到现在已经开展几十年了。送书给买不起书的家庭,提倡读经,《千字文》《三字经》,是这样开始的。

一般人搞错了,以为我们提倡读经,事实上我们是主张读不起学校的贫穷孩子,在家里自己学,中文、英文、数学,一齐来,并不是要中国专出诗人。现在到处提倡读经办私塾,这是错误的,读了经什么学校也不进,科学也不知道,孩子只要会背《大学》《中庸》《千字文》《三字经》《弟子规》，就觉得了不起了。这不得了啊！我们没有提倡这个，这叫读死书，死读书，读书死，一定糟糕。

读经也很重要，但是要配合现代的教育一齐来。比如我们"实验学校"，没有光让学生读古书。现在外面提倡，大家千万不要犯这个错误，这样搞，孩子以为自己书读得很好，其实什么都不懂。

教育的目的在生活，比如孩子来我们"实验学校"，先教怎么穿衣服，怎么洗脸，怎么端碗，怎么吃饭。现在的社会，连大人们都没有这些规矩了，鞋子乱丢，东西乱放，自己都成问题，怎么教孩子呢？生活教育没有做好，鞋子乱丢，垃圾乱丢，穿衣服没有规矩，做人也没有规矩，讲话没有礼貌……这些都是儿童教育最重要的。所以中国文化讲教育，小时候的重点在"洒扫应对"，这是古文了。家长们希望孩子懂古文，自己先要会，洒扫应对是生活，早晨起来要怎么样扫地，怎么样清洁房子，等等。

孩子们主要要教他们学会谋生的职业技能，不是读名校，读名校出来又有什么了不得的？生活的教育最好从家庭做起，尤其是家长，教孩子更要注重生活的教育。大家不是都读了《大学》吗？自己正心诚意，修身齐家，治国平天下，从本身做起。

儿童开始读书是一件事，但根据中国传统文化来说，真正的儿童教育学的是"洒扫应对",小孩子在六岁至八岁之间入小学,怎么扫地、抹桌子,怎么与老师、大人、朋友讲话的礼貌态度、规矩,这个最重要。古代讲入小学开始学"洒扫应对",是学做人的基础,教育的目的是做人。

你不要看扫地、抹桌子、端碗没什么了不起,这些都是一种生活的教育,生活教育会了,以后长大去做事自然会了。基本的教育没有学好,而专门去读书,那叫学知识,把知识学会了,而做人的基础没有,这个教育是失败的。

但现代人却与古人相反,现在小孩子进幼稚园也好,受小学乃至受大学教育,学的都是知识,而对于做人、处事的根本道理,都不懂,所以社会一片混乱。

过去我们小的时候——我们讲过去,不是几千年,而是像我们继续下来,等于传统文化到了清朝三百年保留遗传下来的这个教育方法,开始进了学校,还保存有一点基本的洒扫应对,老师也教你怎么做事及做人的规矩,这些都有。

"洒扫、应对、进退"六个字,是古人的教育,包括生活的教育、人格的教育,是中国文化三千年来一贯的传统。如果有外国人问起我们中国文化教育方面,过去的教育宗旨是什么?我们不是教育专家,专家说的理论是他们的,我们讲句老实话,中国过去的教育,主要的是先教人格的教育,也就是生活的教育。美国也讲生活的教育,但美国的生活教育是与职业、与赚钱相配合,而我们过去的生活教育是与人格的建立相配合,不管将来做什么事,人格先要建立。这就是中国文化的教育。

现在我们的教育跟着西方走,所谓的生活教育,则是美国式的生活教育,教出来的孩子,先以能够谋职业,有饭吃,谋生为第一。这其中差别很大很大,这是教育上一个大问题。当然将来会变,依我的看法非变不可,不变就不得了。社会自然会使它变,中国几千年来的文化,不是偶然的,到了某一情势、某一阶段,自然会变。

应对是应酬对答。中国文化中,小孩子从小教他"洒扫应对"的基础教育,也可以叫做"应对进退"。我同朋友们说,现代人的修养失败,家庭教育要从"洒扫应对"开始,都没有学,以为在学校扫扫地就是洒扫。扫地要怎么扫,环境怎么样清洁整齐,都要受过严格的训练,否则是不懂的。现代的孩子好像不大管这个,现代人应对就更差!许多年轻人,甚至中年人,对长辈、对老师说的都答"对"!"对"是对平辈或小辈用的,对长辈、对老师要讲"是"!现在我也听惯了,希望他们讲"对"就好了。比如,有位同学带了太太来看我,太太坐在一边没坐端正,他就当面纠正,他可是受过严格传统教育的,但我还要帮他太太打圆场。现在时代不同了,文化的重新建立,不是一两个人说说就行的,很难了。

讲到"应对"两个字的重要,包括了应对进退。什么是应对进退?不是见人进一步行个礼,走时告退时退一步。进退是做人对一件事该做、不该做，该答应、不该答应的进退之间，其中的应对是非常难的。应对进退实在是做人的基本教育和态度，中国人叫礼仪，仪表态度是做人的基本道理。如果礼仪都不行，何况大礼！比如某某同学，再三说要做事，我让他来我们这里上班，他每次一来就先去打坐，那还做什么事？这进退之间就是不懂。这个进退的学问太多了，又像有些学生，进入人家的客厅，应该往哪里坐都不会，乃至吃饭拿个筷子和碗都不对，有什么办法！

（三）一以贯之

> 子曰：赐也，女以予为多学而识之者与？对曰：然，非与？曰：非也！予一以贯之。

这是孔子对子贡讲的。在文字上先解决"识"这个字的意义，是"志"，也是"记"的意思；"记下来""记得"的意思。我们说孔门所讲的学问不是知识，而是做人做事；文学、科学、哲学等等才是知识。

他告诉子贡说，你以为我的学问，是从多方面的学习而记闻来的吗？后世所谓"博闻强记"这只是知识。子贡说，对呀！我们认为你是这样来的，难道我们的观念错了？孔子则说，我的学问是得到一个东西，懂了以后，一通百通。孔子这个话是事实，这个东西，这个"一"是很难解释的，不容易讲出来的。宋儒解释为"静"，要在静中养其端倪。所以后来打坐，儒家、道家、佛家都是这样，静坐中间慢慢涵养，而以明心见性为宗旨。什么是明心见性？像有人问起，什么是佛？佛只是一个代号，实际上就是人性的本源。儒家讲善与恶，是人性作用的两个现象。作用不是善就是恶，不是好的就是坏的。那个能使你善，能使你恶的，不属于善恶范围中的东西，如果我们找到了，就是它，佛家叫做佛，道家叫做道，儒家叫做仁。用什么方法去找？儒、释、道三家都是从所谓打坐着手，在静中慢慢体认，回转来找自己本性的那个东西，就叫做"一"。老子也叫它做"一"。再讨论下去就很多了，就属于纯粹的哲学范围了。

这里孔子就说自己的学问不是靠知识来的。这是一个大问题。要研究什么是孔子的学问，这个地方就是中心了。我们讲来讲去，讲死了也没有办法说出来的。举一个例子来说，老子说："为学日益，为道日损，损之又损，以至于无为。"什么是学？普通的知识，一天天累积起来，每天知识累积增加起来就是学。为道呢？是损，要丢掉，到最后连"丢掉"都要丢掉；到了空灵自在的境界，这还不够。连空灵自在都要丢掉。最后到了无，真正人性的本源就自然发现了。

孔子这里就是说，不要以为我的学问是"益"，一点点累积起来的知识，而是找到了这个"一"，豁然贯通，什么都懂了。

的的确确有"一"这么个东西。从我们的经验,知道"读万卷书,行万里路",就是要增加人生的经验,其实这还是不够的,必须加一句"交万个友",还要交一万个朋友,各色人等都接触了,这样学问就差不多了。由学问中再超脱、升华,可以达到"本源自性"的地步了。

子曰:由,知德者鲜矣!

孔子告诉子路,他说子由啊!时代变了。德是用,道是体。现在的人,知道由道的基本起德业作用的很少了。

子曰:无为而治者,其舜也与!夫何为哉?恭己正南面而已矣。

一般人说儒家的人反对道家,说道家所提倡的"无为而治",就是让当领袖的,万事都不要管,交给几个部下去管就是。这样解释道家的"无为",是错误的。实际上道家的"无为",也就是"无不为",以道家的精神做事做人,做到外表看来不着痕迹,不费周章。譬如盖一栋屋子,就在最初,把这栋房子将来可能发生的毛病,都逐次弥补好了。所以在盖完了以后,看起来轻而易举,不费什么,而事实上把可能发生的漏洞,事先都弥补了,没有了,这就叫"无为"。

换句话说，就是现在已经看到，某一件事在将来某一个时候可能发生问题，而现在先把问题解决了，不再出毛病，这就是道家的"无为而治"，这是很难做到的。并不是不做事、不管事叫做"无为"。

孔子在这里也提到，"无为而治"，使天下大治是不容易的，只有上古时代的尧舜才能做到。怎样无为？对自己恭敬严肃，"正南面而已矣"。中国古礼，当皇帝，坐国家领导人的位置，一定是坐北向南。这里的意思是自己道德修正好，以这个风气，影响部下一层一层地负责。

（四）教育以变化气质为目的

办教育是改变气质，不只是教学生知识。古代书院里，是以创办的人为标准，例如朱熹在福建办紫阳书院，是以朱熹为标准，进行人格的教育，对老师有要求，学生要进修，老师也要进修。如果老师自己本身不能修正，空口说白话，对学生的教育就没有用。

所以老师的问题很大，不是你办个学校就解决的。你想办孤儿院，办学校，你的愿力是对的，但是你要想改变孤儿的教育很难，孤儿和艰难困苦的孩子，长大了只有两种情况，一种是非常感恩这个社会，想办法做个好人，会报答这个社会，就像你一样的，千万人中只有少数几个；其他一大半以上对社会是埋怨的，你对他再怎么好，他心里的根上（下意识）总有埋怨，这一点很难改变的。不仅孤儿教育是这样，普通的教育也是这样，这是人性最基本的问题。

教育是以变化气质为目的，但是变化气质是非常难的！真心办教育的，看通看透了这些，就更不能放弃，而是朝着这个方向在努力。譬如很多人说学佛，是否有人有成就不知道，关键还要看有没有人真的去做。孔子的一生，三千弟子，七十二个贤人，但是真正成就的，十来个人而已。释迦牟尼佛一生也是这样，尽管经典讲的那么闹热，真成就的只有十大弟子。教育是个牺牲，很难有成果；可是虽然如此，它的影响还是非常大。

真正的办学，请老师和请校长都是很难的问题。孔子来给你做校长，你不晓得请不请他，也不知道他会不会答应。所以讲到教育，文中子是很令人佩服的，文中子的名字叫王通，是隋朝人，我们读《古文观止》有一篇文章，写《滕王阁序》的王勃是他的孙子。文中子王通一开始有志于天下，后来不干了，在隋朝那个阶段退下来，讲学河西，在山西一带，培养出初唐开国时期的好几个文武名臣，譬如房玄龄、杜如晦、魏征、李靖等，这些都是他的学生。他自己本身不出仕，而把帝王之学教育给学生。他有一部书叫《中说》，很有名。中国三部有中字的书，一个是子思的《中庸》，一个是王通的《中说》，一个是翻译过来龙树菩萨的《中论》，都是很特别的书。文中子这三个字的谥号并不是帝王封给他的,是他的弟子们对他共同的尊称。文中子是继孔子之后,在隋唐之间承先启后的一个人,是教育成功的一个人物。

(五)教育最高的目的是培养人性

谈谈人性的问题。简单地说人性是什么?生命的意义是什么?人活着为什么?生来死去,究竟怎么生来?怎么死去?

这是笑话,也是真理,人生是"莫名其妙地生来,无可奈何地活着,不知所以然地死掉"三个阶段,所以人是非常可怜的。现代几乎很少人关心"人性的问题"了。

人类的文化,不管中西方,主要的中心,就是一个心性问题,它包括了世界上一切的宗教、哲学、政治、经济、文化、教育,太多太多了。追寻人性问题,过去研究哲学的属于本体论,由于西洋哲学的影响,中国哲学把自己的文化也定名为本体论。哲学的本体论就是科学的本体论,也是宗教的本体论。这个生命究竟是怎么来的?这个世界上怎么有这个人?人是怎么生出来的?中国人有句老话"人心不同,各如其面",每人的思想、心理情绪都不同,就像每个人的面貌总有些不同之处一样。中国人这两句话,就是人性问题,非常奇妙。

人性开始是怎么来的?再上推到人性和一切生物乃至万物之性,是不是同一个体?在哲学里就追问这一个问题:宇宙万有的生命是先有鸡还是先有蛋？人类先有男人还是先有女人？人怎么来的？是唯物还是唯心的？这是人性问题，哲学问题的本体论。

研究了人性的本体论，知道了以后才讲人生，人活着，生命的意义是什么？生命的价值是什么？生命的作用是什么？就与这个人性问题有关了。现在的学校、社会，写文章的也很少写这一方面。不是没有，只有少数人默默地在研究。到了现在这个时代，尤其我们在中国，大家拼命地向钱看，想赚钱，想发财，对于人性的问题，大部分人都忽略了。

我们不讲本体，先讲现象，这个人性生来究竟是善还是恶的？以世界上一切宗教来说，我们讲到宗教，这个问题要注意！现在全世界存在的宗教还有好几百个，不过一般流行的只有几个。中国有儒释道三大教，中国自己本土的文化是儒家，后来称它为儒教。道家、佛家，在宗教是道教、佛教。我们倒数回去一百年前，这儒释道三教是中国文化的中心，加上后来传入的基督教，当然也包括了天主教，现在世界上基督教的门派也很多，很复杂。儒释道三教加上基督教，还有伊斯兰教，差不多就是现在中国和世界上公认的五大教。

这里顺便讲一句，人家说基督教、天主教是西方文化，我说没有错，它代表了西方文化的其中一面。可是，这五大教的圣人都是东方人，孔子、老子、释迦牟尼佛都是东方人，耶稣也是东方人，阿拉伯的穆罕默德也是东方人，没有一个西方人，不过宗教却在西方流行了。一切宗教都认为人性本来是善良的，研究基督教、天主教的人不要忘记，要多看看《旧约全书》，有些信天主教、基督教的拿到《圣经》，多半是抽中间的讲，没有从《创世纪》开始。宇宙是怎么创始的？天主教、基督教乃至其他的宗教，都认为有一个主宰创造了人类和世界。这是个大问题，深入讲下去会牵涉到宗教哲学的比较宗教学，现在我只讲到这里为止。

我们再回过来看中国的宗教及文化教育。我们中国文化讲人性，《三字经》有四句话，"人之初，性本善，性相近，习相远"。"人之初，性本善"，人性本来是善良的，"性相近"，自性本来都是相近的，每人都有一颗善良的心；但是社会上看到人性善良的不多，因为"习相远"，习惯、习俗的影响使大家的差距越来越远。

人性是不是真的本善呢？不知道。这里还有一个逻辑问题，这个"性"是讲什么性？现在大家口语词也很多，什么科学性、发展性、自由性、民主性，各种各样，这是性质的性，譬如说笔的性质是用来写字，不是指本体的性。中国文化里的性是本性，是人性的真相。

我们要怎么样认识自己？实在非常困难。人怎么认识自己，除了本题以外，还有那么多副题，这个考题很难答复。而且这些问题提得很文学化，人究竟向哪里去？人向哪里去，没有什么了不起。但是严格地讲，人的生命有没有前生后世？人生的目标要做一个什么样的人？发财好还是做官好，或是做一个默默无闻的普通人就好？大概是问这些问题。

还有，掌握人性的方向，就是人生的意义、人生的目的。人生的目的是什么？什么叫目的？世界上很多学问专讲人生的目的，有人说人生以享受为目的，有说人生是以追求功名富贵为目的。譬如当年孙中山先生提过"人生以服务为目的"，非常伟大，他这个思想一直影响到现在，国共两党都还在用。但是，我们从妈妈肚子里光着身子生出来，会说我是来干什么的吗？没有这个事吧？这个题目很有意思。这题目本身就是答案。人生以什么为目的？人生以人生为目的。人生没有理由的，哪里找得出什么目的啊！

提出一位与本题有关的明朝大儒，王阳明，他的本名叫王守仁，阳明是他的号。这位很有学问的大儒是浙江余姚人，他的思想就是有名的"阳明学说"，影响非常深远。他在明朝的历史上，功业很大，也很了不起。他的学说影响到后来日本的文化革命——明治维新，建立了这一百多年来的新日本，明治维新一开始采用的完全是阳明哲学，这在日本史及国际史上都很有名。

明治维新采用了阳明哲学的什么观点呢？"知行合一"，即知即行，即行即知。人的知识跟行为常常配合不起来，譬如一个人在路上被土匪打伤，没有一个人帮忙，因此他深深感叹人性是那么不善良。是不是这样？这个问题很严重。可以想象，当时路人看到一定很同情他，也想帮忙，可是自己又想到："会不会出事情？不晓得他是不是坏人？万一我替他打了电话，等一下警察来了把我也抓去怎么办？"有这么多的顾虑，就不敢了，这个善恶是非是这样。知是知道，行却做不到，即知即行是很难的。

讲到知行的问题，在一百年前推动革命的孙中山，也有他的哲学理论，叫"孙文学说"，里面提出"知难行易"与"知易行难"两个方面。譬如现在科学昌明，到今天我们都晓得电灯一按开关就行了，很容易，这是行易，但是电的来历、电的原理你不知道，"知难行易"，这是一方面。另一方面他提出"知易行难"，理论很容易知道，像大家讨论人性问题，人性怎么来的？人怎么会投胎变成人？人死后有没有灵魂？有没有天堂或地狱？有没有西方极乐世界？未来有没有一个生命？每个人心里都有感觉，但是"行难"，永远不知道。这是"知难行易，知易行难"。

回转来讲阳明哲学，他在人生的教育作用上，提倡即知即行、知行合一，大大影响了中国明朝后期和后来日本的明治维新。为什么提到他呢？因为人性的问题，就是他所说的教育问题。王阳明的著作颇丰，最有名的一本书是《传习录》，讲做人做事的学问，过去六七十年前在中国很流行，蒋介石先生在黄埔军校也是讲阳明学说，黄埔的同学每人身上都有一本《传习录》，但是大概没有人好好翻过。

王阳明当时讲学也同现在人一样，提出了人性的问题。他最有名的是四句教，很重要。第一句，"无善无恶性之体"，他认为人性这个"性之体"本来是无善无恶的，根据中国儒家的文化，他和"人之初，性本善"的思想不一样。

第二句，"有善有恶意之动"，意是思想的作用，我们的思想、情绪有善的也有恶的，比如我们要吃一个东西，该吃不该吃，吃了以后有没有好处？或者知道是有毒的就不吃了，就是善恶的问题了。

第三句，"知善知恶是良知"，我们人生下来天生有个知性的作用，这个知性是本性第二重、第三重的作用。"良知良能"这个名词是什么人提出的呢？是孟子提出来的。孟子提出两个东西，一个叫良知，一个叫良能，同本性没有关系，他说譬如我们看到一个人掉进河里，这个时候不管坏人也好，恶人也好，任何人都很着急，都想去救他，这是良知良能的作用。我现在岔过来，引用《孟子》来解释王阳明的话，知善知恶这一知是"良知"，就是我们现在普通人讲的天地良心，自然都知道要助人、要救人，不用考虑的。

第四句，"为善去恶是格物"，我们在行为上一定要向好的方面去做人做事，"为善"的为是行为的为。"去恶"，坏的事情绝对不干。"格物"是引用孔子的学生曾子作的《大学》里的词。这个问题就大了，《大学》里讲"致知在格物"，人能够不受物质世界的影响，自心不跟外物转，甚至转变了外物的功能，这个叫格物。推翻清朝以前，学生受的教育，这些书都要会背的。那个时候把自然科学翻译叫"格致之学"，就是根据《大学》这个格物来的。"格致之学"就是自然科学，换句话说我们要利用科学，不要被科学麻醉了；我们要利用物质文明，不要被物质文明所蒙蔽。王阳明四句教中提到格物，在这个名词上先做一个解说。

我们回过来看王阳明四句教。"无善无恶性之体"，人性本来无善无恶吗？这个影响很大，尤其当年干革命的时候，黄埔军校或者各个大学，统统在讲这个问题。

对王阳明的这四句教，也存在很多论辩。先解释这个"无善无恶性之体"，譬如这一张白纸，上头没有红色，也没有黑色，本体嘛！就是这一张纸。第二句话"有善有恶意之动"，人的这个思想意识哪里来的？当然是由本体、本性的功能发起来的，就是"意之动"，一起来以后"有善有恶"，就分善恶了。这个本体功能无善无恶，一起来就分善恶；本体起用就是意志，而意志有善有恶，可见本体功能上本来具有善恶的种子。第三句话"知善知恶是良知"，人性里能够知道哪个应该做、哪个不可以做的，叫做"知"。我们人都有理性的，譬如我生气要骂人，一边想骂，一边又想算了，不要骂了，不忍住的话会出事情的，就憋住，那一知，很难！"知善知恶是良知"，请问这一知和那个本体有没有关系？当然有。这个知性是由本

第二部分：为师之道

体功能来的，本来有个知，有个感觉，有个知觉嘛！知性就是知觉，这个知觉和"意"有什么关系呢？是不是从本体来的？也从本体来，好！在哲学上，王阳明的说法犯了三元论，本体不止一个了。有一个无善无恶的本体，然后有一个有善有恶的意志，两个了，再有一个知善知恶的良知，三个了，在哲学上叫三元论，不是一元论的本体了，那就成了问题。第四句话不批评了，"为善去恶是格物"，这一句是对的，不管西方的文化、中国传统的文化，所有的宗教和哲学，都是要人为善去恶，这个没有错。

明朝中期，历史上写王阳明回到浙江，全国很多学者都跟着过来。他晚年讨论四句教，有个学生批评老师，另一个学生赞成，两个人分成两派辩论。王阳明听到了就说，你们两个都对，我讲的也对，我这四句偈对很有智慧的人，一悟便知；若要教育智慧程度比较低的人，就必须走为善去恶这一条路线。这个辩论我们暂时不讲。

王阳明的四句教是根据什么来的呢？前面讲到中国古代这四五家的理论，几千年来我们一直在讨论人性是善是恶。东西方文化都说人为万物之灵，这些人性的问题、生命意义的问题，不管东西方所有宗教、哲学，到现在还没有解答出来，拿不出一个结论。人怎么会生来的？一男一女在一起，精虫卵脏相结合，一下就变出人来，而且变出来的人个个人心不同，各如其面。人性到现在也没有结论啊！人类现在可以上天了，可是最基本的生命与人生的道理还没有得到结论，还没有脚踏实地！讲到王阳明哲学，先介绍到这里，这个问题是讲不完的。

刚才我们提到人性的问题，讲到了明朝王阳明这个阶段。大家注意研究东西方文化，他开始影响中国的时代，正是十六世纪，西方文艺复兴的阶段，这里问题就很多了。西方文化为什么有文艺复兴？为什么中国没有？有，就在王阳明这个阶段，中国也在闹革命，后来朝代转换，明朝亡了，清朝入关，又是一个新的文化纪元，这个路线很有趣。

现在我们回过来讲人性的问题。要研究人性的问题，康熙时代有一部非常重要的著作——《性理大全》，大家很少注意。中国几千年儒释道三家的学问，康熙特别推崇儒家讨论的人性问题。清朝入关后，康熙、雍正、乾隆三代对中国文化的贡献非常大，《性理大全》《康熙字典》《古今图书集成》《四库全书》，都在这个时候完成，这也是中国的文艺复兴。不过现在大家被工商业的发展、科学的文明迷住了，没有回转过来看。

现在美国开始有两个新兴的科学刚刚起来，一个是生命科学，一个是认知科学，许多国内外学者都到我们这里来，讨论这个问题。要研究认知和生命科学的问题，这些都在中国。可是我们自己也很可怜，古书上有那么多宝贝，却都不知道，变成我们自己的文化都没有用处了。

继续讲王阳明这个问题。用唐宋来做一个界限,其实唐宋以前一直都在追求这个问题的答案。春秋战国时,中国文化的中心是儒墨道三家,到唐宋以后演变成儒佛道三家,这三家的文化都在追寻这个东西。现在看到佛教有庙子,这是中国人搞的。释迦牟尼佛是印度的孔子,他提倡不崇拜偶像,反对宗教;可是他的教化到了中国反而变成宗教了,这是另一个问题,很有意义。

什么是这三家文化主要的中心?佛家提出以"明心见性"为宗旨。学佛的人为什么要剃光头出家?不是去玩的,是要潜心追究这个生命以及人的本性的问题。这个学问走的路线,就是怎么样明心见性。什么叫明心呢?就是找出我们人的感觉、知觉、情绪、思想是怎么来的。现在西方文化从生理、医学来看,认为是脑的问题,可是这个科学理论也快要走到尽头,走不下去了。现在研究脑的科学,正尝试与认知科学、生命科学接轨,但还没有接上,所以这个问题很大。回到我们的本题,佛家提出了明心见性。道家提的是什么呢?修心炼性。儒家提的呢?存心养性。这都是心跟性的问题。

提到本性的问题,如何去知道生命的本性呢?这个知识要在哲学里找。西方人现在兴起了认知科学,什么叫认知?过去研究哲学已经有这个概念,不叫认知,不过现在美国人提出来,我们新的翻译叫认知科学,其实是根据中国文化来的,大家就不知道了。我们晓得哲学里有唯心、有唯物,譬如马克思的思想是唯物哲学。唯心、唯物以外，还有一个学问很大，在中国佛家叫唯识。佛家提到三个东西，心、意、识，这个心就是明心见性的心。心是什么东西？我们人怎么有思想、有情绪？这个生命有没有过去？有没有现在？有没有未来？美国现在很多非常流行的电影，都在研究生命轮回的现象，比如东南亚的泰国、缅甸、马来西亚这一带发生过很多。

那么中国文化讲明心见性，心跟性怎么去知道呢？刚才提到王阳明四句教里的这个知，"知善知恶是良知"，人性有这么一个知觉，而这个知觉又从哪里来？现在西方的科学、医学说是脑的问题，不过最近新的资料出来了，并不是脑。那么这个知性究竟是什么东西？人有没有灵魂？有没有前生后世？回到王阳明这四句教，这个在中国哲学，是属于明心见性的问题。所以你不要看到庙就拜拜烧香，那是宗教形式，在宗教背后，释迦牟尼佛、孔子、老子的学问，追寻的都是人性的问题。

心怎么去明，性怎么去见？中国禅宗文化里有个非常有名的故事，"释迦拈花，迦叶微笑"。唐朝的时候，禅宗刚开始兴盛发展，不谈庙里和尚念经吃素这些形式，我们谈它的内容中心。禅宗的文化在中国叫"教外别传"四个字，在佛教的宗教形式、学理以外，另辟了一条路，直接明心见性，叫"直指人心，见性成佛"。换句话说，是印度文化跟中国文化的接轨，产生了新的东方文明，有这么一个伟大的目标。

第二部分：为师之道

禅宗在中国初唐，从唐太宗这个阶段起，到中国最伟大的女皇帝武则天时代，开始兴盛起来。

禅宗都讲传承，传到了第五代弘忍禅师，在湖北黄梅。后来禅宗又分南北两派。北宗讲渐悟，慢慢做工夫、做学问，一步一步达到明心见性，见到人性的本来。南宗讲顿悟，立刻明心见性、立地成佛，不分男女老幼，每个人都可以是圣人、都可以得道，众生平等。

当时广东出了一个人，就是有名的禅宗六祖惠能禅师。他开始并不是出家人，父亲曾在广东做官，因为是清官，没有路费可以回老家，后代就住在广东新会，现在江门那个地方。他父亲早逝，家里很穷，只有跟母亲相依为命。那个时候禅宗流行，有一天，他砍了柴到街上卖，听到旅馆里有位先生在念《金刚经》，这部经可以说是直接指引明心见性的路。他听到"应无所住而生其心"，有所领悟。这句话是《金刚经》的中心，讲人行为思想和心性的修养。惠能很好奇地问这个人，你读的是什么书啊？那个人说是佛经。惠能说："我懂！"那个人说："你这个砍柴的不认识字，也懂这个意思？"于是他建议惠能到湖北黄梅去跟五祖学习。从广东到黄梅，现在开汽车很快，当年走路是很辛苦的。惠能说湖北那么远，我又穷又没路费，怎么去啊？再说还有一个母亲在，我要谋生养母亲，不能离开。这个先生很有意思，也没有留下名字，他说我给你钱养母亲，你去参礼五祖吧！

惠能到了黄梅,五祖对他说,你是岭南人,又是獦獠,你凭什么做佛?惠能就讲:"人虽有南北,佛性本无南北,獦獠身与和尚不同,佛性有何差别?"他答说人虽有南北口音、文化的不同,佛性是一样的。大家去看《六祖坛经》,"獦獠"这两个字很有意思。英国人统治了香港一百年,香港人叫外国人"鬼佬",其实就是"獦獠"两个字,指的是文化落后的野蛮人。听了他的回答,五祖就让他留下,但没有让他剃度。五祖让他舂米,做苦工,消磨他的业障,这是五祖的教育方法。这样过了一两年,同学们都在那里追寻明心见性这个问题,他在旁边当然也都听到了。

五祖年纪大了,想把这个心要传下去,于是吩咐弟子们,每人写个偈子报告。佛教的偈子类似中国文化里的诗词,诗词要押韵、讲平仄,佛教的偈子不押韵、不管平仄,但一样有味道。五祖有位大弟子神秀,学问很好,修持、工夫也很高,他就写了一个偈子,题在回廊墙壁上:

身是菩提树　心如明镜台
时时勤拂拭　勿使惹尘埃

看看神秀师父这个偈子。"身是菩提树,心如明镜台",这是智慧,此心要平静,没有杂念妄想,没有情绪。但是人的思想情绪、感觉,随时会发生,郁闷、痛苦、烦恼、自卑、傲慢各种情绪,多得不得了,所以要随时拿掉自己心里的情绪思想、感觉,这是最高也是最基本的修养,无论做一个普通人,或者做一个领导人,都需要这个修养。"时时勤拂拭",心境像玻璃镜子,镜子上的渣子要时时擦干净,"勿使惹尘埃",永远保持清明,像每天早晨刚睡醒一样;每天早晨将醒未醒,那个有知性没有情绪的刹那,保持那个心境,就是最高的修养,像镜子一样干净,不可以使情绪、心理感觉落到上面。关于修养问题,这个偈子是很好的答案。

这位大师兄写了这个偈子以后,全庙的和尚们讲这个偈子真好,大家都在背诵,传到正在做劳动舂米的六祖那里,当时他还没有出家。他问一个童子,你们念什么那么闹热?他说你不知道,现在师父年纪大了,他要传法下来,叫大家写报告,这是大师兄写的,师父让大家照这样修行。六祖说我也有一偈,可是我不识字。旁边有位江州别驾,就替他在墙上题下这首偈子:

菩提本无树　　明镜亦非台
本来无一物　　何处惹尘埃

人与万物的自性,本来是清净的,"菩提本无树,明镜亦非台,本来无一物",什么东西都没有,很空灵自在的,"何处惹尘埃"!这一下整个庙子轰动了,当时那里也有好几百人啊！等于是一个学院一样。这个偈子传到师父那里，五祖走过来看到了，笑一笑不讲话，拿鞋把墙上他的偈子擦掉了。

我们提到六祖的偈子，回到刚才王阳明的"无善无恶性之体"，就是根据六祖这首偈子来的。六祖的故事很有趣，后来他被称为禅门南宗六祖。现在到广东南华寺，他当时的肉身还保存到现在。

讲到这个心性的本体，提到王阳明，再讲到中国文化禅宗所标榜的明心见性。刚才提过儒家的存心养性，道家的修心炼性，都是人性的问题，可见人性问题是中国文化的中心很重要的一个问题，可是现在中国文化却把这个东西丢掉了，这样能和现代科学接轨吗？中国要恢复这个文化，才可以跟西方新的科学文化接轨。西方新兴的认知科学与生命科学，就是在研究生命自性，究竟有没有前生后世？生命以什么为本？又从何而来？研究自性的问题，就否定了一切宗教，也否定了一切科学，自己有个本体，这就是我们要讨论的心性问题。至于心性产生行为的善恶，这就讲不完了，中国几千年到现在，就是讲人要怎么把自己善恶的思想、感觉，烦恼的行为，心理的状态，统统研究清楚。这也是中国文化教育最高的目的，很可惜现在被忽视了。

有教无类——孔子的学费问题

> 子曰：自行束修以上，吾未尝无诲焉！

从汉朝开始，对"束修"的解释都是学费，好像孔子也在开补习班。古人大都解释说，凡是在这里缴了学费的，我没有不教。这种说法把教育和买卖一样看待。这种解释是否合适需要研究，尤其当前教育完全是商业行为。

现代的教育制度，完全西化了，的确是商业行为。以前中国的教育制度，师生之间，如父子兄弟，负一辈子的责任。现在这个责任没有了，知识成了货品，与我们原来的教育制度、教育精神不同。这一点是值得我们检讨的。

再来说"束修"这两个字。古代不说学费说束修，但束修又是什么呢？束就是用绳子捆拢来为一束，修同脩，就是腊肉。古代到老师那里求教，学生当然要贽敬。古代的贽从贝，贝即贝壳。我们的老祖宗汉民族，居住在中原地带，贝类很少，物以稀为贵，所以用贝当作货币流通。因此在古代凡是与财物有关的字，如宝，如财，都从"贝"。有人说，古代朋友的"朋"字，就是两串贝壳的形象，就含了"有酒有肉皆兄弟，急难何曾见一人"的幽默了。

以前的人，拿了贝壳去见长辈，表示敬意，称为贽敬，这是一种礼貌。但古人把这一节解释为："孔子说，凡是付了束修的，我没有不教。"这种说法，令人怀疑，"自行束修以上"这句话的重点要放在"自行"两个字上。如果真的是向孔子缴一捆腊肉，何必说自行，不说自行，就说自缴也可以。古人这种解释想必是有点问题，也许是我们把孔子说得比较好一点。

产生分歧的问题就在"自行"两个字，自行束修是自行检点的意思，如果说束修是腊肉，孔子三千弟子，哪里吃得了这许多腊肉，放也没有这样大的地方来放，还有孔子的学生中如颜回，连一个好一点的便当都没有，哪里来的腊肉送给老师？而孔子不但教他，并且以他为最得意的学生。孔子这句话的思想应该是说，凡是那些能反省自己，检束自己而又肯上进向学的人，我从来没有不教的，我一定要教他。

教育要知性情

（一）知性情

教育孩子，要先知道孩子的性向。注意，人的生命存在两个东西，性跟情。这个性情是什么呢？人性是从哪里来的？这是哲学问题，生命科学问题。地球上，我们人类最初那个祖宗哪里来的？人怎么会生人？男女两性怎么来的？是先生男的还是先生女的？在西方哲学里是问，先有鸡还是先有蛋？因为西方六世纪以前都是宗教的天下，宗教说，人类万物都是上帝创造的，它不准你问这种问题。我们中国不会，所以人家说中国没有宗教。但中国有大科学，不同于西方宗教的说法，上帝是谁生的啊？上帝是不是人？如果说上帝不是人的话，就同我们没有关系；是人的话，那他是从哪里来的？是上帝的妈妈生的吗？那么生上帝妈妈的妈妈又是谁？生命的来源问题，到现在没有解决。

生命的来源是大科学问题。所以对一个孩子、一个新进来学生的性情先要了解。

我们先看《大学》《中庸》，性在学理上叫做禀性。禀性这个"禀"字有写成"秉"的，这两个字通用。禀是什么？孩子生来自己带来的，不是父母遗传的。不但是人，甚至一条狗、一只猫，或者一只老鼠，每个生物的禀性都不同的，现在我们通常称之为个性不同。大家办教育，只晓得讲，唉呀，这个人个性很坏啊。但教育家就要是个科学家！个性不同是怎么来的？你教育一百个孩子，一百个个性都不同，这个禀性是哪里来的？要研究了。

禀性分两个方面，有些是生理上来的，身体有问题，譬如内在有病的，有的会非常忧郁，有的会非常狂放；有些是思想情绪来的，和我们大人一样，情绪是科学的问题，也是医学的问题。我们人内部的生理，心肝脾肺肾，哪一部分不健康，就会表现出不同的情绪，譬如这个人很忧郁、很内向，可能是肝的部分有问题，并不是指肝上长东西。而且这个机能有时是另外一种形态，譬如脾气特别坏的，也是肝的问题，影响了他的脾胃。

所以老板们有钱、有兴趣，就要去办学校，自己本身不读书，也不投入身心进去，我根本就是反对的。你是玩的嘛！赶时髦嘛！甚至把办学校当作商业行为，你没有发心做好事啊！你以为出钱办一个学校就行了？在我看来那反而是害人。

（二）先天禀赋与后天影响

现在教育最难的是什么？大家说是怎么教孩子记忆。那么记忆力究竟在脑子还是不在脑子？记忆跟思想有什么不同？思想跟情绪有什么不同？管教育的这些问题都没有弄清楚，光是在功课、知识上教，那完全不对了。所以教育第一个就是禀赋问题，这不只是对心理学的了解，西方也不懂的。

那么禀赋是遗传来的吗？也不对。我们中国古人有句土话，"一娘生九子，九子各不同"，同一个妈妈生九个十个兄弟姊妹，每个个性都不同，聪明与笨也不同，都是一对父母遗传的啊！所以说禀赋完全是由基因遗传来的，也不完全对。

但佛学讲得很清楚，禀赋是自己本身带来的种子，佛学称之为种性，就是本身带来的种子。例如尧舜是圣人，也是帝王，但尧的儿子不行，舜的爸爸也不好。优秀的父母生的儿女不好，很笨很差的父母生个儿女却非常了不起；现在解释说是基因问题，那基因怎么分类？怎么遗传来的？基因不是究竟，后面还有东西！

所以是本身的种性带来禀性，而父母的遗传、家庭、时代、社会、教育的影响都叫做增上缘，增上缘是影响种性发展的一种助力。

大家看我们的国家就知道，近一百年来，推翻帝制以后，西洋文化进来了。有许多留学生重提"中学为体，西学为用"的问题。中国文化在哪里？连中国的方块字都给改成简体字了。例如"吃面"，面明明是麦做的，简写成"面"，不是变成吃脸了吗？"子云"，孔子说，云是讲话的意思，李先生云，南先生云，本来是这个云啊！现在天上的也简化成这个云，搞混乱了。很严重啊！所以现在办教育，沟通古今中外的文化，要发心立德、立功、立言，要有力挽狂澜的精神。

对儿童教育的认知，是为了我们中华民族的后代，要怎么培养？寄望在后代，成人很难改变了。这是谈到人性的性情问题。

（三）性与情

先了解人性是个什么东西。中国文化讲人性除"性"以外，特别提一个"情"字，合起来称"性情"两个字。譬如人性，生而知之的，就是知性。一个婴儿也好，一个什么东西也好，生来就知道的是"性"。婴儿没有思想，他饿了知道要吃，冷起来也不舒服，就会哭，高兴时，不会讲话，只是微微笑容状，这是"性"的问题。

"情"是什么东西呢？我们中国传统文化讲"七情六欲"，"情"分成七个方面：喜、怒、哀、惧、爱、恶（讨厌）、欲（欲望），这叫七情。后来我们读书的时候，成语叫做"七情六欲"。这六个欲望呢，是魏晋以后，佛学进入中国加上的。欲望有六个，就叫"色、声、香、味、触、法"，可以说东汉以前，只讲"七情"。

"性情"这个"情"字很有意思了。学宗教的人，譬如天主教、基督教，包括伊斯兰教，或者佛教、道教、儒教，专门研究宗教的，或者是佛教的和尚、尼姑。和尚也就是大师的意思。尼姑，"尼"是梵文由印度翻译过来的，指女出家人，"姑"就是高看她，像姑妈一样尊重她。现在提到尼姑，变成好像很看不起的名称，原来不是这样的。

那么一般的宗教，除了牧师不管外（因为牧师可以讨老婆有孩子），天主教的神父、修女，佛教的和尚、尼姑等，这些宗教，有一个重点，多数主张离开情跟欲，离情弃欲，都是禁欲的，尤其是男女的关系，是禁止的；情也要禁止。

但是这个情怎么样禁止？很难。所以我们常常引用清朝一个诗人的两句诗，非常有意思，"无情何必生斯世"，无情何必生在这个世界！换句话说，这个世界上生命就是有情；"有好终须累此身"，"有好"，一个人平生有嗜好的，一定拖累自己。假使有个人说，我什么嗜好都没有，我就是喜欢研究学问，喜欢读书。对不起，这个也是嗜好，只要有一点嗜好的话，就拖累自己了。这个"情"是什么东西？"性"是什么东西？就值得研究了。

现在只扼要介绍一下。

"性"是人性，譬如俗话"一娘生九子，九子各不同"，一个母亲如果生九个孩子，兄弟姐妹每人个性不同。完全是遗传吗？完全是基因变来吗？这里讲唯物的话，基因就有几种分类。现在问一个研究基因的医生，基因有几种分类？我想他一下答不出来。

生命不一定是基因，后面还有东西，目前只讲基因，目前只晓得把身体里的细胞抽出一个，可以复制一个人，只知道这里。那么是什么东西变成细胞的，最后面的功能是什么？还不知道。这个暂且搁下，我们也不讨论了。

但是一对父母所生的儿女，每个个性不同，这不是完全遗传的关系，也不是完全环境教养的关系。个性不同，这个叫"性"。情绪的不同，就是我们讲的脾气不同，这是所谓的"情"了。兄弟姐妹个人爱好不同是"性"，脾气不同是"情"。

这个"情"字呢，连带了生理问题，生理不健康，影响了喜怒哀乐。譬如容易发脾气，或者容易内向，或者容易冲动，这个是"情",不是"性"。所以真讲修养的,把性情先要分清楚,认识清楚。

(四)成之者性也

一阴一阳之谓道,继之者善也,成之者性也。

"成之者性也。"中国文化只有《易经》《礼记》提出来性的问题。当然这个性,不是讲男女之性,而是讲人性、天性,代表形而上本体的那个性。所以佛家后来讲明心见性,性就代表了本体。中国文化开始只分两层——性跟情。性代表本体。譬如说宗教家就叫他上帝,或者叫做如来。这些都已离开了人的立场。中国文化就把这些拿出来,这就是性,本性。这个宇宙是怎么开始的?先有鸡先有蛋?先有男的先有女的?一切所来自的那个东西叫性,它所起的作用叫情。这就是性、情之分。

这个宇宙万物的功能,宗教家叫他上帝,叫他如来。中国文化,到孔子研究《易经》,提出的观点,跟《礼记》一样,"成之者性也"——就是本体功能的性。换句话说,也是一阴一阳之情。所以我们谈到看风水,讲究来山去水,山势要环拱、水要来朝,才叫有情。

曾经有位同学对我说,他家的风水很好,有山有水,家里很多人都发了财，搬到外边去了；现在只有一位老祖母守着，请老师去看看。我一看，说果然不错，有山有水。但是你这个地方没用呀！你有山有水是不错，但是来山不拱，去水无情。所以你家骨肉分散，四分五裂，非搬出去不可！只有老祖母在，可见骨肉无情。

有一次去一位朋友家，我说你的房子很好啊！他说是啊，前边还有个花园呢！不但有花园，还挖了一个很大的喷水池养鱼。我说你赶紧把它填起来，不填不行。好好一个风水，给你搞得这么糟糕，挖坏了。这些问题不能乱玩的呀！你说不迷信，它就摆眼色给你看看，你说绝对迷信吗？也不要相信它，人为也可以转变的。我是专门找危险的地方住的，你说这里有鬼，我非来住不可，很想借机会来看看鬼是什么样子。鬼也很可爱的呀！比人还可爱。能交几个鬼朋友，不是也很好玩吗？

鬼怎么来？神怎么来？三世的有情无情怎么来？它的根本在哪里？所谓"成之者性也"，这句话很重要。尤其对于修道的人，不管在家的，还是出家修道的，想要成道，就要了解孔子说的"一阴一阳之谓道"；要想有所成就，光靠打坐练气功没有用啊！要有善行的成就才可以，所谓"继之者善也"。

要想真的成道，需要明心见性，"成之者性也"。这是孔子说的，他这个地方等于传了道。孔子研究《易经》的结果，懂了所谓"一阴一阳之谓道"。孤阳不生，孤阴不长。但是要想达到阴阳合一的均衡，必须要有功德才能够做到。没有功德，还是没有这个机缘的。

（五）人的修养

人的修养，内在的修养最难，要读《中庸》。《中庸》讲"天命之谓性，率性之谓道，修道之谓教，道也者，不可须臾离也，可离者，非道也"。这是身心修养的最高原则。

然后讲"喜怒哀乐之未发谓之中；发而皆中节谓之和。中也者，天下之大本也；和也者，天下之达道也"。这是《中庸》的原文，讲到人生修养，要背诵的。

《中庸》开篇就讲到"性"跟"情"的问题，这是讲到生命科学和认知科学，宗教哲学来的，归到身心修养方面，又是一个范围，不是管理学的本题，但同管理学绝对有关系。譬如它中间提到，我们人生随时在喜、怒、哀、乐四个方向。譬如我们大家都有思想，都有经验，你们都是老板，有时候对一个部下不高兴，一边很不满意他，一边骂他，有时一边骂，你自己心里想：少骂两句也可以。心里有一个"知道"，可以骂，也可以不骂的，对不对？可是那个脾气来了时，你那个理性就控制不住了。

再譬如我们吃一个东西，准备吃，心里想：哎呀，这东西吃了对身体没什么好处，最好不吃，可是嘴巴那个欲望就吃了。

可见理性抵不住那个"情"。所以讲修养管理，自己当领导、老板，管理你的情绪，比管理你的儿子，比管理你的爸爸、孝顺你的爸爸都难！自己管理不了自己的情绪！

又如一对男女谈恋爱一样，爱到最痛苦的时候，很想把他忘掉，可是"剪不断，理还乱，是离愁，别是一番滋味在心头"！怎么样都剪不断，情绪！所以《中庸》说："喜怒哀乐之未发"，这个情绪还没有来的时候，还蛮好；处理任何一件事的时候，引发了喜、怒、哀、乐的情绪，就要"发而皆中节"，看怎么样调节了——不是压抑，是"中节"，这里面很有学问了。其实，你"知道"情绪的时候，情绪已经变去了，不用压抑，也不用除掉情绪，你看着它，它自己会变去的。

所以修养、管理多难！但是这个修养、管理，对事业的前途有非常大的影响！

伟大的事业是人做出来的，人最难的是管理自己。我常说，做英雄容易，做圣人难。英雄可以征服天下，但是不能征服自己。圣人不要征服天下，专门征服自己。这是英雄跟圣人两个的差别。

（六）什么是意志精神

教育的重点是性情，性与情。那什么是思想？学教育的特别要把这一点搞清楚。就拿我们上古的文化《黄帝内经》讲。

其实，《黄帝内经》是我们最古老的医书，《黄帝内经》"灵枢卷"，注重于经络的，尤其对研究针灸的特别重要。"灵枢卷二"有个《本神》篇，这个本神的神，不是什么神啊鬼啊，是我们的精神，生命的禀赋是"神"，我们讲这个人有没有精神的"神"。《本神》篇《法风》，法是效法，风是一股气的意思，生命这一口气，我们呼吸的气一断了就死亡。

> 天之在我者德也，地之在我者气也。德流气薄而生者也。故生之来谓之精；两精相搏谓之神；随神往来者谓之魂；并精而出入者谓之魄；所以任物者谓之心；心有所忆谓之意；意之所存谓之志；因志而存变谓之思；因思而远慕谓之虑；因虑而处物谓之智。

这里是说，黄帝问他学医的老师岐伯，什么叫做人的意志精神呢？岐伯回答说，"天之在我者，德也"。上天，这个是代号，生命的本来，我们中国讲的天或者道都是代号，已经切断了迷信的观念，是科学哲学的来源。上面是什么，真讲起来是大科学，"形而上"的。什么叫"形而上"？宇宙万物都有形态、有现象，看得见、摸得着、抓得住的，但生命的本来，最初那个功能叫"形而上"，没有形象的，更不是唯物的；但你说唯心也不对，心跟物都是因它而起的。现在这个问题不谈，太高深了，属于大科学、哲学。

"天之在我者，德也"，这一句话怎么解释呢？中国文化讲"上天有好生之德"，上天给你的，禀赋来的。譬如四川大地震，地球里的气在震动了，这是大科学，可以生人也可以死人。所以"天之在我者，德也"，上天有好生之德。

"地之在我者，气也"，从妈妈肚子里出来以后，我们的生命得以维持，是靠宇宙以内一股能量。这个"气"并不是空气的气，也不要看成瓦斯气、电气，不要搞错了，这是一个代号。生命有一股能量的存在。

"德流气薄而生者也"，这要认得中国古文。要是你看成其很薄，那就错了。"薄"者，逼迫也。兵书里的"兵薄城下"，这个兵快要到城边，就是用这个"薄"。"德流"，上天给我们生命是个流动的力量，它是动态的。"气薄"，后天的生命功能随时逼迫着我们的身体。就是这样，我们生命的存在，四个字"德流气薄"，上天给我们生命的功能，地球给我们生命的力量。所以中国文化里头有很多宝贝！你古文不好，古书就读不懂。

"故生之来谓之精"，讲到人的身体了。上天给我们生命的功能，地球给我们生命的力量，变成生命的存在，就产生精。精就是现在讲的细胞、基因，或者荷尔蒙，我们这里翻译不叫荷尔蒙，叫"激素"，这些都属于精。"故生之来谓之精"，所以老了、病了，人就瘦了，细胞出了问题。

"两精相搏谓之神"，有阴阳气在里头，它是讲唯物了。

这个生命有两精，阴精和阳精，每个人本身有阴阳的精。"相搏"，两个互相纠结合拢，这个力量绞起来就产生神了。所以我们老了，眼睛老花，神不够了。养精养神叫保养精神。

"随神往来谓之魂"，脑筋的思想叫做魂，灵魂。在中国文化的灵魂是唯物的吗？不是，但也不是唯心的，是唯物唯心两个同体变化来的。随神往来就是魂，我们思想是魂。所以看古书，或看古代木刻的画，人死了，头上面出来一条线，上面灵魂出来了。做梦叫神游，我们古文讲自己做梦，神离开头顶去外面，魂出去了，先由脑通到心脏，全身通的，"随神往来谓之魂"，它跟着这个神跑。以前老一辈子的人，会看老人的生存时间。当老人的神已经张开了，像花一样张开了、散了，看到人茫茫然，所以就不久了。这是说"随神往来谓之魂"。

"并精而出入者谓之魄"，魄是睡着了的那个气，我们睡着了身体还在动，会呼吸，呼吸同肺很有关系，这个叫做魄。魂魄是两件事，你要研究中国字的不同！它们归于哪一类呢？归于鬼神这一类。什么叫鬼神呢？往下面去的叫做鬼，向上冲的叫神。鬼字旁边有个云字的叫魂，鬼字旁边有个白字的，一股气，叫魄，就是呼吸，就是心脏跳动。大家如果到医院里看到快要死的人，他那呼吸，呵！呵！急促状态，就是他的魄快要散了，呼吸快要完了；它同呼吸关系很大。

"所以任物者谓之心"，中国文化中，精、气、神、心是分开的，这个心不是讲心脏！把它当心脏看就错了。心，就是我们能够思想、能够记忆、能够作用的能，用一个代号叫做心。我们中国的心字很有意思！黑板上写的这个心字，同我们心脏解剖出来一样的，心窝子这里有个窝窝，空的嘛！像半个月亮一样向上，上面没有东西，里头也是空的。另有三点在外面，这三点是什么？精、气、神，这就是心了！如果把这个心当成心脏就错了，如果要当心脏，就要两个字连起来，心字加个脏字，才是心脏。

"心有所忆谓之意"，办教育要注意，教育儿童增强记忆，心要宁静，这个是重点。心随时忆念，所以要你背书，要你背下来。如果说记忆力强，强在哪里？心有所忆，一个好的句子或者是好的问题，就留意了又留意，记了又记，是自己叫自己，不是叫脑，是叫自己这个主子你不要忘记了。怕忘记了就反复记，可是还需要帮忙的。不要像有的人记忆力散乱，一天到晚在玩，自己又都在闹情绪，没有恢复到先前的记忆。心有所忆，是回忆，随时回想这一句话。譬如要背，"鸡声茅店月，人迹板桥霜"，已经有记忆就不要这个意志了，这个意志是分析的，能记忆就已经不需要分析。"心有所忆谓之意"，意跟心不同的！

"意之所存谓之志"，人要立志，很坚定的意志。学医的人，不管中医西医，希望病人跟你配合，怎么配合？告诉病人：放心，一定会好！增强他求生的意志。所以医生晓得这个病人救不了，但还会告诉他，"没有问题的，没有问题"，然后转过来跟他家里的人讲，"不行啊！准备后事吧！"不能给他听到，要保存他那个求生的意志，给他希望，使他坚强。

"心有所忆谓之意，意之所存谓之志"，意永远保存着，谓之志，志跟意是这样的差别。中国字心字上面加个士，士是知识分子、读书人，受过文武教育的叫做士，士的心叫做志，坚定的意志，"我要这样做"的意志。

"因志而存变谓之思"，思和想两个不同。中国上古的医书里就有，并不是佛学来了以后才有的，可是一般的医生不读这些，可惜啊！所以医学不会再高明了。一个好的医生，他的意志、记忆、分析，一定很坚强。因志而存变，知道内在的变化叫做思，这个是思想的思，不是想，想是粗的，思是很细的，所以我们文学上叫"沉思"。科学家发明，哲学家研究逻辑，都是"因志而存变谓之思"。

"因思而远慕谓之虑"，大学之道讲，安而后能虑，虑包括了思想，这和佛学不同了，它是科学的。因你的意志而存变，心里有这个观念求变化，是思想来的，因思想考虑很多，很细密，这个叫做虑。

"因虑而处物谓之智"，智慧是最高的，它不是思想来的。因虑，因为他内在的思虑，研究这个问题，譬如我们讲，你要考虑考虑，我们中国话都是这样，叫人家多想多研究，考虑完了，不用思想，不用意志，忽然一个灵光发现，那是智慧。所以智慧不是思想出来的，也不是心出来的，是神出来的，这又回到神了，所以说智慧可以通神。

这些就是告诉大家，教育是这样的道理。

"心有所忆谓之意，意之所存谓之志，因志而存变谓之思"，它的内容很深，要背下来，去研究。

"因思而远慕谓之虑，因虑而处物谓之智"，处物，就是对付万物、对待世间人，如此能够做事了，这是智慧之学，教育的目标在这里，教育的作用也在这里。

所以，大家不要光凭兴趣办学，不管你是出钱的创办人，还是校长、老师，你本身必须要投入进去。不是说我办个学校名望很高，那开个豆腐店也不错啊！何必办学校呢？

学以为己

（一）为谁读书

子曰：古之学者为己，今之学者为人。

这句话我们有几方面值得注意。

第一点应注意到的，这是孔子对中国文化发展史的看法。

第二点，研究这两句话，怎样为己，怎样为人。一般说为己就是自私；为人就是为大家，也可强调说是为公。"古之学者为己"，古人为自己研究学问。"今之学者为人"，现在的人为别人研究学问。这个问题就来了，从文字表面上看，可以说后世的人求学问，好像比古人更好，因为是不为自己而为人家，这是一种观点。

我有一位学生，讨论到这个问题，他写一篇博士论文，中间有一段，引用了这两句话，做东西文化的比较，就是持这种观点。我告诉他，这一观点可以成立，但是有一个事实，我们中国人过去读书，的确有大部分人还保持了传统的作风。这一传统的作风，类似于现代大学中最新的教育，或者西方最新的小学教育，所谓注重"性向教育"，就是依照个性的趋向，就个人所爱好的，加以培养教育，不必勉强。一个喜欢工程的人，硬要他去学文学，是做不到的。有许多孩子，自小喜欢玩破表、拆玩具，做父母的一定责罚他不该破坏东西。在教育家的眼光中，这孩子是有机械的天才，应该在这方面培养他。我们中国人过去读书，老实说不为别人求学问。而现在一般人求学问，的确是为别人求学问。一个普通现象，大专学生为了社会读书，如果考不取，做父母的都好像感到失面子，对朋友也无法交代。读书往往为了父母的面子、社会的压力，不是为自己。目前在大学里，有些重要的科系，男生人数还不到三分之一，几乎满堂都是女生。譬如哲学系的课，学生有七八十人，他们真的喜欢哲学吗？天知道！连什么叫哲学都不懂，为什么考到这一系？将来毕业了，出去教书都没人要。社会上听到哲学系，认为不是算命看相的，就是神经。可是为了什么？凭良心说，只是为了文凭。有的女孩子，学了哲学干什么？当然也可以成哲学家，不过没有家庭的好日子过，既不能做贤妻，又不能为良母，那就惨了。可是现在的教育，任何一系，都少有为自己的意志而研究的。曾经有一个学生告诉我，当年他在大二读书的时候，有一天真被父母逼得气了，就对父母说："你们再这样逼我，我不替你读书了！"他说那时候心里真觉得自己努力读书，是为了父母在朋友面前显示荣耀而读的，在自己则并无兴趣。那么今天的人读书，从文字表面上看，"今之学者为人"，为别人读书，至少是为社会读书。社会上需要，自己觉得前途有此必要而已。说是自己对于某一项学问真是有了兴趣，想深入研究追求，在今日的社会中，这种人不太多。

照目前的状况，如果缺乏远见，我敢说，二三十年后，我们国家民族，会感觉到问题非常严重。因为文化思想越来越没人理会，越来越低落了。大家只顾到现实，对后一代的教育，只希望他们将来在社会有前途，能赚更多的钱，都向商业、工程、医药这个方向去挤。如物理、化学等理论科学都走下坡路了，学数学的人已经惨得很。在美国，数学博士找不到饭吃，只好到酒馆里去当酒保，替人调酒，还可赚美金七八百元一个月。

放大点说,这不仅是中国的问题,全世界文化都如此没落。二三十年后,文化衰落下去,那时就感到问题严重。现在年轻的青年朋友们还来得及,努力一下,十年、二十年的功夫用下去,到你们白发苍苍的时候,再出来振兴中国文化,绝对可以赶上时髦。

从过去的历史经验来看,时代到了没落的时候,人类文明碰壁了,就要走回头路。所以今日讲承先启后,的确需要准备。可是全世界的文化,目前还没办法回头,叫不醒,打不醒的,非要等到人类吃了大亏才行。没有人文思想,人类成了机械,将来会痛苦的。所以这两句话,也可解释为:"以前的人读书是为了自私,现在的人读书是为公",不过这种解释是错误的。

再另外一个观点,我们中国文化里,宋代大儒张载——横渠先生说的:"为天地立心,为生民立命;为往圣继绝学,为万世开太平。"这四句名言已成为宋代以后,中国知识分子共同的目标。学者为这目的而学,应该如此。

（二）古之学者为己

牢曰：子云：吾不试，故艺。

牢是孔子的学生琴子开。他说，孔子说"吾不试，故艺"。这句话很妙了，如以现代观念来说笑话，孔子没有参加联考——考试，所以学问渊博了。好像反过来说，一参加考试，就完了。有没有这个道理？当然没有。也有人解释说，孔子是说，因为我不轻于尝试，所以就多才多艺了。这是怎么说法呢？他们说，在大庭广众之中，或在宴会里就看得到，凡是喜欢说话的人，总容易被人家看穿；而坐在那里，一问三不知，不表示意见的人，谁也不知他的学问多高深，实际上也许一点学问都没有。这个道理，宋太祖赵匡胤曾经运用过。当时江南还没有平定下来，江南来的使臣是文学家，有名的才子，南唐的徐铉，奉命出使到宋朝。赵匡胤就考虑，在宋朝有哪一个大臣的学问可以压倒徐铉？经过一番讨论，决定不下来，结果宋太祖在自己卫队中，选了一个相貌堂堂的卫士，穿了外交礼服，去对付徐铉。徐铉到了宋朝，一一表演，上自天文，下至地理、哲学、科学、文学都搬出来。而这位冒充外交官的卫士，唯唯是应，什么都不谈。三天以后，徐铉就认为宋朝的确有人才，以这位负责接待的先生来说，深藏不露，不知道有多大的学问。所以"吾不试，故艺"。也可以从这第二个笑话去理解。还有第三个笑话，是拿童二树的不考试来解释。童二树是清代的画家，梅花画得很好，也是有名的理学家、学问家，但没有参加过考试而没有功名。古代考试都很麻烦，为了防止"夹带"要搜身。童二树在进考场时，门口的警卫要搜查他。他说国家开科取士，目的是要甄选天下的人才，现在我来应试，却先把我当小偷看待，我的人格就首先丧失了，那我何必参加考试？他就这样提着考篮走了。从此不参加考试，在家里读书做学问。做学问自己用得着，然后就成大名。这是第三点解释。这些都是拿《论语》当笑话讲的解释。

那么我们来寻求这句话的真正含义。这句话的背景，先有子曰："吾少也贱，故多能鄙事。"然后是他的弟子琴牢说出，孔子说："吾不试，故艺。"这样连起来看，这句话的意思是，孔子的求学问，是为自己学问而学问，并不是为了要尝试什么，并不是拿学问来做工具求取功名。秦汉以后的儒家多用孔、孟思想做敲门砖，求取功名，这不是孔子的精神。孔子因为是为自己做学问，不以学问做功名富贵的尝试工具，所以他的学问，到达最高的艺术境界。我们现在读书，进学校是为了将来求职业，为了前途，所以书读得没有艺术境界，很痛苦。过去我们读书，像我个人，喜欢研究佛学，喜欢研究禅。在当时来说，是开倒车，没有人理的古董，但是我喜欢，有兴趣，爱学什么就学什么。若是让我学政治、银行或经济，恐怕打死我也学不好，说不定圈圈都会画错，一万元多一个圈就是十万元。谁知道当年所走的冷门，几十年后的今天都变成这么热门，真是我想不到的。那当年为什么求这个学问？为自己做，没人要求，只是自己兴趣所在，非做不可。因为这样，才没有条件，没有限制，也不考虑这一套东西学了能不能混饭吃。没有饭吃喝稀饭，没有稀饭还有西北风，谁管它那么多！必须有这个精神，才能深入，才能称为学问，所以"吾不试，故艺"，大概可由此看到一些名堂了。

下面说到孔子真正学问的修养境界：

> 子曰：吾有知乎哉？无知也。有鄙夫问于我，空空如也，我叩其两端而竭焉。

这是孔子的真正修养。孔子说，你们以为我真正有学问吗？我老实告诉你们，我一点学问都没有，我什么都不懂。有不曾受教育的人来问我，我实在没有东西，就他的程度所问的，我便就我所知的答复。如果他本身很鄙俗，来问我一个问题，我的确答不出。那我怎么办？因为没有主观，没有成见，就"叩其两端而竭焉"，反问他提出问题的动机，就他相对思想观念的正反两面研究透了，给他一个结论。所以我没什么学问，不是我给他答复，是他自己的意见提出来问我时，我替他整理做个结论而已。教育本来就是这样，真正的学问修养也是这样。知识最高处就是"无知"，就是始终宁静，没有主观，先没有一个东西存在，这是最高的学问境界。不但孔子如此，世界上很多大宗教家、教主、哲学家，都是如此。希腊第一位哲学家——西方文化中的孔子——苏格拉底，也和孔子一样，出身贫苦，什么都懂，行为做人也很相似于孔子，他说："你们把我看成有学问，真笑话！我什么都不懂。"这是真话。释迦牟尼也讲过这样的话。他十九岁放弃了王位而出家修道，到了三十二岁开始传教，八十一岁才死。四十九年之间，他最后自己的结论说："我这四十九年中，没有讲过一个字，没有说过一句话。"真理是言语文字表达不出来的。我们可以退一步说，孔子所讲的"无知"，是俗语说的"半罐水响叮当，满罐水不响"。学问充实了以后，自己硬是觉得不懂，真的自己感觉到没有东西嘛！空空洞洞的没有什么，这是有学问的真正境界。如果有个人表现出自己很有学问，不必考虑，这一定是"半罐水"。从学武的人就很容易看到，那些没练到家的人，就喜欢比划，他是筋骨发胀，并不是故意的。而练到了家的人，站在那里好像风都会把他吹倒，打他两个耳光，他会躲开，绝不动手。学问也是一样，一个人显得满腹经纶的样子，就是"有限公司"了。所以孔子这一点，就是学问修养成就的真正境界。

下面是孔子晚年的感叹：

子曰：凤鸟不至，河不出图，吾已矣夫！

第二部分：为师之道

这是感叹时代，孔子认为自己一点希望都没有。他的希望不是对他个人，而是对于时代，感叹时代的无法挽救。我们中国文化中，有几样东西很奇怪的，就是龙、凤、麒麟。中国文化是龙的文化。黄帝的时候，就对龙的观念非常重视，而且一直流传到现在，中国文化的标志就是龙。讲到这里是一个大的问题了。西方人据《圣经》，认为龙是恶魔，所以有一派教会，不准家里有龙的画及模型。而且更认为第一次"黄祸"是元朝；还有第二次"黄祸"，就是东方这个"魔鬼"要来了。这是西方文化的秘密。过去英国人已经做了一百多年的试验，促使中国的孤儿与外国的孤儿结婚，结果第一代生下来，眼睛变黑了；再生一代，头发也变黑了；到了第三代皮肤也变黄了。随便怎样配都是这样。所以西方人看到中国人的东西，他们内心上都在防备。我们身为中国人，对这件事，不能不知道。所以西方政治方面的人物，知识分子，尽管对中国文化敬佩，但他们内心还是处处防着我们。西方人有了这种思想，所以认为"龙"是可怕的。

另外，西方文化有一派认为中国的龙就是恐龙，这也错了。我常告诉西方朋友，不要把恐龙当作中国文化中的龙。但中国文化中的龙到底有没有？连我们自己都搞不清楚。在中国的历史上，始终没有一个人看到整个的一条龙，"神龙见首不见尾"看了龙头，看不见尾，看到身子，看不到头尾。所以把恐龙当作中国的龙，是一个大笑话。但究竟有没有这个生物，不去管它，这只是代表中国文化的精神。到底是代表什么呢？八个字，就是《易经》的文化所表示的："变化无常，隐现莫测。"所以我们对中国文化，要有"子畏于匡"的那种信心，永远打不倒的，永远站起来的。为什么要用龙来代表？因为中国人所讲的龙，是空中能飞，陆上能走，水里能游的动物，说大可以塞满宇宙，说小可以细如发丝，这就是我们的龙。中国文化就像这个龙。至于凤，同龙一样，在画上画得和野鸡相似。但始终没人看到过，只是传说上，要世界真正太平，圣哲的皇帝出来了，凤鸟才出来一下。所以孔子用凤来感叹这个时代，所谓"凤鸟不至"，这句话的含义，等于现在的说法——"这时代不是我们的了！"而"河不出图"这句话的意思呢？中国古代文化的来源是《易经》八卦，而八卦的来源，据说是黄河中出现了一条龙，龙变成了一匹马，这马的背上背了一个图案出来，这就是《河图》。另有《洛书》，是大禹治水的时候，对于天文地理工程的计算没有办法，后来在洛水里有一只白色的乌龟背了一个图案出来。大禹看了以后，发明了数学最高原理，因此而计算出工程的结构，治好了水患。于是《河图》《洛书》就成为了中国文化科学与哲学的先导。

　　孔子的感叹就是说像"凤鸟至""河出图"这样两个了不起的时代，再不会出现了。换言之，他虽想挽救这个变乱的时代而达到太平，但自己想想年纪大，也办不到了。这段表示孔子文化修养的高超，做事做人，挽救历史时代是那么热忱，那么有心，可是他觉得时间不属于他，大有力不从心的感慨。

反求诸己

（一）君子病无能

　　子曰：君子病无能焉，不病人之不己知也。

　　这句话的意义，孔子教人的中心，都在这个思想。他说只怕自己无能，没有真才实学，不怕人家不了解自己。换句话说，只要要求自己，充实自己。

　　子曰：君子疾没世而名不称焉。

　　这是一个大问题。司马迁写《史记》，在《伯夷列传》中，特别引用孔子的这句话。孔子说，一个君子，最大的毛病，是怕死了以后，历史上无名，默默无闻，与草木同朽。但是历史留名，谈何容易？我们研究历史哲学时，常问同学们，脑子里能记得几个皇帝的名字？一个人当了皇帝，就现实来说，那已经很够了吧！死了以后，不必多久，连名字都被别人忘了，人生的价值又何在？历代有那么多宰相，民间又记得几个？历代有许多状元，我们知道了几个？而他们对于历史、对于国家社会贡献了什么？老百姓知道的少数历史人物，还是靠小说捧出来的，其他大多数的，有谁知道？所以，后世留名，谈何容易！孔子、释迦牟尼、耶稣留了名。在功业上的历史人物，文天祥、岳飞，也是少数；至于其他功业上的历史人物，又有几人知道？从这里看人生，多渺小！在目前很短暂的一段当中去争名，上台去镜头上亮一下，有什么用？

"求名当求万世名"。人谁不好名？看好在哪里。一个人真想求名，只有一途——对社会真有贡献。要历史留名实在太不容易，可是三代以后，未有不好名者，所以孔子说："君子疾没世而名不称焉。"但好名看什么名，遗臭万年也是名，但有什么用？真的大名，要对历史有贡献，就太难了。求利之道也是一样，几十年来，看到那么多朋友，发那样大的财，最后怎样？且待下文分解。所以名利之道要看通的。真了解了人生，确定自己究竟走哪条路才是最重要的，不然就一生很平实，很本分，该做什么就做什么，不过分地企求。一个真正的君子，都是要求自己，学问也好，一切事业也好，只问自己，具备了多少？充实了多少？努力了多少？一切成就要靠自己的努力，不要依赖别人，不要因人成事。在内省的修养方面，只问自己应对人如何，而不要求别人对你如何。

子曰：君子求诸己，小人求诸人。

子曰：君子矜而不争，群而不党。

子曰：君子不以言举人，不以人废言。

这些都是讲君子、知识分子的学问标准。要做到一个君子，必须矜而不争。"矜"是内心的傲（骄傲是两回事。没有真本事，看不起别人，是骄；有真本事而自视很高，是傲），傲要傲在骨子里，外面对人不必傲，内在有气节，穷死饿死可以，绝不低头，这是矜。"群"则是敬业乐群，彼此相处融洽，但不营私，不走营私的路，走的大公之路。对于人的观察，不要听了对方一句话说对了，就认为他统统对了；也不要因为对方某一点不好，而因此不听他的好意见。

上面这些话，都是以"君子疾没世而名不称焉"这句话为中心，而引申出来的。

（二）多为别人想一想

子贡问曰：有一言而可以终身行之者乎？子曰：其恕乎！己所不欲，勿施于人。

子贡问孔子，人生修养的道理能不能用一句话来概括？为人处世的道理不要说得那样多，只要有一个重点，终身都可以照此目标去做的，孔子就讲出这个恕道。后世提到孔子教学的精神，每每说儒家忠恕之道。后人研究它所包括的内容，恕道就是推己及人，替自己想也替人家想。拿现在的话来说，就是对任何事情要客观，想到我所要的，他也是要的。有人对于一件事情的处理，常会有对人不痛快、不满意的地方。说老实话，假如是自己去处理，不见得比对方好，问题在于我们人类的心理，有一个自然的要求，都是要求别人能够很圆满；要求朋友、部下或上级，都希望他没有缺点，样样都好。但是不要忘了，对方也是一个人，既然是人就有缺点。再从心理学上研究，这样希望别人好，是绝对的自私，因为所要求对方的圆满无缺点，是以自己的看法和需要为基础。我认为对方的不对处，实际上只是因为违反了我的看法，根据自己的需要或行为产生的观念，才会觉得对方是不对的。社会上都是如此要求别人，尤其是宗教圈子里更严重，政治圈子里也不外此例。一个基督教徒、或天主教徒、或佛教徒，对领导人——牧师、神父或法师们的要求，都很严格。因为宗教徒忘记了领导人也是一个人，而认为牧师、神父、法师就是神。这个心理好不好？好。但是要求别人太高了。从这个例子，就可知恕道之难。后人解释恕道，把这个恕字分开来，解作"如""心"。就是合于我的心，我的心所要的，别人也要；我所想占的利益，别人也想占。我们分一点利益出来给别人，这就是恕；觉得别人不对，原谅他一点，也就是恕。

恕道对子贡来说，尤其重要。因为他才华很高，孔门弟子中，子贡在事功上的表现，不但生意做得好，是工商业的巨子，他在外交、政治方面也都是杰出之才。才高的人，很容易犯不能饶恕别人的毛病，看到别人的错误会难以容忍。所以孔子对子贡讲这个话，更有深切的意义。他答复子贡说，有一句话可以终身行之而有益，但很难做到的，就是"恕"。"己所不欲，勿施于人"，这就是恕道的注解。

问题来了！在《论语》上论《公冶长》篇中，子贡说过："我不欲人之加诸我也，吾亦欲无加诸人。"子曰："赐也，非尔所及也。"子贡也已经提出他的推己及人之恕道。他说过"我不希望别人给我的；同样的，我也不想转加给别人"。可见他早已在实行恕道。可是在这里孔子却说，子贡啊！这不是你能做得到的。现在孔子反而教子贡，"己所不欲，勿施于人。"这与子贡的前言，又有什么差别？难道孔子老是摆权威，只有他的对，学生的话对了也是错吗？其实不然，子贡所提出的话，和孔子现在答的，从表面上看，似乎只有文字上的不同，其意义是一样的。事实上，大有立足点的不同。子贡是说，我所不想别人加给我那些不合理的，我也同样的不想加到别人身上。这是以我为中心，我受到了伤害之后，才想到不要同样地找别人的麻烦。现在孔子说的，只要我自己发现不要的，便不要再施给别人。根本上在严格要求自身的净化，不要靠比较以后才想到别人。这一点要特别注意。

其次，如果把这两节连起来讲，正好互作阐发，那便是："子贡曰：我不欲人之加诸我也，吾亦欲无加诸人。子曰：赐也，非尔所及也。""子贡问曰：有一言可以终身行之者乎？子曰：其恕乎！己所不欲，勿施于人。"这便是孔子教授法的机锋锐利，等于后世禅门中一个故事——唐末诗僧贯休作了两句很得意的诗："得句先呈佛，无人知此心。"他拿给一位禅门的老和尚看，老和尚反问他："如何是此心呢？"贯休反而答不出来了。老和尚便笑说："无人知此心。"这段孔子与子贡的对话，便同此一样隽永有味，值得深思反省。

站在书呆子的立场，专门研究自己的人生，我认为"己所不欲，勿施于人"这八个字做不到，随时随地我们会犯违背这八个字的错误。尤其在年轻一辈的团体生活中，就可以看到很多事例。我们曾经有一个正在服兵役的学生回来说，他三支牙刷，六条短裤，都被"摸"跑了。事实上自己根本有这些东西，可是就喜欢把别人的"摸"来，"摸"到了心里觉得很痛快。这种行为说他是"偷"吗？不见得这么严重。前不久我们的楼梯口的一副门帘不见了。办事的人说被偷了，我说算了，一定是被年轻人"摸"去了。说他有意偷吗？他没这个意思。说他没有偷吗？年轻人有这种心理，摸来很好玩，很有味道，还在那里称英雄。东西被人"摸"跑了，心里一定会不高兴，可是自己有机会，也会"摸"人家的。过团体生活的时候，有的人洗了手，本来要在自己的毛巾上擦干净，看见旁边挂了一条，顺手擦在别人的毛巾上。为什么会有这样一个思想行为出来呢？这是小事，不能做到"己不所欲，勿施于人"。对于大的事，做到我所不要、所不愿承受的事，也不让别人承受，就太伟大了，这个人不是人，是圣人了。太难了！可是做人的存心，必须要向这个方向修养。能不能做到，另当别论。

这八个字的修养，要做到很难很难，"己所不欲，勿施于人"同时也就是"己所欲，施于人"。后来佛家思想传到中国，翻译为"布施"。施字上加一个"布"字，就是普遍的意思。佛家的布施和儒家这个恕道思想一样，所谓慈悲为本，方便为门，就是布施的精神。人生两样最难舍，一是财，一是命。只要有利于人世，把自己的生命财产都施出来，就是施。这太难了，虽然做不到，也应心向往之。

（三）行有不得　反求诸己

子曰：射有似乎君子，失诸正鹄，反求诸其身。

古代练武功，拉弓射箭，就是现在部队里练打靶，所谓前面一个标的，每一箭要射中那个红心。那么孔子有一天在监督学生射箭，大概有这样一个感想。他说射箭打靶——他告诉学生们，他是机会教育——他说你们看，打靶这个道理就是人生做学问修养的道理，"失诸正鹄"，你打出去为什么打不准那个目标？那一点为什么不准呢？你不能怪那个目标摆歪了，要反省自己的功力、眼光对不对，所谓"反求诸其身"，要回转来要求自己。打靶打不准没有办法的时候，不能怨枪不好、子弹不好，也不能说前面那个目标摆歪了，摆高一点了、低一点了，你只有觉得自己工夫不够，修养不够。

人生，一个人做人做事，做到了恰到好处，就是中庸。中庸怎么解释？就是孔子的——每一颗子弹、每一个动作都中在正中，准确的中心，这就是中庸之道。不是说中庸像个汤圆一样的，你把它推过去也是圆的，推过来也是圆的。后世一般人说中华民族爱讲中庸："你说这个东西好不好？""差不多！""你认为不对呀？""大概吧！也许吧！好像是这样，再研究再研究，慢慢来，啊！"这个不是中庸，这个是"偏庸"了，就不对了。中庸是处处合适"中的"，所以你真要解释中庸，就是孔子这两句话，解释得很清楚，"射有似乎君子（之中庸），失诸正鹄，反求诸其身"。要求在自己，正道。

（四）吾日三省吾身

曾子曰：吾日三省吾身，为人谋而不忠乎？与朋友交而不信乎？传不习乎？

曾子为孔子的学生，名参，少孔子四十六岁。由这一点我们看到，孔子回到鲁国讲学传道的时候，都是培养年轻的一代，同我们的心情一样，怕自己死了以后，这个命脉，这个根本失传了。和我们现在一样，对于年轻的学生，拼命讲给他们听，好办一个交代。

曾子在当时孔子的学生中比较鲁，鲁就是拙一点，其实并不是笨，只是人比较老实，不太说话，后来嫡传孔门道统。他著《大学》，孔子的孙子子思著《中庸》，也是跟他学的，所以现在一般人拿《大学》《中庸》，代表了孔子思想，我们千万不要这样跟着搞错了。

《大学》是曾子作的，原来是《礼记》里的一篇，后来到唐宋的时候，才把它拉出来，变成了四书之一。所以把《大学》《中庸》思想，认为是孔子的思想，是不大妥当的，这仅是孔子思想的演变。

孟子是子思的学生，孔子三传的弟子，这时已经到了战国时代。孟子的思想又与孔子的思想有些出入，孔子温文儒雅、修养极高；孟老夫子，有时好像卷起袖子伸出拳头，有点侠气，也有一谈就使气的味道，和他们所处的时代有关。这也代表了时代和文化思想的演变。

曾子说，我这个人做学问很简单，每天只用三件事情考察自己。要注意的，他做的是什么学问。"为人谋而不忠乎？"替人家做事，是不是忠实？什么是"忠"，古代与后世解释的"忠"稍有不同，古代所谓的"忠"是指对事对人无不尽心的态度——

对任何一件事要尽心地做，这叫"忠"。这个"忠"字在文字上看，是心在中间，有定见不转移。"为人谋而不忠乎？"我答应的事如果忘了，就是不忠，对人也不好，误了人家的事。"与朋友交而不信乎？"与朋友交是不是言而有信？讲了话都兑现？都做得到？第三点是老师教我如何去做人做事，我真正去实践了没有？

曾子说，我只有这三点。我们表面上看这三句话，官样文章很简单，如果每一个人拿了这三点来做，我认为一辈子都没有做到，不过有时候振作一点而已。

曾子这几句话，为什么要摆在这里？严格地说，这些学问不是文学，要以做人做事体会出来，才知道它难，这就是学问。

（五）正己而后正人

子曰：苟正其身矣，于从政乎何有？不能正其身，如正人何？

这是中国政治思想重点所在，也是孔子所说名言——"政者正也"的引申。主要是要求领导人的。我们都知道中国文化中有一句"《春秋》责备贤者"的惯用语。这是说明孔子作《春秋》的主要宗旨，是为了时代的衰颓，社会风气的败坏，尽他对于历史的责任。他并不苛责一般人，因一般人大都是盲从的，听命的；他责备的是领导者、当权者，或者有道德学问而负这种责任的贤者。倘使这些人搞错了方向，会导致历史的重大罪过，因此《春秋》以中正责备贤者。《论语》中这里的观念也是如此，解释为政的道理在于先求自正，后来曾子《大学》的"正心诚意"等一系列思想，也是孔子这一观念的引申、演绎。到了南宋，真德秀著《大学衍义》《心经》（儒家的心经）《政经》等书，就是强调这个重心给帝王和领导者看的，所以后来，用《大学》《中庸》的正心诚意思想，作为领导人必然的修养，也是根据孔子这里的思想。

这里在文字上的解释很简单，政就是正，"苟正其身矣，于从政乎何有？"这句话译成现在的白话文就是：假如本身公正，去从政，不必讲，当然是好的。"不能正其身，如正人何？"政者正也，要正己才能正人。假使自己不能端正做榜样，那怎么可以辅正别人呢？

> 冉子退朝，子曰：何晏也？对曰：有政。子曰：其事也，如有政，虽不吾以，吾其与闻之！

这一段记载很妙，也是孔子的幽默处。孔子学生冉有，当时在鲁国的权臣季家做事，职位很重要。在鲁国的历史上，季家当时很糟糕，想争夺政权，不臣的迹象都显露出来了。在《论语》上论《八佾篇》中就曾记载，季氏旅于泰山，孔子曾找冉有，问他能不能想办法救季家，纠正他的思想。冉有说不能，可是冉有还在季家做事，有一天冉有退朝后，见到了孔子。（中国古代都在朝上处理公文，也等于是现代每天的朝会，讨论政治，处理公事。）

说到这里，我们有许多感慨。现在大家都觉得每天的会议太多，头大得很，这是中西文化合璧的过渡时期的现象。时代不同，社会结构、人事变化古今大不相同。古代官制人事比现在少得多。就清代而言，康熙年间，全国上下二十余省，从中央到地方的正式朝廷官员，只有二万五千多人。就此人数，办理约四万万人的政治事务。当然，我们看到清末的政治非常腐败，但是在腐败中间，也有一点值得注意，就说那时腐败衙门的师爷们，每天上班，大多已在下午两三点钟，吃过午饭，睡好午觉，鸦片烟抽足以后才上班。可是他们今日事今日了，难得有拖好多天才办的。难道说这是制度问题？实在难以下一评断！

再看古代，皇帝都是早朝，非常辛苦。就以清朝的皇帝而论，承继中国五千年文化的正面，专权到了极点，事无巨细都要过问，以致皇帝从来不能睡得舒服。凌晨四五点钟就要起床，如果贪睡起不来，就有一个老太监跪下来叫；如果叫不起来，就由另一太监，打一铜盆热水，绞一条热热的面巾，覆到仍在睡梦中的皇帝脸上，替他擦一把脸，硬把他拖起来，替他穿上龙袍，拉着去主持早朝。吃饭也没有人陪，孤家寡人一个人吃。

清代先祖的法制：不能由皇后陪，最多下命令找一个喜欢的妃子陪他吃。人到了这个地步，权力固然可爱，可是有许多事情，就没有味道了。我们顺便讲到这些，是要注意早朝制度。

几千年来，一切国家大事，都决定在早上，乃至个人的处理政事，也是如此。如曾国藩当年理政，就不大开会，而是找部属们一起吃早饭。有一个人不到齐，他就不动筷子，利用吃早饭的时间，讨论了事情。所以对于过去的早朝和现在的会议，我们可以好好对比研究一下，对于自己国家将来制度的问题，也是值得考虑的一点。

这里是说，一天冉有退朝回来，孔子问他为什么今天回来这么迟？冉有告诉孔子，因为有政务要商量。孔子说，我清楚得很，看起来好像是国家的大事，虽然我没有参加，不过就好像亲耳听见一样。孔子这个话非常幽默，想来，他说此话时，一定做了一个幽默的微笑，等于打了冉有一棒。

（六）一言兴邦　一言丧邦

定公问：一言而可以兴邦，有诸？孔子对曰：言不可以若是其几也！人之言曰："为君难，为臣不易。"如知为君之难也，不几乎一言而兴邦乎？曰：一言而丧邦，有诸？孔子对曰：言不可以若是其几也！人之言曰："予无乐乎为君，唯其言而莫予违也。"如其善而莫之违也，不亦善乎？如不善而莫之违也，不几乎一言而丧邦乎？

鲁定公一天问孔子，他说一般人都说，不要随便说话，尤其是从政的人，在上面领导的人，只要一句话，就可以"兴邦"，有这个道理吗？孔子说，话并不是那样说法。"一言而可以兴邦"，这句话是一个原则，譬如说有一句一般人都知道的话"为君难，为臣不易"，这不就是一句话吗！做领导人困难，做干部也不容易。

这也就是孔子的机会教育，他对自己的国君，不好意思直接教训。可是趁这个机会，举出这句话来做例子，无形中教育了他。鲁定公本人就是领导人，所以他说假使一个人懂了"为君难，为臣不易"这句话，就可以兴邦了，事业前途无量了。这段文字很简单，如以历史的事实来讲，一言可以兴邦的史实很多，试举两个例子：

一个例子是唐太宗时代的名论："创业难，守成也不易。"就是这个道理，不但国家天下事如此，个人也是如此。一个人由贫穷而变成富有，是创业难，至于子孙的守成，又是一个大问题。究竟哪一个难？在中国古代政治思想上，素来认为两者皆不易。另一个例子，宋高宗曾说过，"吾年五十方知四十九之非"。其实这句话，春秋战国时，卫国的蘧伯玉也这样讲过，人由于年龄的增加，经验的累积，回过头一看，才发现过去的错误。这些都是"一言兴邦"的实例。

引申到下面的"一言丧邦",一句话而亡国的,又可以举很多例子了。历史上楚汉之争,刘邦的长处,是听从别人的话,他之所以成功,是对于别人的好意见马上接受。如果我们研究历史上一些成功和失败人物的性格,会发现很有趣的对比。有些人的性格,喜欢接受别人更好的意见;不过,能立刻改变,马上收回自己的意见,改用别人更好意见的人太少。刘邦是这少数人中的一个。而项羽对于自己的主意就绝对不会改变,绝对不接受别人的意见。对于这一点,在个人修养上是要注意的,尤其作为一个单位主管,往往容易犯一种心理上的毛病,明明知道别人的意见更对、更高明,可是为了"面子",为了"下不了台"而不接受。这种心理,大而言之是修养不够,小而言之是个性问题,自己转不过弯来。现在,我们看看项羽在历史上一个重要的决定:当项羽打到咸阳的时候,有人(据《楚汉春秋》的记载是蔡生,而《汉书》的记载是韩生)对他说:关中险阻,山河四塞,地肥饶,可都以霸。劝他定都咸阳,天下就可大定。

关于这一点,我们中国历史上曾有很多研究,国都应该定在哪里?历代都有讨论。宋元以前,首都多半在陕西的长安,宋代因为国势非常弱,定都汴梁。当时也曾有人认为洛阳是四战之地,不宜为首都。往下元、明、清八百多年来,首都则在北京;民国成立以后,对于定都的争议,当时也有许多主张。

一派主张定都北京；一派主张定都南京；还有人主张定都到咸阳；又有人主张定都北京或南京都可以，但是应该在长安、武汉等地设四个陪都。这一派人看到了将来国家的大势，要与国际的局势相配合的。一个国家究竟定都在哪里，政治、军事、经济、外交各方面的配合都很重要，这是一个大问题。我们现在为了配合将来时代，预为国家的大计研究，这些历史，乃至于近代史、国际形势，都要研究。这是题外闲话了。

（七）上不正下便歪

> 季康子问政于孔子，孔子对曰：政者，正也。子帅以正，孰敢不正？

这个话大家都很熟，这是我们中国人对"政"这个名称的解释。政就是"正"，所谓政治的道理，就是领导社会走上一个正道。什么叫正？什么叫邪？很难讲。这就牵涉到人生的道德行为观念，以及社会的、历史的道德观念等等，都受时间、空间的影响，而改变了观念的标准。以前的社会型态并不适于现在的社会型态，过去历史的标准，并不一定完全可以适用于现在。所以怎样才算是正或邪，也是对某一时间、某一地区而言。但无论如何，政治的原则，就是"正己而正人"，自己先求得端正，然后方可正人，譬如一个教育家、宗教家，以感化的教育，转移社会风气，也可以说是"政者正也"的一个范例。
"帅之以正"，这是孔子的定义，也是千古以来中国政治思想
的一个名言。季康子是一个当权的人，所以孔子对他说："子
帅以正，孰敢不正？"只要你领导人自己做得正，下面的风气
就自然正了，这是偏重于为政，偏重于领导而言的。

    季康子患盗，问于孔子。孔子对曰：苟子之不欲，
  虽赏之不窃。

"季康子患盗"，这是说他那里强盗土匪太多了。这是一
个大问题，和政治问题、经济问题，都有连带关系。季康子问
孔子，强盗土匪这样多，该怎么办？孔子说很简单，你所不要
的，赏给他，他都不要。在文字上就是这样，很简单明了，但
在《易经·系辞上》说："谩藏诲盗，冶容诲淫。""诲"就
是教的意思。这句话是说，金银财宝，不好好保藏起来，等于
教人家来偷；把自己打扮得漂亮、妖艳，就等于教人家来揩油。
所以孔子对季康子说："你所不要的，丢在路上，人家也不要，
更不会偷，不会抢。"

这个话很简单，但引申出去，政治、经济、社会什么问题
都在内。我们先谈一个哲学的笑话，佛家有个名词"颠倒"。
在佛经上经常有"众生颠倒"这句话，这"颠倒"两字很有道理，
人都在颠颠倒倒的。刚才也提到，孔子说的"子帅以正"，正

就是不颠倒。但以哲学立场看,世界上哪一个事物是正的?下不了定义,就人的颠倒来说,随便举例:人身最尊贵的是头部,脸孔、眼视、耳听、口言,多么重要!双手能为我们做许多事,可是却和头脸一样,任它露在外面,风吹日晒。而一双脚,除了走路以外,很少再有什么用途,却要鞋、袜、裤,给它重重包裹,如此保护,岂不很颠倒!田里的稻麦是人类不可少的粮食,何等重要?可是任它在田地上,谁都不去看管。而钞票不过一张纸而已,既不能当饭吃,又不能当衣穿,连做卫生纸用都不行,可是却绳扎,纸包,放到钱柜,铁柜还要摆到严密的库房,上了锁,另外再由人执枪守住,这岂非颠倒?这类事可多了,仔细想想,人生真的很奇妙,究竟哪样才是对?颠倒!对黄金钻石也是如此,本来无用之物,可是大家竞相以为宝物,因此形成了社会上抢购这些东西的风气。说盗窃心理,我们又想到庄子所谓"窃钩者诛,窃国者侯"的话。庄子这一句话的意思是说一般人将黄金珠宝,隐藏妥当,只能防止小偷小盗。至于那些大盗,就怕你不把黄金珠宝等财物集中隐藏起来,你越是装得牢,锁得紧,大盗来了才拿得方便。甚至明目张胆抢劫,还要失主自己代他搬去。至于占领了人家的国土,那么就变成了英雄、侯王。所以庄子说"窃钩者诛,窃国者侯,诸侯之门而仁义存焉"这就是历史哲学。

因此儒家思想,始终教人过俭朴的生活,走其实无华的路子。大家如此,社会就安定,盗窃也少了。如上位的人偏好某一事物，则下面会跟着偏好得更厉害。爱好而得不到，于是就行窃了。这个"窃"，是广义的窃，凡以损人利己的方法获取即称为窃，今日全世界经济危机，就是受凯恩斯"消费刺激生产"理论所害的，大家不肯节俭，尽量消费所致。我曾对一个美国学生谈起，现在美国一般人几乎永远是穷的，因为什么都是分期付款，而生活永远也在分期付款中度过。这就想起孔子的话，"苟子之不欲，虽赏之不窃"。现在全世界的"欲望"、风气都趋向这方面，所以大家就都想尽方法来占有，来获取。得不到了，只好去窃，又如女人的打扮，过去仿效宫廷，现在仿电影明星。事实上是一样的，过去看帝王的宫廷，现在看社会整个风气。所以要想不窃不盗，只有改正风气才是。

（八）风吹草动

　　季康子问政于孔子曰：如杀无道，以就有道。何如？孔子对曰：子为政，焉用杀？子欲善，而民善矣！君子之德风，小人之德草。草上之风必偃。

　　季康子又问孔子说，用以杀止杀的方法，把坏人杀掉，"以就有道"，归到正道那里去，怎么样？孔子说，为政之道，并不是靠杀人而能够成功的。我们知道，老子也说过："民不畏死,奈何以死惧之。"人并不是绝对怕死的,为政不用道德来感化,只用杀戮来威胁,是绝对压不住的。所以孔子对季康子说,用杀人来做手段是不对的,应该以自己的道德来做领导。你自己用善心来行事,下面的风气自然跟着善化了。所以他就说出一段名言:"君子之德风,小人之德草。草上之风必偃。"我们中国文字中的"风气"二字,就是由于这个观念而来的。这两句话中的"德"是一个总称,它包括行为、心理、思想等等。他说君子之德像风一样,普通人的德像草一样。如果有一阵风吹过,草一定跟着风的方向倒。风的力量越大,草倾向的力量也越大。因此一个大政治家的领导,应该造成一种风气。这都是讲政治的领导。但我们不要把它看呆了,凡是书本学问都要活用。假使做一单位主管,下面只有三个人,同样的,只要主管品德超然,下面的风气自然会好。但在政治上要造成一个时代社会的风气并不太容易,也等于在军事上构成一个"气势",是很不容易的事。

(九)老子的道与三宝

　　天下皆谓我道大,似不肖。夫唯大,故似不肖。若肖,久矣其细也夫。我有三宝,持而保之。一曰慈,二曰俭,三曰不敢为天下先。慈故能勇,俭故能广,不敢为天下先,故能成器长。今舍慈且勇,舍俭且广,舍后且先，死矣。夫慈，以战则胜，以守则固。天将救之，以慈卫之。

"天下皆谓我道大"，老子说，天下人都说我讲的"道"很大，包括了中国先民传统所讲的"道"，"似不肖"，好像不大对。"夫唯大"，就因为太大了，大到没有边际，摸不着，看不见，"故似不肖"，所以好像不大对。这句话好像讲得与佛学一样，一会儿讲有，一会儿讲无，东讲西讲，不晓得讲些什么，讲得天地都没有他大。道大、天大、地大、王大，很好听，吹了半天，究竟这个"道"是什么，也说不出道理来。"故似不肖"。因为形而上的道体太伟大了，超越了精神与物质两重世界，而人都拿物质世界和自己的心理思想去推测"道"，所以就越想越不像了。

"若肖，久矣其细也夫"，好在这个"道"什么都不像，如果这个"道"像一个东西一样，也就一点都不伟大了。假使这个"道"可以讲得出来，可以让人看得见，那老早就没有了，也就不是"道"了。

讲了半天，"道"究竟是什么，他还是讲不出来。他只好告诉我们是"不肖"，画不出来，讲不出来；可是他还是"肖"，他画了一个样子给我们。

"我有三宝"，老子讲的"三宝"，后来佛教仿效中国文化，把佛、法、僧也称为三宝。"三宝"这个名词是借用老子的，不过借久了就不归还，直用到如今。老子也不算利息，就让佛教用了。

老子说"我有三宝"，谁拿到谁就有办法，能够把握得住，就可以得到保佑，那就功德无量。"功德无量"这句话最早出在《尚书》，后来佛家借用了，也是久借而不归；很多地方都是这样，像刘备借荆州，借来就"持而保之"。

老子的"三宝"是什么？不是佛、法、僧，而是"一曰慈，二曰俭，三曰不敢为天下先"。老子告诉我们三件法宝，不管做人做事，创业立功，上至帝王领导了全世界，下至在家里做家长，都离不开这三宝。

第一件宝"曰慈"，对人对事无不仁慈，而且要爱人，处处爱人，处处仁慈，这是第一件宝。

第二件宝"曰俭"，依我看来，每一个人都是非常节俭的，三个人出去吃饭付钞票时要掏半天，这可不是老子的俭。老子说的俭，是指精神的消耗；言语、行为、时间都要节省，都要简化，话不要啰嗦，要简单明了。所以一个善于处世的人非常简单明了，也就是老子的"无为"之道，因为太简化了，看不出他有所作为。当然有些人简化到使人搞不清楚，问他对不对？好不好？他也不说一个字。我说：你讲话啊！只要他点一个头代表"对"或"不对"就行了。这像是简化到无为，连开口都懒得开了。也有些人是这种个性，又过于俭了，也不对。但是，比不简还是好些。

第三件宝是"不敢为天下先",这句话的意思并非自甘堕落。比方我有一个朋友,两夫妻都非常好客,经常宾客满座,有时我去了,他家已宾客盈门,座无虚席,我不要他招呼,就径自上楼去,叫佣人煮一小碗面吃了就好。

有一次他告诉我,你学佛真学得好,将来不要念佛就会升天成佛!我请教他什么意思,他说,就凭你到我家来就可以看出来了!你一看到人多就上楼,又不要我招呼,随便吃一小碗就好了,这种态度,就够资格成佛了。但是我深深得到一个经验,做客一定要先到,可不必主人家久等,到了以后,看到人多位子不够坐,明明饿着肚子,也表示自己吃过了;或推说别的地方还有应酬,谢了主人就走。这两件功德做到的人,不要念佛一定往生西方。中国有句谚语:"见官莫在前,做客莫在后",打官司不要站在前面,做客不要迟到,人家吃完你才去,那多难堪!所以做客宁可先到。做客的时候,应该记住"不敢为天下先";这句话的反面当然是"为天下先",也就是说,第一个早到,但不是有好菜先吃,有好酒先喝。

"不敢为天下先",是否应该为天下后呢?那又不行,所以老子讲的还是中庸之道。一件事情,智慧太过,话说得太少,在后面跟着,结果什么也得不到。所以,既"不敢为天下先",也不可以为天下后,要恰到好处就成功了。

大家经常研究历史,尤其喜欢讲秦汉历史。最初陈胜、吴广揭竿而起，为天下先，接着是项羽，都是为天下先。可是为天下先的在历史上都下去了，不先不后的是汉高祖刘邦成功了，在后面来的又来不及了；就是朱元璋起来也是不先不后从中间来的。所以，不要解释错了，认为"不敢为天下先"就应该为天下后，太后就没有份了，要恰为天下中，恰到好处。不过，这可就难了，所以"运用之妙存乎一心"，原则都讲了，我们人生如何去运用去创造，如何去做事，在于个人的智慧。这就是老子说的"三宝"——"曰慈，曰俭，曰不敢为天下先"。

老子自己又在这里解释"三宝"的道理，第一是"慈"，他说，"慈故能勇"，一个人真具备了仁慈、才能、大仁大勇，具有爱天下人的心，才有牺牲自我的勇气；真仁慈才有真正的大勇，小仁慈没有真胆子。当然，他讲的"慈"是以天下人为对象的"道"，老子的"道"是天下之大道，不是讲"妇人之仁"的小仁小义。

"俭故能广"，因为能够简化，所以发挥起来更为广大。比如一个人，假使不简化自己，什么事情都过分的复杂又啰嗦，因为精力是有限的，能用的就不广博了。所以能够简化，才能够广博。

"不敢为天下先，故能成器长"，因为不想为天下先，凡事开始就有这样的想法，所以，他能够成为"器"，成为一切事一切人的领导。正如清朝有名的诗人龚定盦诗中的一句，"但开风气不为师"。胡适之就经常引用他这一句话作为处世的准则。胡适之也许受龚定盦的影响很大，不过这句话也只是开一个风气而已，也就是"不敢为天下先"的意思。先者，并不是开始，而是站在人的最前面，这是"为先"的含义。如果能做到"不为天下先"，就能够成长一切事物，"成其器长"，这是领导哲学最重要的地方。

"今舍慈且勇"，这个"今"字，在时间观念上，不是现在的今年、今天，是指他当时的时代，指当时这些君主们以及社会风气现状。现在一般人没有真正仁慈的精神，舍弃了慈，只晓得好勇去侵略统治别人。战国时代，那种战争的残忍暴戾，都是因此而来的。

"舍俭且广"，自己的心理状态不但没道德，也没有简化，欲望更是越来越广越大。

"舍后且先"，把个人的利益放在前面，"死矣！"只有一个"死"字，这个时代就完了，"死矣"是老子对他当时的时代所做的批判。

我们讲到老子的"三宝"，也想到现代青年研究佛道、打坐、学禅的，很多都是同样的道理，心中不能真正发慈悲心，不能真正做到简化。自己虽然在学佛、研究禅，自己的欲望却大得很，又想眼通，又想耳通。结果眼通通不了，耳朵也通不了，想打坐入定，结果两腿麻痹胀痛，连路也走不动了，这就是不能"俭"。

"俭"等于佛家所说的"放下"，就是一切欲望都摆脱、都空掉的道理。不过,老子不谈"空"或"无",他只讲"简化",因为绝对的"空"以及绝对的"无欲",一般人是做不到的,所以老子只告诉我们"清心寡欲"。佛家动辄讲"无欲",绝对没有欲望,那是很难做到的,因为成道也是一个欲望!想开悟更是一个大欲望。所以说,老子只能教人"清心寡欲","寡欲"也就是"道"的一个修养了。

"夫慈,以战则胜,以守则固,天将救之,以慈卫之。"他这句话指出慈悲的重要。我们晓得中国文化的所谓三家,在秦汉以前的三家为儒家、道家、墨家;唐宋以后的三家则为佛、道、儒。不管中国文化如何说,在老子作书时,佛教尚未传来中国,佛教是在《老子》这本书问世后数百年才传入中国的。但远在老子时代,已先提出慈悲观念的重要。后来佛家传入中国,一面与老庄思想,一面与孔孟思想,好像强力胶一样粘牢在一起了。主要的原因是太多观念相同,自然就构成了东方文化的"大器"。"慈悲"是佛家最重要的基本,可是,真正开始讲的是老子。老子说,唯有真正的慈悲,战争才不会打败仗,都是打胜仗的。假使我们没有好好研究军事哲学,没有好好研究兵法,对于老子所说的慈悲会打胜仗这句话,一定觉得奇怪。中国人有两句老话,"慈不将兵,义不掌财",慈悲的人不可以带兵,慷慨的人不能掌握财政,因为他的口袋很松,看到有人可怜,就把钱拿去做好事了。

但是,老子为什么却说"夫慈,以战则胜"呢?这要深入研究军事哲学了,更要深通兵法,才会晓得兵家这一种思想的崇高伟大与重要。中国的军事哲学思想,除了老子还有后面的孙子。孙子可说是中国的第一位军事思想家,世界各国的军事包括前苏联的陆军大学,也都是非研究《孙子兵法》不可。

我们这个国家民族,上有老子、下有孙子,中间有"倪子",倪子就是儿子,这都是全世界文化研究的题目。

一般学军事的人,很少提到"慈",更少提到慈可以打胜仗;可是《孙子兵法》中则提到"仁"。中国文化"慈"与"仁"有时是同义字,只是两个名词的变化,由于时代不同,语言文字表达的不同罢了。大丈夫假如没有仁爱之心,没有爱天下人之心,不能为大将。至少在带领自己的部下时,如果没有仁慈之心,不能视部下如自己的子弟,那是无法打仗的。

中国历史上的战争,都推崇自己的子弟兵,所谓子弟兵,当然不都是自己的子弟,而是自己的部下,都视同自己的子弟一样。历史上项羽的八千子弟兵,都是项羽的家乡人,项羽对部下是仁慈的,只是脾气太暴躁而已。但是,乌江一战打败了,而他的八千子弟没有一个人投降。由此说明,项羽带领部下就很了不起了。那时的人口远比现在的少,而他能拥有八千子弟兵,实在是一个庞大的数字。而且这八千子弟,战败没有一个人投降,确实不是偶然。

又如田横的五百子弟兵，当领导人战死，则统统自杀，一个不留。这就说明带领部下如果不是真仁慈，不是真做到如父母爱儿女一样的仁爱，是不会有如此结果的。不但作战带兵是如此，就是领导一个机构，领导一个工厂、一个公司，对部下也是应该如此。

不过，仁慈并不是如带娃娃一样，下雨了赶快把他抱起来，天热了赶快为他脱衣服。仁慈是真教育，真爱护，对就是对，不对就是不对。所以能"以战则胜，以守则固"，不作战处于防御时期时，则是万众一心的坚固团结。

中国文化中有一句成语：天心仁爱——天地之心，生生不息。天地的心在哪里？天地无心，看不到一个心脏，也看不到一个思想，天地的心在万物上面表现出来，它生生不息。万物的生命靠天地而生，这就是"天心仁爱"，所以，"天将救之，以慈卫之"。一个人真到达了慈悲心充沛于内在时，上天便自然保佑他。这个上天，称之为上帝也好，菩萨也好，乃至于鬼神也好，都在保卫他，保卫万物。

学而不厌，诲人不倦

子曰：默而识之，学而不厌，诲人不倦，何有于我哉？

第二部分：为师之道

"默而识之"，学问要靠知识来的，这里的"识"在古代文字中是与"记、志"字通用，所以"默而识之"这句话就是说：做学问要宁静，不可心存外务，更不可力求表现，要默默然领会在心，这是最要紧的。

"学而不厌"，孔子说做学问的志趣永远不厌倦，这在文章上读起来很容易了解，乍看起来没有什么了不起，但深深体会一下，孔子的学问就在这里。虽然非常平凡，但要知道世界上最伟大的就是平凡，能安于平凡是很难的，这也是"人不知而不愠"的引申。经验证明，假如发狠学一样东西，肯下工夫去学习，最多努力一段时期，就不能继续不倦地去搞了。所以一生能够学而不厌，不是件简单的事情。像写毛笔字、打太极拳，开始很有兴趣，再继续下去，到快有进步的时候，对自己的毛笔字，越看越讨厌，简直不想看；打拳也打得自己不想打了，认为学不好。这正是一个关键，是个进步的开始，可是大多数都在这种情况下厌倦地放弃了。因此，就觉得孔子这句话，的确了不起。

另一点便是"诲人不倦"的教学态度。也是看起来容易，做起来难。孟子说"得天下英才而教育之，一乐也"。但是如果"得天下笨才而教育之，一苦也"！教育的事有时真使人厌倦不堪。尤其是现在青年的教育，从小底子打得太差了，几乎必须要重新打基础。所以一个真正的教育家，必须要有宗教家的精神，爱人爱世，须有舍身饲虎、入海救人的牺牲精神才行，又像是亲自施用换心术硬要把自己的东西，装到他的脑子里去的这种心情。但有许多学者有了学问，却当成千古不传之秘，不肯教给别人。

孔子这句话，表面上看是很容易的，做起来就非常难。后世为人师表者，可以将这句话作成格言，在碰到厌倦的时候，提起孔子这句话，先脸红一下，马上自己改正过来。孔子在接着这句话之后便说："何有于我哉？"翻成白话，便是说，我没有什么学问，只不过到处留意，默默地学习中，我把它强记下来；求学问不厌倦；教人也不厌倦；但是除了这三点以外，我什么都不懂，什么都没有。就是这个意思。可是这三点都是真学问，我们大家都很难做到。

见与师齐，减师半德

（一）止于"悟道"

"止"这个字，告诉我们一念不生全体现。止，一切妄念不生，一切烦恼不起，万法皆空，定在这里，然后你可以懂佛法了。所以说，止，止，我法妙难思。一句话说完了，《金刚经》都用不着讲了。

实际上只有一个"止"字，就是此心难止，此心止不了。

如果能止,一切戒、定、慧,六度万行,就都从此而建立,从此而发生。所以所有的说法,都是方便;换句话说,佛经三藏十二部所说的也都是教育法。教育法只限于教育法,教育的目的是使你懂得那个东西,如果抓住老师的教育法当成学问就错了。

关于老师教学生,禅宗大师有几句话"见与师齐,减师半德。见过于师,方堪传授"。如果徒弟的见解与老师一样的话,减师半德,这个学生减掉老师一半了。假定老师八十岁,徒弟三十岁悟道,见解跟老师一样,但却差老师五十年功夫,所以说减师半德。"见过于师,方堪传授",学生见解超过了老师,才可以够得上做徒弟,继承衣钵。许多大德祖师都感叹找不到衣钵传人,就是他说的法,也都是教授法,他说出来的法,是希望你悟道而成佛,见过于师,那就用不着抓住他方便的说法,当成是真实了。

(二)做老师的教育精神

"见与师齐,减师半德。见过于师,方堪传授",这是中国文化,唐代佛教禅宗最有名的话。

中国禅宗教育的精神,就是这样要求的,希望学生超过老师,这也是中国文化关于教育方面的。

得了道的人,要"教授以滋息",好像是存钱生利息,教授他人，看到别人能够有所成就，心中有无比的欣喜。孔子的学生说他"好学不厌，诲人不倦"，就是如此，但是太难做到了。我们教书久了的人，想想实在很惭愧。

"得天下之英才而教之"是人生三大乐之一，如果碰上了天下之笨才，就成了人生之一大苦也。可是你能放弃愚痴的人吗？那就不是教育者的心情，不是菩萨道。即使教出来的学生跟自己一样的程度，老实讲，并不快活。

禅宗说，"见与师齐，减师半德。见过于师，乃堪传授。"可是虽然找不到这样的人才，还是要教下去，这才是诲人不倦的精神。

教育是增上缘

> 雨后山中蔓草荣，沿溪漫谷可怜生；
> 寻常岂藉栽培力，自得天机自长成。
>
> 自少齐埋与小草，而今渐却出蓬蒿；
> 时人不识凌云干，直待凌云始道高。

这两首古人的诗就谈个人成长与教育的密切关系。教育，首先要知道孩子的性向，先了解一个孩子的性情方向。看《大学》《中庸》,"性"在学理上叫秉性。秉,就是生下来带来的,父母遗传的是其中一部分,分成两方面,生理、身体上的,还有思想情绪上的。教育只是一个增上缘,老师尽量帮他,培养他,使他依靠自己的禀赋站起来,这是教育的目的。

中国几千年都是私人办教育,现在是政府办学校。推翻清朝之后,所谓最好的学校,大家知道北大、清华第一名的同学有几位啊?他们做出了什么事业?——不要迷信了,教育不是这个道理!不管哪一行业,在社会上有贡献的,或者成名的,不一定是很好的学校出来的。

第二章　为师的学问修养和品格

　　温、良、恭、俭、让，是孔子的修养，是集中国古代传统文化之大成，他有了这样高深的修养，所以他的目的，就是我国古代的"淑世主义"，他具有救世救人的思想，这就是他的千秋大业。

師道

孔子的素描

子禽问于子贡曰：夫子至于是邦也，必闻其政，求之与？抑与之与？子贡曰：夫子温、良、恭、俭、让以得之。夫子之求之也，其诸异乎人之求之与！

子禽名亢，又字子元，少孔子四十岁。孔子一生讲学，尤其是周游列国回来，专心培养后一代，教育后一代，所以学生都是年轻人。子贡是孔子弟子中最出色的一个人物。吴越之战，也和他有关，他为了保护自己的父母之邦——鲁国，自动以国民外交的身份到吴、越去动之以利害，而引起这场战争。

这一段是说有一天子禽问子贡的话，如果把它改编作话剧，那一定是一场很滑稽、很有趣，令人莞尔的戏。好像是子禽悄悄地扯了子贡的袖子，把他拉到门边，避开了孔子的视线，然后压低嗓门轻轻地问道:"喂!子贡!我问你,我们这位老师,到了每一个国家,都要打听人家的政治,他是想官做,还是想提供人家一点什么意见,使这些国家富强起来?"子贡答得很妙!他说:"我们的老师是温、良、恭、俭、让以得之的。老弟,夫子不是像你们这一般思想,对于一件事情总把人家推开,自己抢过来干的。他是谦让给人家,实在推不开了,才勉强出来自己做的。假如你认为老师是为了求官做,也恐怕与一般人的求官、求职、求功名的路线两样吧?"可见他没有做正面的答复,只把反面的道理告诉子禽,等于对年轻后进同学的一种教育方法,这方法是启发式的,不做正面解答,要受教的人自己去思考判断。

温、良、恭、俭、让,先简单地解释这五个字的五种观念。

"温"是绝对温和的,用现代的语汇来讲就是平和的。"良"是善良的、道德的。"恭"是恭敬的,也就是严肃的。"俭"是不浪费的。"让"是一切都是谦让友好的、理性的,把自己放在最后的。上面这五个字,也可以说是五个条件。描写了孔子的风度、性格及他的修养。

这五个字包含了许多,也就是中国儒家教人作为一个人,要在这五个字上做重大的研究,多下工夫。

温良恭俭让

讲到温、良、恭、俭、让这五个字，就又牵涉到中国文化的全体根源。因此，我们首先就要研究一本书——《礼记》。它是中国文化的一个宝库。我们的"大同"思想，就是《礼记》中《礼运》篇里的一节。要了解"大同"思想的哲学基础，必须要把《礼运》这一篇全盘搞清楚。所以《礼记》是我们文化的宝库，也是过去几千年来宪法精神的所在，里面包括了现代的学问：政治、经济、哲学、教育、社会、科学，什么东西都有，乃至医药、卫生，以及中国人过去的科学观念，都有了。所以要了解中国文化的根本，《礼记》是不能不研究的。岂但是《礼记》，换句话说，要了解我们中国文化，了解孔孟思想，了解尧、舜、禹、汤、文、武、周公、孔子一直下来的根本渊源，还必须了解其他"五经"。

谈到"五经"，《礼记》中有一篇《经解》，对于"五经"做总评。这怎么说法呢？以现在的观念来说，就是对"五经"扼要简单的介绍：对《诗》《书》《易》《礼》《乐》《春秋》以一两句话批评了。

《经解》篇说："孔子曰：入其国，其教可知也。"意思是，到一个地方，看社会风气，就可知道它的文教思想。

《经解》篇接着说："其为人也，温柔敦厚，诗教也。"所谓诗的教育，就是养成人的温柔敦厚。讲到温、良、恭、俭、让这个"温"字,就得注意孔子所说诗教的精神。

"疏通知远,书教也。"《书经》又叫《尚书》,是中国第一部历史,也不止讲历史,而是中国历史文献的第一部资料。现在西方人学历史(现在我们研究历史的方法,多半是由西方的观念来的),是钻到历史学的牛角尖里去了,是专门对历史这门学识的研究,有历史的方法,历史的注解,历史对于某一个时代的影响。中国过去的情形,学术家与文学家是不分的,学术家与哲学家也是不分的。中国人过去读历史的目的,是为了懂得人生,懂得政治,懂得过去而知道领导未来,所以它要我们"疏通知远"。人读了历史,要我们通达,透彻了解世故人情,要知道远大。这个"远大"的道理,我讲个故事来说明,有一位做外交官的朋友出国就任,我送他一副对联,是抄袭古人的句子:"世事正须高着服,宦情不厌少低头。"一般人应当如此,外交官更要善于运用它。对于世局的变化、未来的发展,要有眼光、要看得远大。"宦情"是做官的情态,要有人格,尤其外交官,代表了国格,代表全民的人格,要有骨头,站得起来,少低头,并不讨厌"少低头"。不能将就人家,要怎样才做得到呢?就是懂得历史——疏通知远——这是《书经》的教育精神。

"广博易良,乐教也。"乐包括了音乐、艺术、文艺、运动等等。在我们的传统文化中,这些都包括在"乐"里,"易良"就是由坏变好,平易而善良。

"絜静精微,易教也。"《易经》的思想,是老祖宗们遗留下来的文化结晶。我们先民在文字尚未发明时,用八卦画图开始记事以表达意思。什么叫絜静呢?就是哲学的、宗教的圣洁;"精微"则属科学的。《易经》的思想是科学到哲学,融合了哲学、科学、宗教三种精神。所以说"絜静精微,易教也"。

至于"恭俭庄敬,礼教也",是人格的修养,人品的熏陶。

"属辞比事,春秋教也。"《春秋》也是孔子作的,也是历史。什么是"属辞比事"呢?看懂了《春秋》这个历史,可提供我们外交、政治,乃至其他人生方面作为参考。因为人世上许多事情的原委、因果是没有两样的,因此常有人说历史是重演的。这是一个哲学问题,历史会重演吗?不可能。真的不可能吗?也许可能,因为古人是人,我们也是人,中国人是人,外国人还是人,人与人之间,形态不同,原则却变不到哪里去,所以说历史是重演的。但是,不管历史重演不重演,尤其中国文化有五千年的历史,对于做人处世,处处都有前辈的经验。虽然古代的社会形态与我们不同,原则却没有两样,所以读了《春秋》,"属辞比事",就知识渊博,知道某一件事情发生过,古人也曾有这样一件事情,它的善恶、处理方法都知道,这个就叫"比事"了,是"春秋教也"。

以于五经,在《经解》中,只用几个字,就将每一部书的精华思想予以表征。拿现在的白话文来讲,这每一句话的几个字，就可以拿到好几个博士学位。"小题大做"嘛！尽管做，从西方文化自十六世纪的文艺复兴运动开始，到现在为止，一切都扯进来，扯到最后，说明了这一点，就可以完成一篇博士论文了。但是在古人，几句话而已。

《经解》接着又说："故诗之失，愚。"老是去搞文学的人，变成读书读酸了的书呆子，很讨厌，那就是笨蛋。任何学问，有正反两面，五经也如此。

接着提到"书之失，诬"。所以读历史要注意，尤其读中国史更要注意，因为宋朝的历史是元朝人编的，元朝的历史是明朝人编的，明朝的历史是清朝人编的，事情相隔了这么久，而且各人的主观、成见又不同，所以历史上记载的人名、地名、时间都是真的，但有时候事实不一样，也不见得完整。为了弥补这个缺陷，还要读历史的反面文章。反面文章看什么呢？看历朝的奏议，它相当于现代报纸的社论，在当时是大臣提出的建议和报告。为什么要提出建议报告？可见所提的事出了毛病，否则就没有建议了。宋朝王荆公——王安石就说过懒得读《春秋》，认为那是一本烂账簿，这也是认为"书之失，诬"的观念。这点是我们研读历史要注意的。

"乐之失，奢。"光是讲艺术，又容易使社会风气变得太奢靡了。

"易之失，贼。"一个人如果上通天文，下通地理，手捏八卦，未卜先知，别人还没有动，他就知道了一切，这样好吗？坏得很！"察见渊鱼者不祥"。如果没有基本道德修养，此人就鬼头鬼脑，花样层出了。所以学《易》能"上通天文，下通地理"固然很重要，但"做人"更重要，如果做人没有做好，坏人的知识愈多，做坏事的本领越大，于是就"易之失，贼"了。

"礼之失，烦。"礼很重要，过分讲礼就讨厌死了，等于说我们全照医学理论，两手就不敢摸面包。全听律师的话，连路都不敢走，动辄犯法。你要搞礼法，那烦透了。所以"礼"要恰到好处。

"春秋之失，乱。"懂了历史的春秋大义以后，固然是好，有时候读了历史又有问题，好像一个人不研究军事哲学，则这个人作为一个健全的国民不成问题，等到研究了军事哲学以后，相反的，他又容易闯乱。不会武术的人，最后可以寿终正寝；会了武术，反而不得好死，是一样的道理。

《经解》对五经的批评，正面反面都讲了。五经的修养，要做到温柔敦厚而不愚。这样的人，才能爱任何一个人，爱任何一个朋友。所谓敦厚，对别人的缺点，容易包涵，容易原谅，对别人的过错，能慢慢地感化他，可是他并不是一个迂夫子，那么才是"深于诗者也"，这样才算是诗的教育。《书》《易》《礼》《乐》《春秋》，都是如此。

子贡说孔子温、良、恭、俭、让，是讲孔子的修养，是集中国古代传统文化之大成，他有了这样高深的修养，所以他的目的,就是我国古代的"淑世主义",他具有救世救人的思想,这就是他的千秋大业。千秋大业就是学问思想,千秋事业在当时是很寂寞的,例如孔子、老子、释迦牟尼、耶稣、穆罕默德等等,在当时并未受人重视,可是德及万世,名震千古。孔子这种千秋事业是要集中国文化、思想、精神之大成,认清楚自己的任务,牺牲现实的荣华,才能够做到。所以子贡对子禽说,你问到老师究竟为什么来的?你看看老师是这样一个人,如果你一定要认为他对政治有野心,有要求的话,恐怕他所要求的,也不是一般人所能了解的。

学问的修养

(一)怎样才算知识分子

曾子曰:士不可以不弘毅,任重而道远。仁以为己任,不亦重乎!死而后已,不亦远乎!

我国上古文化,两三千年前的士,有点类似现在的兵役制度,这是上古的政治制度,也是社会制度:每十个青年中,推选一人出来为公家服务的,就是士。所以士是十字下面加一横。被选为士的人,要受政治教育,学习法令规章。士出来做官,执行任务做公务员，就叫出仕。所以古代的士，并不是普普通通一个读书的青年就可以叫士。士的教育都是政府主办，一个士要想知道法律政治，需向官方学习。平民教育是由孔子开始的，不过当时没有这个名称。曾子这里所讲的士，已经不是上古时代的士，而是读书人知识分子的通称。所以他是说一个读书人有读书人的风格。"不可以不弘毅"，"弘"就是弘大，胸襟大，气度大，眼光大。"毅"就是刚毅，有决断，要看得准、拿得稳，对事情处理有见解。有些人有见解，但请他当主管，却搞得一塌糊涂，因为他下不了决断；有人很容易下决心，但眼光不远，见解有限。所以把眼光、见解、果断、决心加起来的"弘毅"，而且中间还要有正气，立场公正。他说一个知识分子，要养成弘与毅是基本的条件。为什么要养成这两个基本条件呢？因为一个知识分子，为国家、为社会挑起了很重的责任。"任重而道远"，这个道是领导，也是指道路。责任担得重，前面人生的道路、历史的道路是遥远的、漫长的。社会国家许多事，要去挑起来，走这历史无穷的路。所以中国过去教育目的，在养成人的弘毅，挑起国家社会的责任。我们现在的教育，受了西方文化的影响，于是"生活就是教育"，由此一变而成"现实就是教育"了。换言之，"知识就是钞票"，学一样东西，先问学了以后能赚多少钱。所以我国文化中古代的教育精神，和现在是两回事，两者处于矛盾状况。当然，这只是一个过渡时期。在我看来，是要变的，要回转过来的。不过在变、在回转过程夹缝中的我们这一代，几十年来实在很可怜。但是我们对未来的路还是要认识清楚，将来还是要走上这条路，这是教育的基本目的。

下面的话是引申，一个知识分子，为什么要对国家社会挑那么重的责任？为什么要为历史、为人生走那么远的路？因为一个受过教育的知识分子，"仁"就是他的责任。什么是仁？爱人、爱社会、爱国家、爱世界、爱天下。儒家的道统精神所在，亲亲、仁民、爱物，由个人的爱发展到爱别人、爱世界，乃至爱物、爱一切东西。西方文化的爱，往往流于狭义；仁则是广义的爱。所以知识分子，以救世救人作为自己的责任，这担子是挑得非常重的。那么，这个责任，在人生的路途上，历史的道路上，要挑到什么时候？有没有退休的呢？这是没有退休的时候，一直到死为止。所以这个路途是非常遥远的。当然，要挑起这样重的担子，走这样远的路，就必须要养成伟大的胸襟、恢宏的气魄和真正的决心、果敢的决断、深远的眼光，以及正确的见解等形成的"弘""毅"两个条件。

这是用曾子所讲的学问修养，来说明孔门所传学问的道理、方法与目的。

子曰：兴于诗，立于礼，成于乐。

这是孔门教育，做学问的内容。第一个是"兴于诗"，强调诗的教育之重要。兴于诗的兴念去声，读如兴趣的兴。所兴的是人的情感，人都有情感，如果压抑在内心，要变成病态心理，所以一定要发挥。情感最好的发挥，是透过艺术与文学，诗即其一。古代所谓的诗，就包括了文学、艺术、哲学、宗教等等。古代诗与音乐是不可分的，而且诗也就是文学的艺术。所以孔子说人的基本修养，要会诗。关于这一点我常想到，从事严肃工作的，如政治的、经济的，乃至于做医生的人要注意。我常常劝一些医生朋友学画，一个真正的名医，生活好可怜。我认为医生的太太都很伟大，医生几乎没有私生活的，一年三百六十五天，天天忙到晚，一天与上百病人接触，每个人都愁眉苦脸的，一直下去，自己都要病了，尤其精神科的医生为然。我对一位精神科的医生开玩笑说："你也差不多了。"有一位荣民总医院的精神科医生说："你这话是对的。我当年做学生学这科时，那位教我们的老师，看起来就像精神病的样子。精神科医生病人看多了，自然就变成精神病似的。"有人说官僚气，我说这没有什么稀奇，官做久了就自然是那个样子，习惯了；医生就是医生气，见到朋友说人血压高了；商人一定市侩气。这没有什么好奇怪的，这都是现代心理学上所说的职业病。某一行干久了，看人看事的观点，都惯于从这一角度出发。所以凡从事严肃工作的人都要注意，过去这种生活上的调剂就靠诗，以艺术的修养做调剂。所以过去的官做得大，文集也留得多，诗也作得多，这绝不是他故意这么做，而是闲下来，有许多感情无法发挥，只好寄托在这上面。所以孔子说"兴于诗"。例如王安石的诗与政治生活，几乎成为两种完全不同的风格。

但学艺术、学文学久了的人，有一毛病，就是所谓"文人无行"。一般说来，认为真正纯粹的文人，品行都不大好，吊儿郎当，恃才傲物，看不起人。还有一个最大的毛病，千古以来，文人相轻，文章都是自己的好，看人家的文章看不上。以前有一个笑话，说有人作诗一首吹道："天下文章在三江，三江文章唯我乡，我乡文章数舍弟，舍弟跟我学文章。"说来转去，转了一个大弯，最后还是自己文章好。所以中和艺术的修养，就要"立于礼"。我们一般人将学者文人连起来，事实上学者是学者，学术专家是学者；文人是文章写得好，不一定是学者。有些人文章写得好，如果和他讨论某一学问思想，如谈经济学、心理学等等，他就不懂了。曾经有一次，各种专家学者和某大文豪在一起闲谈，那位大文豪听得不大耐烦，就问科学家说："你说电脑好，电脑会不会作诗？"在座无人答话。当然那位科学家也不好怎么答，我出来代他答了，我说电脑也可以作诗，不过作得好不好是另一回事，"一二三四五，东西南北中"，也未必不是诗。抗战期间的汽车常抛锚，就有人改了古人一首诗加以描写道："一去二三里，抛锚四五回，前行六七步，八九十人推。"那也是诗，一个文人，光是文章好，没有哲学修养，不懂科学，毛病就大了。所以光"兴于诗"还不行，要"立于礼"，立脚点要站在"礼"上，这个"礼"就是《礼记》的精神，包括了哲学的思想与科学的精神。"成于乐"，最后的完成在乐。古代孔子修订的《乐经》，没有传下来，失传了。《乐经》大致是发挥康乐的精神，也就是整个民生育乐的境界。

（二）学问的鸿沟

> 冉求曰：非不说子之道，力不足也。子曰：力不足者，中道而废。今女画。

这节文字，就是说冉求有一次对孔子说，老师！你不要骂我们，老是说我们不努力。我们对于你的学问非常景仰，只是我们做不到，力不能及。孔子说，你这话错了。做了一半，无法克成其功，这是力量不足的缘故。可是你根本还没有开始做，怎么知道无法做成呢？"今女画"，并不是说"你学画去了"，是说你冉求，自己把自己划在一个界限内。孔子的意思是说，你不管做不做得成功，只要你肯立志，坚决地去做，做到什么程度算什么程度，这便是真正的努力。现在你自己划了一个界限，还没开步走就先认为自己过不去，这不是自甘堕落吗？

接着就讲到真正的做学问，孔子说要做到什么程度呢？

第二部分：为师之道

> 子谓子夏曰：女为君子儒，无为小人儒。

什么叫"儒"？这个中国字，根据《说文解字》的另一种解释："儒"是人类社会所需要的人，所以在"人"字旁边加一个需要的"需"字，便成了儒。我们再看"佛"——"弗人"，不是人，是超人。"仙"——"山人"，有如高山流水。"需人"则是人类需要他，社会当中不可缺少的人，这就是"儒者"。我们都称孔孟思想为儒家学说，但是究竟要什么样子才能叫"儒"呢？孔子在这里提出来分为两种：一种叫君子之儒，一种叫小人之儒。如果再进一步参考《礼记》中的《儒行》篇，便有很多儒者类型的标准。一个儒者应当有怎样的行为，他的作风以及人格的规范，在《儒行》篇中，说得很清楚，也包括孔子在这里所提两种儒者之一的君子之儒行。

什么叫小人儒？书读得很好，文章写得很好，学理也讲得很好。但除了读书以外，把天下国家交给他，就出大问题，这就是所谓书呆子，小人儒。所以处理国家天下大事，不但要才德学三者兼备，还要有真正的社会体验，如果毫无经验，只懂得书本上那一套，拿出来是行不通的；不知道天下事的现实情状就行不通。比如说，美国总统到了中东，他在那里讲些什么？知不知道？如果说报纸上有新闻；报纸上登的，和原有的真话，不知相差多远。根据报纸你就可以评论天下事，这是书呆子之见。君子之儒有什么不同？就是人情练达，深通世故。比如，孔子的弟子，子路的"果"，子贡的"达"和冉求的"艺"，都具备了，那就是"君子儒"。

（三）学问的条件

> 孔子曰：生而知之者，上也。学而知之者，次也。困而学之，又其次也。困而不学，民斯为下矣！

这是教育与天才的关系。孔子说有些人生而知之，这是天才，上等人。的确有些人生而知之，这一点在中外历史上可看到，大的军事家，并不一定懂兵法，中国历史有一句话，说宋代名将狄青作战，是"暗合兵法"。就是说他并不是习武出身，可是自然有军事天才。据我所知，有许多朋友，对军事上的学理讲得非常好，可是打起仗来，老是打败仗。大的政治家也并不一定是政治系毕业的，人情世故通了，自然对。所以不管文学、艺术任何一方面，都有天才。孔子也不是念哲学系或是伦理系、教育系；耶稣、老子都不曾读什么系。他们的学问就是对的，千秋不易，是生而知之的天才。

其次是"学而知之"，学了才会；再其次"困而学之"，要勉强，大家要有这个精神，自己勉强自己，规定自己努力。隔几天不摸书本，就觉得不对头，好像几天不打牌手会发痒的人一样。"困而学之"，自己规定了自己，非读书不可，看小说都是好的。但有一般人，困而不学，勉强定个范围，让他去学，他还不肯去学，这种人就免谈为学了。

孔子曰：君子有九思：视思明、听思聪、色思温、貌思恭、言思忠、事思敬、疑思问、忿思难、见得思义。

这九个条件，完全讲到思想问题。在我们生活思想上，以伦理道德为做人做事的标准，孔子说有九个重点。"视思明"，当然看东西要看得清楚，但这并不是指两个眼睛去看东西，现在眼睛看不清楚也没有关系，街上眼镜店多得很。这是抽象的，讲精神上对任何事情的观察，要特别注意看得清楚。同样，听了别人的话以后，也要加以考虑，所以谣言止于智者。我们常会遇到赵甲来说钱乙，钱乙来说孙丙，这些话不必相信，只是谣言，听来的话要用智慧去判断。脸色态度要温和，套用现代的话，是不可摆出神气的样子。对人的态度，处处要恭敬，恭敬并不是刻板，而是出于至诚的心情。讲话言而有信，对事情负责任。有怀疑就要研究，找寻正确的答案。"忿思难"的"忿"，照文字上讲是忿怒，实际是情绪上的冲动，就是对一件事情，在情绪上冲动要去做时，要考虑考虑，每件事都有它难的一面，不要一鼓作气就去做了。最重要的是"见得思义"，凡是种种利益，在可以拿到手的时候，就应该考虑是否合理，应该不应该拿。

（四）不在山水之间

> 子曰：知者乐，水；仁者乐，山。知者动；仁者静。知者乐；仁者寿。

什么是真正的智慧？什么是真正的爱心？

孔子这几句话，一般的人解释说，"知者乐水"的意思是说聪明的人喜欢水，因为水性流动。"仁者乐山"是说仁慈的人喜欢山。如果这样解释，问题大了。套用庄子的口吻来说，"知者乐水"，那么鳗鱼、泥鳅、黄鱼、乌龟都喜欢水，它们是聪明的吗？"仁者乐山"，那么猴子、老虎、狮子都是仁慈的吗？这种解释是不对的。

正确的解释应该是"知者乐，水"，知者的快乐，就像水一样，悠然安详，永远是活泼泼的。"仁者乐，山"，仁者之乐，像山一样，崇高、伟大、宁静。这是很自然的道理。

再看下文，他说知者的乐是动性的，像水一样；仁者的乐是静性的，像山一样。这不是很明白吗？硬是断章取义，说"知者乐水"是喜欢水，"仁者乐山"是喜欢山，这是不对的。有些人的学问修养，活泼泼的，聪明人多半都活泼，所谓"杨柳岸，晓风残月"、"滚滚长江东逝水"就是这么个气魄，这么个气度。仁慈的人，多半是深厚的，宁静得和山一样。所以下面的结论："知者乐"，知者是乐的，人生观、兴趣是多方面的；"仁者寿"，宁静有涵养的人，比较不大容易发脾气，也不容易冲动，看事情冷静，先难而后获，这种人寿命也长一点。这是连起来的意思，千万不要跟着古人乱解释：聪明的人一定喜欢水，仁慈的人一定喜欢山。那问题就很大了。

（五）光风霁月

子曰：君子坦荡荡，小人长戚戚。

《论语·学而》篇中说"人不知而不愠，不亦君子乎？"一个人一生没有人了解，虽有学问而没有发展的机会，还是不怨天、不尤人，这种修养是很难。

君子要做到"坦荡荡"，胸襟永远是光风霁月：像春风吹拂，清爽舒适；像秋月挥洒，皎洁光华。内心要保持这样的境界，无论得意的时候或艰困的时候，都是很乐观的。但不是盲目的乐观，而是自然的胸襟开朗，对人也没有仇怨。像包公、赵清献都做到这样的境界，这是"君子坦荡荡"。

至于小人呢？"小人长戚戚"，小人心里是永远有事情的，慢慢就变成狭心症了——这是笑话，借用生理的病名，来形容心理上的病态，小人永远是蹩足的，不是觉得某人对自己不起，就是觉得这个社会不对，再不然是某件事对自己不利。我们都犯了这个毛病，有时候："唉！这个社会没得搞的。"言外之意，我自己是了不起，而这个社会是混蛋。这也是"长戚戚"的一种心理病。心里忧愁、烦闷、痛苦。所以这两句，可以做座右铭，贴在桌旁，随时注意自励，养成坦荡荡的胸襟。

> 子温而厉，威而不猛，恭而安。

这是弟子们记载孔子的学问修养，孔子个人的君子风范，表达在外面的神态。

第一是温和的。对任何人都亲切温和，但也很严肃，在温和中又使人不敢随便。

第二是威而不猛。说到威，一般人的印象是摆起那种凶狠的架子，这样并不是威。真正的威是内心道德的修养，坦荡荡的修养到达了，就自然有威。尽管是煦和如春风，而在别人眼中，仍然是不可随便侵犯的。不猛是不凶暴。如舞台上的山大王，在锣鼓声中一下蹿出来，一副凶暴的样子，那就是猛。

第三是恭而安。孔子对任何事、任何人非常恭敬，也很安详；也就是既恭敬而又活泼不呆板。学问好的人，内心的修养表达在外面的，就是这样的情形，而以孔子来作为榜样，用白话翻译过来就是有庄严的温和，有自然的威仪而并不凶狠，永远是那样安详而恭敬的神态。

（六）不义而富且贵，于我如浮云

子曰：饭疏食饮水，曲肱而枕之，乐亦在其中矣。不义而富且贵，于我如浮云。

这是孔子最有名的话，而且在文学境界上，写得最美。

孔子说，只要有粗菜淡饭可以充饥，喝喝白开水，弯起膀子来当枕头，靠在上面酣睡一觉，人生的快乐无穷！舒服得很！就是说一个人要修养到家，先能够不受外界物质环境的诱惑，进一步摆脱了虚荣的惑乱，乃至于皇帝送上来给你当，先得看清楚应不应该当。有了这个修养，才可以看到孔子学问修养的境界。

人生的大乐，自己有自己的乐趣，并不需要靠物质，不需要虚伪的荣耀。不合理的、非法的、不择手段地做到了又富又贵是非常可耻的事。孔子说，这种富贵，对他来说等于浮云一样。孔子把这种富与贵比作浮云，比得妙极了。并不是如后世认为像天上的云，看都不要看一下。唐诗宋词，作流水浮云的作品太多了。在孔子当时，很少用到。我们要注意到，天上的浮云是一下子聚在一起，一下子散了，连影子都没有。可是一般人看不清楚，只在得意时看到功名富贵如云一样集在一起，可是没有想到接着就会散去。所以人生一切都是浮云，聚散不定，看通了这点，自然不受物质环境、虚荣的惑乱，可以建立自己的精神人格了。

不迁怒，不贰过

> 哀公问：弟子孰为好学？孔子对曰：有颜回者好学，不迁怒，不贰过，不幸短命死矣。今也则亡，未闻好学者也。

鲁哀公问孔子，你学生中，哪一个能真正续承你的学问？最好学的是谁？孔子说，只有颜回。他认为继承学问道统的是颜回，不一定有帝王之才，却有师道的风范；而冉雍则有君道之才。颜回足为人师的学问德业在哪里呢？"不迁怒，不贰过。"但是"不幸短命死矣"，可惜已经死了。"今也则亡"，现在就没有了。"未闻好学者也"，再也找不到第二个好学的人了。这段话又证明了我们的一个观念——学问并不专指文学知识。

现在要讨论的是"不迁怒，不贰过"。这六个字我们一辈子都做不到。孔子也认为，除了颜回以外，三千弟子中，没有第二个人了。凡是人，都容易犯这六个字的毛病。"迁怒"，就是会乱发脾气，我们都有迁怒的经验。

举例来说，我们最容易迁怒的是自己家人，在外面受了气回家，太太好心过来问："怎么今天回得那么晚？"于是对太太："你少讨厌吧！"这就是迁怒了。其实并不是骂太太，是在外面受了气，无处可发，向太太迁怒了，所以我们有时候对长官、对朋友也要原谅。很多人挨了长官的骂，仔细研究一下，这位长官上午有件事弄不好，正在烦恼的时候，你再去找他，自然挨他的骂，这是被迁怒了。处理事情也是这样，我们看到历史上，有些人做了历史的大罪人，就由于迁怒。有的因为对某一个人不满意，乃至把整个国家拿来赌气赌掉了。不迁怒真是太难的事。

讲两个故事：

第一次世界大战以前，德国的名宰相俾斯麦与国王威廉一世是对有名的搭档。德国当时会强盛，不但是俾斯麦这个首相行，同时也因为有威廉一世这个宽容大度的好皇帝。威廉一世回到后宫中，经常气得乱砸东西，摔茶杯，有时连一些珍贵的器皿都砸坏。皇后问他："你又受了俾斯麦那个老头子的气？"威廉一世说："对呀！"皇后说："你为什么老是要受他的气呢？"威廉一世说："你不懂。他是首相，一人之下，万人之上。下面那许多人的气，他都要受。他受了气哪里出？只好往我身上出啊！我当皇帝的又往哪里出呢？只好摔茶杯啦！"所以他能够成功，所以德国在那时候能够那么强盛。

另外一个故事。朱元璋的马皇后也是了不起的人物。朱元璋当了皇帝以后，有一天在后宫与皇后谈笑，两个人谈得高兴，朱元璋突然拍了一下大腿，高兴得跳起来说："想不到我朱元璋也会当皇帝！"手舞足蹈，又露出了他寒微时那种样子，这是非常失态的。当时还有两个太监站在旁边，他没有留意到。一会儿朱元璋出去了，马皇后立即对那两个太监说："皇帝马上要回来，你们一个装哑巴，一个装聋，否则你们两人都会没有命了，记住，听话！"果然，朱元璋在外面一想，不对劲，刚才的失态，将来给两个太监传了出去，那还了得。于是回到后宫，一问之下，两个太监，一个是哑巴，不会说话；一个是聋子，没有听见，这才了事。否则这两个人岂不要掉脑袋？所以马皇后也是历史上一个有名的好皇后。

这就讲到人生的修养与迁怒，一点事情不高兴，脾气发到别人身上，不能反省自讼。尤其是领导别人的，要特别注意。

第二点最难的，"不贰过"。所谓"贰过"，第一次犯了过错，第二次又犯。等于我们抽烟一样，这次抽了，下决心，下次再不要抽，可是到时候又抽起来了。再犯同样的过错，这就是"贰过"。孔子说只有颜回才能做到"不迁怒，不贰过"这六个字，人们真能做到如此，不是圣人，也算是个贤人了。"迁怒"的意义发挥起来还很多，总之，我们做人做事，要尽量注意"不迁怒，不贰过"，那么，虽不中，亦不远矣。

事实上，我们所讲的"不迁怒，不贰过"，只是其中的一小点。如果认真地研究起来，这两句话是概括了全部历史哲学，也概括了人类的行为哲学。人若真能修养到"不迁怒，不贰过"，那是太不容易了。所以孔子再三赞叹颜回，是有他的道理。

譬如我们说"怨天尤人"，就是迁怒的一例。一个人到了困难的时候怨天，这是普通的事。说到"怨天"，如韩愈所说的，一个人"穷极则呼天，痛极则呼父母"，这是自然的现象。又如司马迁《史记》中对《离骚》的评论："夫天者，人之始也；父母者，人之本也。人穷则反本，故劳苦倦极，未尝不呼天也；疾痛惨怛，未尝不呼父母也。"这里所指的"穷"，并不只是没有钱了才叫做"穷"。一件事到了走投无路的地步，就叫做穷。此时往往情不自禁地会感叹："唉！天呀！"身上受了什么难以忍受的痛苦，往往就脱口而出："我的妈呀！"这是一种自然的反应。人到无可奈何的时候，心理上就逃避现实，认为这是上天给我的不幸。"尤人"，就是埋怨别人、诿过于人，反正是"我没有错"。古时平民文学中有一首诗说："做天难做四月天，蚕要温和麦要寒。行人望晴农望雨，采桑娘子望阴天。"像这样，天做哪一种天才是好天呢？做天都难做，何况做人？所以一个人为朋友效力，受人埋怨，是难免的。尤其做领导的，受人物议，更是必然。所以老子说："人法地，地法天，天法道，道法自然"这句话，也就是包含了要我们效法天地广大包容的气度。

至于"不贰过"这层修养，比起"不迁怒"的操守，那是更深一层的功夫了。

博学，审问，慎思，明辨，笃行

　　博学之，审问之，慎思之，明辨之，笃行之。

　　这就是修到内圣之学，就是做功夫、得道的境界。你要各种知识了解了，各种修行的方法懂了，所以要博学。这个博学是什么都要无所不知，要书读得多。光是知识渊博了，不研究不行的，要考虑、要慎思。所以禅宗后来讲"参"，真正的参就是慎思，择善而固执。所以要博学，必须要博学；必须要博学以后，光是知识很渊博，那就变成我们经常笑过去有些人书读得很多，照学问搬字，一问就晓得。但是他自己的见解呢？没有。没有自己的见解，记忆力特强。所以记忆力很强，悟力等于没有。换句话后脑长得很大，前脑大概太小，就是这个样子。

　　所以要博学之，要审问之，要参究。参究以后，要慎思之，仔细研究。我们把审问同慎思合起来往往叫做审思，就是参究。研究以后还要明辨之，对与不对，不管是圣人之言，也有对，也有不对。不对的在哪里？他当时在某一个环境对某一个人讲的，并不是一定是万古不变的名言。假设他换成现代的，再对别人来讲，他又变了。并不是他有所变动，他因时因地有所变动，这些地方都要明辨。

　　然后，经过上面博学、审问、慎思、明辨以后，确定了真理——笃行之。就是依此来修行，依一个方法来做，才能够达到诚的境界，诚的境界是"不勉而中，不思而得"。所以要极力鼓励学问，学问就是才能的养成。诚的境界是德业的养成、内圣道德的养成。有德无才能，照样不能做事。假使一个人非常聪明、有才能，没有内养的德性是不能用的，连他自己都靠不住！所以才学、知识越高的人越不可靠，因为他没有一个东西，"不诚无物"，中心没有个东西。中心有了这个东西、有这个学问，就对了。

> 有弗学，学之弗能，弗措也。有弗问，问之弗知，弗措也。有弗思，思之弗得，弗措也。有弗辨，辨之弗明，弗措也。有弗行，行之弗笃，弗措也。

所以要鼓励求学的重要："有弗学，学之弗能，弗措也。"有些知识我们所不能到达的，天下事有些我们不明其理，那是自己知识不够，这个理在哪里找不出来，那是知识不够。譬如我们做一个电气的东西，我们做得起来，出了毛病不晓得原因在哪里，这一门的学问没有够。"学之弗能"，既然学就要把它学通，学了不通不放手，"弗措也"，不要把它停掉。

"有弗问，问之弗知，弗措也。"就是要研究，要审问，乃至问老师、问同学、问前辈，再不然问书。天下的书是什么？就是比我们早的前一辈人他一生留下来的经验，所以不读书是很可惜，别人活了一辈子的经验，我们不能接受——这个是占便宜的事啊！所以要审问。问之而不知道，还不彻底，不要放下，要努力地研究。

"有弗思，思之弗得，弗措也。"有些问题是你不去思考它，其实多去想想就会通了。想不通，你说反正我是个笨蛋、不想了，那永远是不通。非要把它研究通。当然你想得神经的时候是要休息一下，不要再想了。

"有弗辨，辨之弗明，弗措也。"就是说，这个博学审问、慎思明辨，每一个道理、每一个阶层，就是鼓励我们，到某一个阶层，也许看到自己的智慧打不进去了、停顿了。这里有个原则，人的体能有年龄的限制，体力也有年龄的限制，智慧不一定有年龄的限制。有诚恳的真修养，智慧是越老越开发得厉害，这是很特殊的事情。所以要慎思明辨。

"有弗行，行之弗笃，弗措也。"理论上做到了，用功夫老是不上路——要好好去修行，实行之。那说我实行也没有办法，就放下了，那你活该！其实你实行没有彻底。真去修行，没有做不到的事。换句话，一路下来说，天下没有做不到的事。

圣人、佛都是人做的，只要你努力去修与学，一定做到的。那么有时候觉得自己很不如人，那么我们有一个办法：

人一能之，己百之，人十能之，己千之。果能此道矣，虽愚必明，虽柔必强。

不要看自己笨，不要有自卑感。别人学一下、想一下就懂，我承认笨，我来一百下总会懂吧！他只要一下就懂了，我来一百下。人家一分钟懂，我一百分钟总把它弄懂。"人十能之"，像有些人也笨一点，十下、十分钟才懂，我来一千分钟总会懂吧！一千分钟还不懂，一万分钟好不好？不要自馁，不要自卑，不断地努力、学习，总会成功。所以这个道理懂得了，"虽愚必明"，纵然是最笨的人，最后会是最高明的圣人。纵然是最没有出息、柔弱的人，最后也会是强人，永远是高人。这是学问与修道。

这就是告诉我们，不断地努力，内圣之道修养到诚，是根本。外用的学问、才能，任何一种才能，不管你学哲学、科学、宗教、做生意、做官，四个原则、五个步骤不能变——博学、审问、慎思、明辨、笃行，不能变动，这是外用。有内圣之道，没有外用之学，那只能做个罗汉、自了汉而已！罗汉者，自了汉。有内圣之道，又有外用之学，可以成佛，为圣人。光有学，而没有内圣之道——普通人，普通一个学问家，不能成就为圣人。必须有内圣而有外用之道、有学问，才能成圣人。

师道

进步和退步

子曰:我非生而知之者,好古,敏以求之者也。

这句话文字很简单,我们一看就懂了。如果以现在的观念来说,就是孔子告诉学生或朋友们,我并不是生来的天才,是爱好传统,靠勤敏而求得的学问。

生来便能自知的天才真有吗?那是一个问题。我们古史记载,如黄帝,如尧,都有生知的天才,不过后人并不相信。有一种天才是生而知之的。如唐代的白居易,生下来还是婴儿,抱在奶妈怀里,还不会说话的时候,就认识"无"字,屡次试验他,拿一本书叫他一指,都是指到"无"字。这种生而知之的事,照中国古代的看法,有很多人都很相信。因此苏东坡说:"书到今生读已迟"。这意思就是说,人的天分、智慧,大多是由前生带来的。这就牵涉到现代科学正在研究的天才问题。所谓天才儿童,究竟是由血统遗传来的?或者由另外一个未知的因素来的?或者是后天发展而来的?天才们往往特别爱好某些什么。如果没有注意这个问题,就不大会了解,如果去注意,就会发现很多资料。有人天生下来,就懂某一种东西,这是非常奇怪的。至于报纸上常报道的,某个孩子数学方面有惊人的表现,或某一方面有非凡的天赋,这还不算是真正的天才。另外确有生而知之的天才,如古书中说黄帝生而神灵。

依现在的观念而言,都说是历史上捧人的假话。如果站在教育或心灵学的立场研究起来,的确有天才,世界上充满了这些人,不过现代一般人不大注意这种事。孔子在这里讲的,是走其实的路子。他说,我不是生来的天才。"好古,敏以求之者也。"这个"敏"字就是敏捷,包括了聪明与努力。好古是喜欢追求传统的东西。

讲到好古,在这里可以注意一下,中国人在传统的几千年当中,观念上都认为今不如古。在历史上许多地方,都引证古人的事例,充满了对古人的赞美。而近世纪的观念,引进了西方文化。从十六七世纪以后,西方文化有一大转变,认为古不如今,越到后来,越推翻了前代,今天很可能是错的,明天会更好,这就涉及哲学上的一个问题了。究竟人类文化是进步,还是退步呢?照中国的,东方的看法是今不如古,人类历史文化是退化,没有进步。照目前西方文化的看法,是古不如今,古代永远是落伍的,新的永远是进步的。这两种相反的看法,便在哲学思想上形成了一个问题。

我们对此应先有一基本的认识。究竟什么叫进步?什么叫退步?需要先下一个定义。如果把中外古今的文化研究下来,就会得到一个结论。譬如说,现在整个时代,是科学文明的时代。十六世纪以后,西方科学文明刺激了工商业的发达、社会经济的繁荣。而工商业的发展与社会经济的繁荣,又回过来刺激了科学文明的进步,形成一种循环性的刺激与发展。到今天为止,科学文明的发展，给人类带来了许多生活上的便利，但是并没有给人类带来幸福，相反的，给人类精神上带来更多的痛苦与烦恼。

这样，将中西文化联合起来加以研究，站在物质文明进步的立场，或者自然科学的观点来讲，明天实在比今天好；站在精神文化的立场来说，今天是比昨天差。其次，站在政治哲学的立场来讲，不谈现实，只谈理论。因为一切学问的最后，都需要哲学来做总结论的。譬如说，帝王政治、民主政治、独裁政治、自由政治，所有各种政治思想和做法，在历史上，都曾经出现过，但是谁能够下一个结论说究竟哪一种政治体制是最好的？这是无法下结论的。历史上都有过，都看过，都经验过这些政治制度，可是没有人能够肯定何者是绝对的好，何者是绝对的不好。药物也是一样，中药有中药的用法，西药有西药的用法。某种病用几种不同的药，相对的都可以治好，这也和政治哲学的道理一样。所以究竟是古代的好或现代的好，也很难讲。

孔子说自己不是天生就知道的，只是他有一副好古的精神。我们今天讲复兴中华文化也好，保存中华文化也好，为后代着想也好，怎样好古呢？就是承受传统文化后，运用智慧，敏捷而勤奋地反省研究，再"敏以求之"，这才是认真的工作。孔子这样说，表示他的成就，都从力学而来。这是他谦虚的话，也是他老实的话。

任何天才，不加上力学是没有用的，有很多人很聪明，但聪明的人往往不大肯力学，做学问不踏实，不能"敏以求之"，因此学问都是虚的。所以孔子这句话很明白地告诉我们，做学问、做人、做事的基本原则，要"好古，敏以求之者也"，不求就不行。

这里就是说孔子智慧的成就、学问的成就、做人的成就，都很平实。

过犹不及

> 子贡问：师与商也孰贤？子曰：师也过，商也不及。曰：然则师愈与？子曰：过犹不及。

我们都会用的成语"过犹不及"，就是出自《论语》孔子说的话。师就是子张，商就是子夏，都是孔门高弟。子贡有一次问孔子，子张和子夏两个人，哪一个比较好，孔子说子张太过了，子夏不及。

现在我们讨论"过"和"不及"这两个词。所谓'过'，不是过错的过，不是犯了罪，而是聪明过头，有些人脑筋动得快，反应过敏了。有些人拼命研究一个问题，研究得太多了，反而走上一条错误的路子，这就是过。像讲道德，过分了就难免偏差。

我们有一个学生，他的态度太讲礼，太过严肃了。他随时一定端容正坐，可是一身好像僵硬了，从来没有过自然的姿态。他说他自幼读中学时，就读儒家的书，效法书中所说的孔子，所以养成这个样子。其实，孔子并不是这个样子，这是宋代的理学家所塑造的形象，太过分、太呆板，这样人生都会感到枯燥无味，这就是过分了。

"不及"是有些人懒得用心，对一个问题，想了想："大概这样"，觉得"差不多了"就停下来，这就是中国人"不及"的毛病。所以人家骂我们中国人"马马虎虎"、"大概"、"差不多"的观念，这都是"不及"。科学精神是买酱油的钱，绝不能移来买醋。中国人买酱油与买醋，两样都差不多，马马虎虎，酸咸混淆一起，这就是做人做事"不及"的地方。

总之，不及则不够标准，或者过则超过了标准，都是偏差。孔子说，子张过头了，子夏则是不及。子贡就说，这样应该子张比子夏更好点了；因为子张超过了头了，总该是好的。孔子说，不见得如此，超过了标准与不够标准，一样都是毛病。

这里只能讲一个原则，要发挥起来，可举的事例太多太多，做人做事，稍有不慎，都会过犹不及。做得恰到好处，符合中庸之道，才是对的。中庸之道很难做到，现在也有人故意讽刺中庸之道就是马马虎虎，这不是中庸，这是不及，把不及当作中庸，这就错了。

第二部分：为师之道

勿轻后学

> 子曰：后生可畏，焉知来者之不如今也？四十、五十而无闻焉，斯亦不足畏也已。

这句"后生可畏"是孔子的名言，切不要轻视后一代的年轻人。

从古至今，对年轻的后一代都非常重视。孔子说后来的年轻人可畏，并不是怕他，而是说值得用心培养，值得重视。"焉知来者之不如今也？"千万不要轻视后一代，不要以为未来的不如现在的。这一点我们不要冤枉孔子了，我们学术界经常都把孔子描写成非常古板、保守的。实际上孔子的思想最前进，他不轻视后一代，更不轻视后来的历史，认为未来的社会不比现在差。所以他说你何以知道将来就不及我们？

人类文化永远是年轻的，到现在为止，永远都在幼稚的阶段，还没有成熟，假使真正成熟，在文化的立场来看，此时人类的生活就永远安定了。这个理论是最麻烦的历史哲学问题，在此我们不去多讨论它。这一段也是孔子在鼓励青年们努力，我们过去有一句格言："少壮不努力，老大徒伤悲"就是这个道理。

> 子曰：法语之言，能无从乎？改之为贵。巽与之

言，能无说乎？绎之为贵。说而不绎，从而不改，吾末如之何也已矣！

这固然是孔子对学生的鼓励，也是我们一生做人做事值得效法的地方。"法语"，就是我们现在普通说的"格言"。古人的名言，古时也称"法言"，有颠扑不破的哲理。

对于来学中国文化的外国人来说，最直截的方法是先去读"三百千千"，就是《三字经》《百家姓》《千家诗》《千字文》四本书，努力一点，三个月的时间，对中国文化基本上就懂了。三字一句的《三字经》，把一部中国文化简要地介绍完了。历史、政治、文学、做人、做事等等，都包括在内。尤其是《千字文》，一千个字，认识了这一千个字以后，对中国文化就有基本的概念。中国真正了不起的文人学者，认识了三千个中国字，就了不起了。一般脑子里记下来一千多个字的，已经了不起了。有些还要翻翻字典，经常用的不过几百个字。所以《千字文》这本书，只一千个字，把中国文化的哲学、政治、经济等等，都说进去了，而且没有一个字重复的。这本书是梁武帝的时候，一个大臣名叫周兴嗣，据说他犯了错误，梁武帝就处罚他，要他一夜之间写一千个不同的字，而且要构成一篇文章，如果作不出来就问罪，作得出来就放了他。结果他以一日一夜的时间写成了《千字文》，头发都白了。即"天地玄黄，宇宙洪荒。日月盈昃，辰宿列张……"四个字一句的韵文，从宇宙天文，

第二部分：为师之道

一直说下来，说到做人做事，所谓"寒来暑往，秋收冬藏"。不要以为千字文简单，现代人，能够马上把《千字文》讲得很好的，恐怕不多。至于格言，也有一本书《增广昔时贤文》，是一种民间的格言。过去读旧书的时候，等于一种课外的读本，个个都会念，包括做人做事的道理在内。当然里面也有一些要不得的话，如"闭门推出窗前月，吩咐梅花自主张"的作用。但有很多好的东西，都被收进去了。

讲中国文化，除四书五经以外，不要轻视了这几本小书，更不要轻视那些传奇小说。要说中国文化的流传与影响，这几本小书和一些小说发生的力量很大。四书五经，除了为考功名以外，平常研究起来又麻烦，就很少人去研究。而这几部书，浅近明白，把中国文化的精华都表达出来了。这是说到"法语"而引出来格言的道理。

孔子说历代的格言，构成了"法语之言"，"能无从乎"？能够说不信从它吗？譬如我们看到了很好的名言，一定因欣赏而背诵下来，默记在心。"改之为贵"，仅仅欣赏也没有用，要把它当成一面镜子一样，照照自己，反省反省，发现自己的毛病，然后彻底改正，这样读书，才是学以致用。"巽与之言"就是顺从的话，顺着你的意思的话。有人编了一则笑话，说有一位侨领之流，年纪也大了，人家请他在一家豪华饭店吃饭，坐在首席。这位老先生经常放屁，联珠直响以后，他道歉说："对不住！"旁边有人说："没关系，不臭。"

这位放屁的老先生说:"真的吗?那就糟了,听人家说老年人放屁不臭,命就不长了。"此话一出,那位说"不臭"的朋友愣住了,其他的人也很尴尬,过了不到一分钟,又有人用鼻子嗅嗅说:"唔,现在有一点点味道。"这也就是巽言的刻薄形容。还有一位朋友,他出国前找到一幅祝枝山的画送给一位朋友。这位侨商展开画,看了祝枝山的名字后说:"啊!他画的,我认识他的,他为什么不写我的名字?"这位朋友听了,不好意思说穿是明代古书,只好说巽与之言:"那恐怕他忘记了,我回去要他替你加上好了。"

诚敬

(一)诚者,天之道

> 诚者,天之道也。诚之者,人之道也。诚者,不勉而中,不思而得,从容中道,圣人也。诚之者,择善而固执之者也。

先讲诚的境界。我们晓得,尤其学各种宗教的朋友体会很深,我们到佛教庙子上看,拜菩萨求仙三个字:诚则灵。怎么叫诚呢?我这么跪下来,弄根香拜一拜,还不诚啊?很诚了!

再到这个什么民权东路关帝庙,晚上去拿两百块钱买些馒头啊、米糕啊,磕个头,把头还碰得"砰砰"地响,这个总是诚啊!你把头碰得响只能叫磕响头,不一定算是诚。诚是个什么境界?非常难!

这个"诚"字也就是佛家所讲的修定,就是定的境界。定是什么境界?专一、专诚、没有杂念、没有分别、没有妄想的境界。所以你看儒家的中庸,这个时候佛法还没有来!所以"诚者,天之道也",诚的境界是天道的境界。这个天也是科学的、太空的这个天;也是哲学的天、理念世界的天,形而上、看不见的、空灵。

"诚"是一个原则,天地永远是诚。所以天地生生不已,几千万年它没有怨恨人,没有要求人报答它什么;它永远给万物、给人类生命,给万物生机。所以天道的境界,人的诚恳的心像天地一样的开阔,就是诚的一个境界。

怎么样做到这个诚的境界?"诚之者,人之道也。"人为什么读书做学问、讲修养,甚至于学宗教呢?就是修道、成道这个境界。由我们的身心,由人道而到达同天道合一,所谓天人合一,同形而上道合一。所以"诚之者"就是方法,能够做到诚的这个方法这个境界呢,那是靠人的修为,靠自己修持、修行。怎么修呢?"诚者,不勉而中,不思而得,从容中道,圣人也。"

诚这个境界,"不勉而中",一点不要勉强的。这个清净很自然就到了。譬如佛家讲空、道家讲清净，清净是它的境界的形容，佛家讲空讲的是原则。你看一般学佛人拼命地修空，打坐在那里修到空，所以永远没有修好，不能得定，不能达到。因为他都勉强在做。要"不勉而中"，一点不勉强，很自然地；空，空就是空嘛！随时随地都在空，定住了。"不勉"，一点勉强都没有。我用一点力深呼吸，有些人数息观、念咒子或者做什么，那都在勉强！所以都在用方法，没有达到那个境界。"不勉而中"——对了！插头一样插对了。

"不思而得"——智慧的境界。我们普通学问、学识都是靠思想，想出来的，文章是靠想出来的。一个好的真正艺术家一辈子画画，任何一个艺术家都知道，会写字的书法家也晓得，一辈子大概只两三件作品自己满意的。那个满意就是圣灵的境界，怎么叫圣灵？"不思而得，不勉而中。"自己也不晓得怎么画出来、怎么写出来的。等于像学中国书法，王羲之学写《兰亭序》的时候，酒喝醉了，写完了：这是谁写的啊？写得那么好！他自己都不知道了，忘我了，达到这个境界。任何艺术也好，做生意也一样啊！大的工商家，一个计划下去，突然赚了那么多钱，自己想想都奇怪啊！就是那么一种脑筋。你用心个个都想赚钱啊，大家都在用心想赚钱嘛！一个月大概得了两千块钱还拼命节省、计算，要抠着来用，抠了半天给扒手扒走了，很可怜！要发起财来的时候，"不勉而中，不思而得"。而且人还很舒服，"从容中道"，很从容，不紧张，不像大家现在

第二部分：为师之道

赶公共汽车，急急忙忙大喊，一头跑啊，那很不从容。已经赶到了，汽车"嘟……"开了，下面一阵烟过了，然后在那里生气。那真是"中道"，站在马路中间了！既不从容，站在中道，那很糟糕！"从容中道"非常从容。人的态度修养到昏了头，乱了，平常功夫都垮了，然后脸色也变了，忙个几天下来不成话了，腿上功夫都垮了，这还叫什么禅呢！要从容中道，不思而得，不勉而中。怎么样忙也从容中道。"圣人也"，圣人就是有道之士。

你看，在中国固有的文化讲修养的功夫、得道人的境界，三句话完了。就是禅宗所谓讲开悟，悟了以后那个智慧不晓得哪里怎么来的，"不思而得，不勉而中"。你看禅宗大宗师那个答语、答复问题，他自己不要考虑的，天人合一境界。说我想想看怎么办？怎么参？怎么打你一棒？那个棒打下来，也不过是面粉做的棒，一碰就不对了。

所以"诚之者，择善而固执之者也"。上面讲到诚的境界、得道的境界。可是诚怎么样做到呢？刚才我们说了，怎么做到诚啊？——善，对不对？"不明乎善……"，怎么叫做善呢？开始第一步，"择善而固执之者也"。你要选用一个真正的心理上的善的行为、道德的行为，抓得牢牢的。先求专一，使自己思想能够专一而不变。这就是大家所谓打坐啊、念佛啊、用各种功夫了，"择善而固执"。抓住了、定了以后，就是禅宗所谓大彻大悟——豁然，豁然开朗、不勉而得、不思而中了。

这个时候就是悟的境界,开悟的境界就是中庸所讲的"诚",就是这个境界。所以,庙子上写的"诚则灵"很难啊!

上面讲到这个诚的境界,与我们怎么样修养到诚的方法。开始第一步要"择善而固执",就是当我们这个时代一般所谓讲修定这一种方法。那么,光是诚的境界是人之道也,个人的修养,修养内圣之道。有这个道,内圣而不能外用,那也是不全的,"凡治天下国家有九经",诚是为第一、基本,做人需要,做事更需要。上至当皇帝为天子,下至做任何一个人,就是"大学之道在明明德",明德就是明这个诚的境界。

(二)自利利人

> 诚者,非自成己而已也,所以成物也。成己仁也,成物知也,性之德也,合外内之道也,故时措之宜也。

但是这个道的修养、这个诚的修养,"非自成己而已也"。不是自私自利,只想我道修成功了就好!要利他、要利人,"所以成物也",必须自修成功了,要救世利人,使人人都可以达到圣人的境界。不但要成别人,还要成物;乃至使宇宙里头万有,都使它变成圣人同一气象、同一境界。所以"成己"就是"仁也"。所以什么叫仁道仁慈?一个人对自己都不爱惜,嘴里讲"我是仁慈别人",那叫做吹牛。你先把自己弄好一点,才是仁道。

然后自己成功了，仁道完成了，才是大智利人，那是"知也"，大智慧。自己都没有过活的本事，怎么样去到苦海里头救人呢？所以要成己以后成人。这是"知也"。

"性之德也"，能够自利利人，自己站起来而利他，这是仁。"天命之谓性"，人性的真正的道德、真正的人性的光辉起来了，这才叫做内外合修。所谓自己是内，修内；发而用之，救天下、救社会、救众生，是修外。"合外内之道也，故时措之宜也。"那么到达了这个内外兼修成就了，无往而不利。你出家当和尚也好，在家当"尚和"也可以，那无往而不利。处处有道。你成圣人也可以，成小人也不错。小人之道，在小人里头当圣人，此乃君子也！就是到达这个境界。所以诚是这样的重要。

（三）恭敬心

所以修"有"法，念佛也好、准提咒也好，念一切咒语，第一要恭敬，随时"心中有佛"。但你不要："哎呀，我心中装一个佛进来"，你把他装在心脏里头，糟了，那非开刀不可；心里头是不可以装东西的。

所谓"心中有佛"，什么是佛？心就是佛，我心随时在恭敬中，那你慢慢不但对佛会敬，对一切人都很恭敬，不会看不起人家，会尊重任何一个人，也不会觉得："我是一个老师,我道很高。嘿,你们算什么?"如果这样就不是学佛的人。

一个真正有道的人,更谦虚,更会尊重人家。要注意啊!不要觉得"我有道,我了不起!我学佛,哎呀,这个人不学佛,罪业深重啊",你这一句话才是罪业深重,不应该的。他如果真的罪业深重,我们学佛的人更要慈悲、怜悯、同情他,何况他有没有罪业深重,你还不知道。因为他不听你的话,你就骂他"罪业深重",你不是乱七加八糟吗?

所以,学佛要净己念。比如我们修"有"法的,这也就是密法,密就是这个秘密,随时要有恭敬的心,敬这个佛菩萨,我们念咒语:"南无飒哆喃,三藐三菩驮,俱胝喃,但侄哆",这是恭敬皈依大彻大悟、大成就的"准提佛母",到"唵折隶、主隶、准提"才是"准提佛母"的本咒,"娑诃"就是快快地成就。这中间当然最高的秘密我没有讲,不是我保守,而是不需要讲,你自己会知道!

修持需以最恭敬的心,所以要念"南无","南无"是皈依词,提起这两个字心里头就恭敬起来,面前有佛,"心中有佛",看到妈妈就是佛。

大家家里的父母都是观音菩萨,父母都不孝顺,要求佛保佑,哪有这样便宜的事啊,你不是神经了,你干什么呢?对家里人都不好,对自己亲戚、朋友都欺骗,还说是念了咒子修佛,就会成佛?那我宁可去学"糨糊",我也不愿意成佛。哪有这个道理呢。

所以心先要恭敬，修自己的心，敬一切的人。

那么，面前有佛，心中有佛，处处皆是佛，这个修法的咒语一定得感应的；得感应是你心中所变现出来的。那么，修法的时候要怎么样呢？"必有事焉"，这是引用孟子的话，这句话很重要。孟子经常讲修养的道理："必有事焉"，人修道、养气、做功夫随时随地要有这个念头，好像"欠人家的债没有还""你跟人家约会没有去"那么重要，心里随时念佛念到这个样子，一定成功。

大家修佛的，在家里念佛也好、念咒子也好，嘴里念"南无飒哆喃""唵嘛呢叭咪吽"，一边骂人家"你要听我的？吽，面包拿来，快点！哎呀，那个菜焦了,唵嘛呢叭咪吽？唵唵唵？"心里想"炒的菜焦了"，嘴里念的是"唵嘛呢叭咪吽"，你自己哄骗了自己，不对的。

心中无佛，你念得再好也没有用，这叫做有口无心，所以要"必有事焉"，心中有此事，恭恭敬敬，才叫做修行。

所以，我们懂了这些道理，修密法的作用都晓得了，主要回过来注意心的恭敬，这个恭敬心是一念"毋助毋忘"、不贪不着去念，一味地专注念去，不会不得感应的。

菩萨给你的感应，看得见就不叫感应了；看不见才叫感应。菩萨如果看得见就给你感应，那不叫做菩萨了。所以，我们学佛的人自己要知道，比如真心念一句佛，至少自己心里少生一个坏的思想、少起一个坏的念头,这不是感应吗?已经改正许多了。

修行是修正自己的行为,不是增加你的贪欲和作恶的心思,这个要清楚。

(四)毋不敬,俨若思

中国文化有一部最根本的书籍——《礼记》。这部《礼记》,等于中华民族上古时期不成文的大宪书,也就是中华文化的根源,百科宝典的依据。一般人都以为,《礼记》只是谈论礼节的书而已,其实礼节只是其中的一项代表。什么叫做"礼"?并不一定是要你只管叩头礼拜的那种表面行为。

《礼记》第一句话:"毋不敬,俨若思",真正礼的精神,在于自己无论何时何地,皆抱着虔诚恭敬的态度。处理事情,待人接物,不管做生意也好,读书也好,随时对自己都很严谨,不荒腔走板。"俨若思",俨是形容词,非常自尊自重,非常严正、恭敬地管理自己。胸襟气度包罗万物,人格宽容博大,能够原谅一切,包容万汇,便是"俨兮其若容",雍容庄重的神态。这是讲有道者所当具有的生活态度,等于是修道人的戒律,一个可贵的生活准则。

讲一个人的修养程度,到了随时随地没有杂念,没有妄念,没有乱想,也没有恶念,随时随地对自己身心都是严肃的,这种态度就是"俨若思"。看起来,这个人好像在那里想一件事情,但是他没有想,因为他在静止状态;这六个字就是后世所讲的,随时在入定的状态。人到了心境永远在定境上,在清静无为的境界中,那也根本不需管理自己了,不需像个刑法一样,去管理念头了。所以说,光是"以刑为体",还不够,必须要"以礼为翼",以真正的定慧精神辅助自己,然后去处事。

(五)孔子的行谊

> 子见齐衰者,冕衣裳者,与瞽者。见之,虽少必作,过之必趋。

这是孔子做人态度的诚敬。尤其对三种人,他是特别严肃的。"齐衰",指丧服。"冕衣裳","冕"是头上戴的帽子,古代代表执政的人,所谓贵人,掌政权的。古代中国的衣服是上下装,"衣"是上装,"裳"是下装,像裙子一样,男女都是穿裙子一样的下装,后世才演变为裤子。我们所看到的古代衣冠,如孔子的塑像,长袍只到膝下,再下还有一截露出来的就是裳。"冕衣裳"就是官方的礼服,代表贵官执政的人。"瞽者"是瞎子。孔子看到这三种人,"虽少必作"。这个"少"字就是年轻。过去讲儒家思想的人,说这个"少"是印错了,应该是"坐",孔子虽然坐在那里,也必定要站起来。朱熹注的《四书》上也有这样的解释,说孔子如果看见这三种人,即使坐在那里,也要很严肃地站起来。其实并不需要改这个字,少就是少,意思是说孔子看见这三种人,不问他年龄的大小,他必"作"。"作"就是变了脸色,也就是态度严肃起来。看"齐衰"的人,是一种同情;看到执政的人,等于我们现在看到国旗,必定要致敬;对于瞎子,是怜悯。孔子对于这些人都是非常肃敬,不问他们多大年纪,"过之必趋",如果要经过他们前面,一定很快地走过去。

字面是这样解释的,深一层看它的意义,为什么孔子看到这三种人神态都会变,而且还特别记载下来,指出这是孔子了不起的地方呢?仔细研究,与心理的观念、个人的道德修养有关。现代有一门新的学问,所谓"行为科学",或者叫做"行为心理学",如果以这一种新的科学观点来分析一个人的个性,和他做人做事的思想才具都有关系。由此研究,就可以看出一个道理来了。

平时我们在街上看到出殡的行列,不伦不类,没有礼仪,乱七八糟,以致一般人对丧仪都无诚敬之心,所以一般人对死者也没有什么同情之感,有时候还觉得很讨厌。这并不是对死者不怜悯,也不是对丧家遭遇的变故不同情,实际上是社会风气把礼仪弄坏了。以前常看见人家门前贴了"当大事""制中""严制""慈制"等白纸条——现在恐怕有许多人对这些

第二部分：为师之道

字条都看不懂了。中国的礼仪，重视人生哲理，素来认为生死是一件大事，从出生到死亡，在人生过程中，实在是一件大事。所以家中有人死了，便称"当大事"。"制中"就是表示在服行丧事当中。平日称父为"严"，称母为"慈"。"严制"就是服父亲的丧制，"慈制"就是服母亲的丧制。过去的教育里，我们对这种家庭，非常诚敬，到了他们的门口，都不敢喧哗。这个态度有两种意义：一种是中国传统文化，对这方面素来诚敬；其次是表示自己的同情心，同情这个家庭发生了变故。从前在大陆的农村里，如有人家办丧事，邻居亲友都会自动去帮忙。因为孝子心情太悲痛了，所以由大家帮忙，不让他管事。现在变成好玩的了。

还有，过去我们读书，就受这样的教育，即使自己的地位很高，官做得很大，回到家乡，如果经过祖坟或祠堂的时候，在相距一百步以外的地方，骑马的要下马，坐轿的要下轿，然后走路步行经过，乘船的要在船上站起来。直到离开了一百步以外，才能再骑马或上轿，绝不可以骑马坐轿经过祖坟或祠堂的。否则要被人骂，被人看不起。我们从小在家里，看见父母长辈从自己的面前经过，都一定要站起来，两手还要拱一拱。我个人的经验，几十岁了，回到家乡还是如此。就是现在想起父亲，心里还是一种敬畏之心。只是几十年来，学制改了，改成了所谓洋学堂，把这些礼仪都废了。所以现在我们的国民礼仪，变得很可笑，中国礼仪没有了，洋礼节也不懂。

这里就说到孔子对礼仪的重视。他看到有丧事的人，心里发生一种同情心，态度也随之肃然。至于对第二点冕衣裳，穿制服的人，执政的人为什么这样呢？因为执政者的制服代表了国家的体制，就等于我们现在看到国旗，自然肃敬。对于瞽者，就是对可怜的人，范围扩大包括了残废的人，看到这种人，心里自然肃然起来。

表面上看，这是一个小动作，没有什么要紧，但是从这上面可以看出一个人学问的修养、做人的修养到达什么程度。拿行为科学来说，一个人看见别人遭遇痛苦的事情，而毫无同情心，甚至于像小孩子看到烧死老鼠一样，在旁拍手欢呼。试问这是一种什么心理？孔子看到不但肃然起立，且"过之必趋"，一定走快几步，不敢多看，这就显示他心理上的修养。

（六）穷源溯本

　　子曰：夏礼，吾能言之，杞不足征也。殷礼，吾能言之，宋不足征也。文献不足故也。足，则吾能征之矣。

孔子说中国传统文化，是根据历史来的，而历史与文化是不可分开的。

我们讲的传统，由来远矣。我有个从美国回来的学生，谈到他看到一本新出版的书《文明的历程》，他告诉我这本书所论述的某个观点，和我以前对他们讲的思想一样，认为人类文化历史，从上一个冰河时期，就流传下来了。如宗教思想、哲学思想，在上一个冰河时期，人类毁灭的时候，极少数没有死的人传下来的，并不是这一个冰河时期所新兴起。我们中国文化，向来就是这样说的，所以要中国人讲自己传统的历史，看看古时的人所记载的，有一百二十万年，至少也说十二万年，我们现在讲五千年文化，那是客气话。不过很可怜，现在还不敢吹五千年，只说三千年文化，因为西方文化讲历史，动辄只提两千多年，我们说得太多了，好像不大对似的。在中国古代历史，动辄讲一百多万年。现在孔子在这里说，不管多少年，文化是历史传统来的，所以夏朝的文化，我可以研究讨论，不过"杞不足征也"。"杞"是周朝封的一个国家，是夏朝的后代，封到杞国。我们晓得"杞人忧天"这句话，就是这个国家的典故。

  这里我们要了解中国的封建制度。当周武王统一了中国，所谓封建，并不是只封自己家里的人，像尧、舜、禹、汤的后代，都封了诸侯，所以周朝的封建，不是西方的封建，不能随便把中国封建制度与西方的所谓封建混为一谈，那是错的，等于说没有把自己的家当搞清楚。——这里孔子说如果拿杞国的文化，来看夏代的文化，并不准确，更不完整，但殷商以后的宋国，所保留的文献资料也是不够，这两个诸侯之国所保留的祖宗文化都没有了——这里要特别注意，任何一个民族的后代，如果不重视自己的文化历史，就是自己把自己毁灭，后代就无法考证。孔子说，假如他们自己不毁灭自己，保存了祖宗的文化资料，我就有办法整理。

这里放进了孔子的话，就是说明保存文化的重要，下面讲到文化与礼的关系：

> 子曰：禘自既灌而往者，吾不欲观之矣。

讲到这里，又是一个问题了，是由中国文化中"礼"而来。所谓"禘"，是中国古代的一种礼。中国文化和西方一样，有狭义的宗教。"禘"象征宗教的精神，祭天地祖宗之礼。讲到这里，要认识"禘"字的来源了，至少要拿《康熙字典》来研究。过去读书，五、六岁以后，先研究"小学"，就是研究做人道德行为，等于现在学校的公民课程——洒扫应对。"洒扫"从文字上看很简单，洒洒水、扫扫地而已；"应对"可就麻烦了，对老前辈行什么礼，到了客厅坐什么位置，送一封信给叔叔伯伯，讲话的态度该怎样等等，做人处世都包括在应对当中。除此之外，研究"小学"之学，就是后来所谓的说文、训诂等的文字学，探讨文字的来源。中国文字不同于西方文字的拼音而成，中国文字有所谓六书——象形、指事、会意、形声、转注、假借的法则。

我们知道中国字的部首是从"一"字开始。"一"就画分了上下,所谓一画分天地;再在上面加一画"二"(上),就是上,下面加一画就成"二"(下),是为下。宇宙本来是圆的,无法分别,现在分了以后,"人"在"二"的下面,即成为"突",这个字就代表了天。我们看到了"示"这个字,就是表示上天垂下来许多象征,显示给人们看,太阳、月亮、风云、雷雨都是上天的垂示,所以这个字,就代表了与上天的关系。圆圈中间加个十字,就代表了土地的"田"字,这土地上面出了一点苗芽便是"由",再向下伸展成为上下通的便为"申"。在申旁再加上"示",表示由天上来的,而上下左右都能通达,便谓之神。只能下行旁通而上面长了一根象征性的毛毛"鬼"就是鬼。那帝的篆文"帝"也是表示上天垂示下来的征象,代表形而上的,不可知,不可说,也无法形容他,有这样一个力量,这样一个东西在,就叫做帝,再加上示,就成了一个宗教性的哲学观念。中国古礼称祭天地的礼为"禘"。至于形而上,到底有没有?又是怎么样一个东西?暂时不谈,到此为止,如再向上讨论,就牵涉到哲学与科学的问题了。

禘,古代国家举办禘礼,皇帝代表全民祭祀大典,仪式非常隆重。皇帝在此期内,不回内宫,必须清心寡欲,反省自己。在中国古文中所谓的斋戒沐浴,便是如此。"斋"是内心的反省。(后来中国人对佛教的吃素也叫吃斋,那是有不同的意义,由于佛教戒律中一种"八关斋戒"而来。)斋是中国文化中心理的净化，用现代的话来讲，就是清理思想、排除人欲，真正地做到肃庄叫做斋戒。沐浴也不止是洗澡，而是孔子在《易经·系辞》上所讲"洗心退藏于密"的意义。所以古代禘礼，是国家的大典，全民的大典，领导者皇帝斋戒沐浴七天或三天以后，才代表全民出来主祭，要全副精神，诚心诚意，很郑重的，等于是一个宗教家的大祈祷，绝对不可马虎。"禘自既灌而往者，吾不欲观之矣。"孔子指出当时文化的衰败，大家参加禘礼，都只是在真戏假做而已。这等于现代有许多人吊亲友乃至长辈的丧事匆匆忙忙，叫一辆计程车，赶到市立殡仪馆，签一个名，行三鞠躬礼，好像去缴一百元什么税似的，缴完了，赶紧就跑，没有一点肃庄悲戚之感。今日社会这种风气，也是文化精神一个重大的问题。

孔子对春秋时代的情形怎样说的呢？

子曰："禘自既灌而往者"，就是说禘礼开始以后，主祭者端上一爵奉献神禘的酒以后，心里就想赶快走了，接着祈祷等隆重的祭礼，都在那里应付了事。孔子看到这种情形感叹地说："吾不欲观之矣！"我实在不想看下去了，为什么不想看？就是认为何必勉强做假，而丧失了这件事的实际精神呢！

孔子这几句话，有很多意义。譬如现在社会上举办许多事情，内心没有真正的诚意。无论是宗教仪式或任何社会的宣誓，只要举起手来表示一下，心里完全没有肃庄恭敬的诚意。冷眼旁观者看来，不得不油然而兴"禘自既灌而往者，吾不欲观之矣"

的感慨。这就是中国文化告诉我们，事事要发自内心的诚恳，而不完全在于形式，一切形式，都必须配合内心的诚恳，才有意义。

由此再进一层，便引出下面一段话：

> 或问禘之说。子曰：不知也。知其说者之于天下也，譬如示诸斯乎？指其掌。

有人问孔子，关于"禘"这个礼仪的说法，和这一套学术思想的理论，它的基本精神又在哪里？孔子怎么答复呢？他说："不知也"——我不知道。孔子真的不知道吗？当然，这是他幽默的话，换句话说，是一种"反教育"，用现代术语来说，是"反激式的教育"。他的意思是说，这一种基本的文化精神，大家应该知道的。既然大家都不知道，那么我也不知道了。且看他说了不知道以后又怎么说下去，就可明白他真的知道不知道了，"……'知其说者之于天下也，譬如示诸斯乎？'指其掌。"孔子指着自己的手掌说，真正懂得禘这个文化精神的人，看天下国家事事物物的道理，就好像是呈现在这掌心上，这么清楚明白了。他指着他的掌心，用动作来表示天下的事理，就像指顾之间，如在目前那样的容易。由此你说他懂不懂禘之礼？当然懂。

为什么要拜天地呢？这就代表了中国文化基本精神所在之

处。我们以前过年，正月初一早上起来，家长带领全家的人，先要祭天地、拜祖宗，虽然仪式简单，但却很严肃而慎重。春秋二季要祭祖，也就是实行"祖宗虽远，祭祀不可不诚"的尊敬传统的精神。现代一般家庭，就从来不祭祖，连跪拜的礼都不会行，这就是教育的问题，值得重新研究、重新修整。保持这一点传统、这一点习惯，使后代知道源远流长的民族传统，这也是我们的责任。

刚才讲到禘礼与中国文化精神的关系，跟着便提到孔子几句有名的话，后世一般人们都流行而变为成语的：

祭如在，祭神如神在。子曰：吾不与祭，如不祭。

这是孔子所说祭祀祖宗和祈祷时心仪的原则，当我们祭祖宗的时候要以"如在"目前相对的诚心，犹如祖宗尚在面前一样的诚敬。假使是祭神，神就在此。要表里如一，才是肃斋庄敬的道理。所以他又说："吾不与祭，如不祭。"假使说我因为没有时间，没有亲自参与这个祭典，只是象征性由别人去代表一番，这样就等于不祭，又何必故做排场呢？这种精神，不但告诉我们对于任何祭典要如此，同时也间接地告诉我们做人的道理，无论对生者或死者，由明里到暗里，都要由衷一贯。

我们现在讲民族精神。热爱国家民族的人，为什么到了国外，看到自己的国旗便肃然起敬？我们在国外看到国旗的那种心情，与在国内看到国旗的心情绝对不同。在某一个时候甚至会为之掉下眼泪。其中道理，就是这种精神的流露。所以一个人的修养，对人对事，都要有这种"祭神如神在"的心理。否则，表面上非常恭敬，内心里又是另一回事，那是没有用的。所以由于孔子的这番话，了解了祭礼，依此来讲做人的道理，也就可以触类旁通了。

（七）拍灶君的马屁

　　王孙贾问曰：与其媚于奥，宁媚于灶。何谓也？
　　子曰：不然。获罪于天，无所祷也。

　　王孙贾是卫国的大夫，孔子在卫国很多年，卫灵公对他非常好，但卫灵公又偏宠有名的美人——南子。卫灵公实在很想起用孔子，卫国的权臣王孙贾有一天就对孔子说出"与其媚于奥，宁媚于灶"的问题。这也是中国古代宗教思想中很有趣的历史性问题。凡是中年以上的人，都见过我们在大陆家庭中供奉的灶神。每到农历十二月二十三的晚上，家家户户都要送灶，小孩子们非常高兴，口袋里就可装糖果了。现在用电炉、瓦斯炉，没有灶了，当然也就没有灶神。为什么要祭灶神呢？以宗教思想来说，中国人信仰的是多神教，什么神都信。

十年前有一位外国的神父来和我研究中国宗教思想问题，他说中国人没有宗教信仰。我说中国绝对有宗教信仰。第一个是礼，第二个是诗。不像西方人将宗教错解成为"信我得救，不信我不得救"的狭义观念。我说这一点的误解，使我绝对不能信服，因为他非常自私！对他好才救，对他不好便不救。成吗？一个教主，应该是信我的要救，不信我的更要救，这才是宗教的精神，也就是中国文化的精神。其次，谈到中国"诗的精神"，所谓诗的文学境界，就是宗教的境界。所以懂了诗的人，纵使有一肚子的难过，有时候哼呀哈呀的念一首诗，或者作一首诗，便可自我安慰，心灵得到平安，那真是像给上帝来个见证。第三，中国信多神教，这代表了中国的大度宽容。出了一个老子，还是由东汉、北魏到唐代才被后人捧出来当上个教主——老子自己绝对没有想过要当教主的瘾。孔学后来被称为孔教，是明朝以后才捧的，孔子也不想当教主。总之，世界上的教主，自己开始都不想当教主，如果说为了想当教主而当上教主的话，这个教主就有点问题，实在难以教人心服。因为宗教的热忱是无所求，所以他伟大，所以他当了教主。我们中国，除了老子成为教主以外，孔子的儒家该不该把它称为宗教，还是一个问题。但是中国人的宗教，多是外来的，佛教是印度过来的，天主教、基督教也是外来的。我们中国人自古至今对于任何宗教都不反对，这也只有中华民族才如此的雍容大度。为什么呢？有如待客，只要来的是好人，都"请上坐，泡好茶"。一律以礼相待，诚恳地欢迎。所以我们的宗教信仰，能叫出五教合一的口号，而且这种风气，目前已经传到美国去了。现在纽约已经有教堂，仿照我们中国人的办法，耶稣、孔子、释迦牟尼、老子、穆罕默德，都"请上坐，泡好茶"了，凡是好人都值得恭敬。所以我最后告诉那位外国神父，不是因为我是中国人替中国的宗教辩护，而是外人没有研究深入而已。

现在我们再讲"奥"与"灶"。为什么他们拜灶神？如果以政治哲学的思想来讲，"民以食为天"，这是管子讲的名言。因为饮食最值得重视，值得注意，所以拜灶神。尤其在过去，教育不普及，讲礼治的时代，家里有灶神、财神和祖宗等神祇的牌位。中国古代的建筑，大都有这一套设计，进门一定是大厅，大厅上供祖宗牌位，有的上面写着："天地君亲师之位"。民国初年，牌位上的君字改成国字，看这五个字，中国人究竟信哪一个教呢？任何一教都不信，而任何一教都信。还有财神供在卧房里，灶神供在厨房里。"奥"是古代的家神，我们中国古代的神——宗教很妙，代表中国政治组织的理想。家里有家长，就有家神。还有灶神，连吃饭都要管。据说灶神一年到头，不但对家里人的行为要管，连在心里起了好念头，或动过歪脑筋，他都会记录下来，到一年终了：上天报告好坏。所以乡下人送灶，弄块糖给他吃，送一个红包给他，以便"上天言好事，下地报吉祥"，请他上天报告时，多替家里讲讲好话，回来时候多赐些福祉。所以在腊月二十三以后，一直等到第二年初四之间，他在天上还未回来以前，不在家里的时候，偶尔背后轰他一下，暗地里幽默他几句。

中国民间这些神话故事，现代也可以归到"民俗学"。要了解这些，起码要看《荆楚岁时记》这本书，尤其是南方——长江南北过年过节的风俗，这本书大概都有了。在人世间的社会上有里长、乡长、区长。在看不见的一面，便有土地、城隍等神。城隍归谁管？归阎王管。阎王去归玉皇大帝管，玉皇大帝归谁管？玉皇大帝的妈妈——瑶池圣母。由此看来世界上的宗教，最高都是女神。天主教来个圣母，佛教的观音菩萨，中国的瑶池圣母。所以女性还是最伟大。同时也可知人们讲了半天的宗教，尽管教理和教条如何如何的，但他们最后还是崇拜女性的，因为母性的慈爱毕竟是最伟大的。像这样一个宗教组织，无所不包，代表了中国人的政治哲学思想。所以天与人是一贯的。

王孙贾问孔子这个奥与灶的问题，是非常幽默的，他的意思，是告诉孔子说，你老是跟诸侯往来，我们这些士大夫如不在君王面前替你讲几句好话，是没有用的呀！你拜访了诸侯，还是该来向我们烧烧香。孔子却做正面的答法："不然。获罪于天，无所祷也。"这是中国人宗教思想的精神。他说一个人真的做坏人、做坏事，怎样祷告都没有用，任何菩萨都不能保佑你。所谓自助天助，神是建立在自己的心中。换句话说，人有人格，尤其需要心理上建立起人格，不靠外来的庇护。如果进教堂，上帝就保佑，那么上帝首先就犯了接受贿赂的罪。同时也等于孔子答复王孙贾说，这些手法我全知道，只是不屑于如此而已。

从上面的话也可知道，由周代开始的文化，和孔子的教化，始终走人文文化的路线，所以孔子又说：

子曰：周监于二代，郁郁乎文哉！吾从周。

中国夏、商、周三个朝代文化的演变：夏尚忠，殷尚质（鬼），周尚文。尚的意思就是崇尚、偏重的意思，夏的文化偏重于忠诚、朴实。殷商的文化仍是重质朴，但是宗教观念很强。周代文化呢？我们今天讲孔孟思想中的中国文化，就是周代文化，重在人文文化。"周监于二代"，是说周朝所建立的文化是集上古之大成。我们今天的中国文化，是以周代文化做代表。"郁郁乎文哉"，郁郁是形容词，意思是非常茂盛、伟大与光辉的人文文化。孔子在此自称他的文化思想是承先启后，发扬周代的文化精神。

孔子认为只有人文文化这个路线是完全正确的。

（八）不诚无敬

子曰：居上不宽，为礼不敬，临丧不哀，吾何以观之哉？

师道

孔子在这里提出了一个原则，一个时代到了衰落的时候，最怕在上面的领导人以及各级单位主管，待部下和对人并不宽厚，这是很严重的偏差。讲到这里，我们看中国历史上，记载了许多做人或做官的过分尖刻或凉薄。什么是刻？所谓"察察之明"，为人太过精明，做部下的就不容易发挥他的才能。因此，中国古人在政治领导上，都采用道家老子的道理。也就是像郭子仪的故事：唐明皇因安禄山之乱由京城逃走，一直逃到了四川成都，终于靠郭子仪打败了安禄山，收复两京，迎唐明皇还都。郭子仪也因功封王。以后唐代宗把公主下嫁郭子仪的儿子。有一次小夫妻吵架吵得很厉害，郭子仪的儿子说，公主有什么稀罕，你父亲的天下，若不是我父亲替你们打回来，还有你公主当吗？这句话的确讲得太严重了。公主气了，马上回宫去报告唐代宗。郭子仪听了儿子的报告，也吓坏了，知道这件事可不得了，马上把儿子绑起来送到宫中去。唐代宗自然先听到了公主的报告，说郭子仪他们意图造反，唐代宗安慰了女儿一番，要她先在宫里休息。见亲家把女婿绑进宫来，不但不生气追究，反而问老亲家好好把个儿子绑进宫来是为了什么？郭子仪报告并论罪一番。唐代宗真是个好皇帝！他对郭子仪说，他们小两口吵架是年轻人的常事，你去管他干吗呢？"不痴不聋，不做阿姑阿翁。"这个故事后来也编成了平剧及其他地方戏。故事本身也说明了如果一个当主管的有"察察之明"，下面部下就难为了。

第二部分：为师之道

前几天，有位同学当了法院的庭长，他来看我，我告诉他一句话：历来做法曹的最怕"深文刻法"。这句话就是当公务员的也要注意。什么叫"深文刻法"？就是根据条文，一个字一个字去推敲，在鸡蛋里去挑骨头，真是要了命。虽然法律的条文，完全合于逻辑。但有时是不合道理、不合情理的，完全用逻辑是用不通的。举个例子来说，法律规定，抓到小偷应该送到法院办，如果打他两拳打伤了，小偷可以告你伤害，在法理的逻辑上完全对，但讲到人的常情上就不对的。所以我和这位同学说，搞法律的人，就怕深文刻法，都讲逻辑，则天下是非辨不清了。因此中国人有一句名言，告诉做公务员的朋友说："公门里面好修行。"否则的话，人们便把公务员的过错、怨气统统都累积到政府头上。自己如果多动动脑筋，别人就省了气力，同时也消弭了怨气，这就是道德。所以"居上要宽"，要求别人过严，别人没这个本事；天下无全才，不必求之太严。如果要求过严，希望别人都是圣人、全才，在道德上人人如孔子，而防他又如防土匪，用他又随便用得像机器。这是不可以的，切记居上要宽。

为礼要敬，并不是只限于下级对上级行礼要恭敬，上面对下面的爱护，也包括在礼的范围之内。而且都要敬，就是都要做到诚恳、真挚，不真诚没有用。天天行个礼很方便，搞惯了成机械式很容易，但中间没有诚意就没有用。同样的，做上级的对部下的爱护关怀，也要有诚敬之心，假的关怀没有用。

师道

临丧不哀,前面讲过,我们到殡仪馆吊丧,没有一点哀戚之意,毫不相关,何必去呢。但这个丧也是狭义的,广义的是对于某一件沉重的大事,假如没有沉痛的心情,也是属于"临丧不哀"的一种情况。

孔子提出来这三点,有感于当时春秋时候的社会风气那么坏,孔子讲这些话,都是开药方。当时有这种坏风气,他就开出医治的方法。所以他说像这个样子的社会,就没有什么可看了,这是感叹当时文化思想的衰落。实际上我们看历史,每到衰乱的时候,都有这种情形,岂止春秋战国而已呢!

谦虚和自信

子曰:三人行,必有我师焉。择其善者而从之,其不善者而改之。

孔子说,三个人走在一起,其中一定有可以做我老师的。其实孔子这句话,还是打了折扣,应该说个个都是自己的老师。比我好的固然是我的老师,不如自己的也是我的老师。因为看到他笨、他坏,自己就会反省:不要这样笨,不要这样坏。所以他们都是我的老师,足以借镜反省。

孔子这句话同时说明了研究学问,不光是在死的书本上下功夫，还要在社会上观察：别人对的要学习，不对的要反省。这句话听起来很平常，都懂得这个道理很对，应该这样做。可是照我们的经验，人都不肯这样做，人们多半有一种傲慢的心理。照孔子的态度，对比自己好的人要尊敬，向他看齐。可是发现一个比自己好的人时，由于这种傲慢心的作用，自己心里很难受。再过两秒钟，觉得自己还是比他好，于是越想自己越好。有如过去乡下人说的："天大，地大，我大。月亮下面看影子，越看自己越伟大。"人类就天生有这种劣根性。所以孔子这几句话看起来很平淡，没有什么难处，仔细研究起来，若说在人群社会中，真发现了别人的长处，而自己能从内心、从根性里发出改善、学习的意念，是很不容易做到的。

子曰：天生德于予，桓魋其如予何？

桓魋是宋国的大夫，曾经想要谋杀孔子。学生们得到消息，告诉孔子怎样逃避，可是孔子满不在乎。事实上在那种政治社会环境中，也无法逃避。孔子就有一种自信，像宗教家一样坚定。他对学生们说，上天生下了我，把历史、文化的责任放在我身上，桓魋怎敢，又怎能伤害于我？结果当然证明了桓魋无法把孔子怎样。这是不是傲慢？不是的，是自信。

我们要由这里了解，有时候对某些事要有绝对的信心。假如没有这种自信心就不行。学过中国武功的人就知道，学军事的更知道，如果丧失了自信，功夫再好，也会被打垮的。看《荆轲列传》，他的剑术并不高，有一次他去看一位剑术高手。荆轲举起剑来，那个人不动，只两眼盯着荆轲，结果荆轲还剑入鞘，回头就走。如果以现在的武侠小说来说，那个人的眼睛已经炼就了一种特有的刚毅之气。事实上是宁静、自信的精神把对方克服了，这是以武术来说明自信心的重要，尤其个子矮小的人与体格魁梧的人打斗，如先自失去了信心，一定失败。自信在很多地方，对很多事情，都是很重要的。

> 子曰：二三子以我为隐乎？吾无隐乎尔。吾无行而不与二三子者，是丘也。

这是孔子的教育法。这等于说：诸位，你们以为我讲学问，还会保留秘密，不传给你们？我绝对没有丝毫隐瞒，所谓知无不言，言无不尽，你们做学问，为什么都不懂呢？做学问容易犯一个毛病，都怕老师会留一手。尤其中国古代学武功的人，老师很可能会留一手。留一手，以防徒弟打老师。可是这一留，留到最后就都没了。

孔子说，我并没有保留，我的学问很简单，本身就是教材，表现在平时做人、处世、言行间。学问就在这里面，告诉了你们，千万不要只在书本上死念书。这显示了孔子的教育法是在日常生活行为上，处处表达无遗，不要有神秘感，不要有好奇心,他随时随地都在教学,学问就从生活经验得来。书本上是求知识,求前人的经验和前人的见解与心得。但是要把这些知识、见解与心得用到自己身上,就要加以体验了。所以他说"吾无行而不与二三子者",没有哪一次、哪一个地方不表现学问的道理。

百无一用是书生

子曰:质胜文则野,文胜质则史。文质彬彬,然后君子。

"质"是朴素的文质;"文"是人类自己加上去的许多经验、见解,累积起来的这些人文文化。但主要的还是人的本质。原始的人与文明的人,在本质上没有两样。饿了就要吃饭,冷了便要穿衣,不但人类本质如此,万物的本质也是一样。饮食男女,人兽并无不同。但本质必须加上文化的修养,才能离开野蛮的时代,走进文明社会的轨道。

所以孔子提出"质胜文则野",完全顺着原始人的本质那样发展,文化浅薄,则流于落后、野蛮。"文胜质则史",如果是文化进步的社会,文化知识掩饰了人的本质,好不好呢?孔子并没有认为这样就好,偏差了还是不对。文如胜过质,没有保持人的本质,"则史"。这个"史",如果当作历史的史来看,就是太斯文、太酸了。

我们要拿历史来对证:中外历史都是一样,一个国家太平了一百多年以后,国势一定渐渐衰弱,而艺术文化,却特别发达。艺术文化特别发达的时代,也就是人类社会趋向衰落的时候。如罗马鼎盛时期,建筑、艺术、歌舞等等随之渐渐发展,到了巅峰时期,国运即转衰微了。所以孔子说:"文质彬彬,然后君子。"这两样要均衡地发展。后天文化的熏陶与人性本有的敦厚、原始的朴素气质互相均衡了,那才是君子之人。

整个国家文化如此,我们个人也是如此。很多功课好的学生,戴了深度的近视眼镜,除了读书之外,一无用处。可是社会上有才具的人,能干的人,将来对社会有贡献的人,并不一定在学校里就是书读得很好的人。所以功课好的学生,并不一定将来到社会上做事会有伟大的成就。书读得好的,一定能救国吗?能救国、救世的人,不一定书读得好。

假定一个人书读得好,学问好,才具好,品德也好那才叫做文质彬彬,"然后君子",算是一个人才。所以家长们不要把子弟造就成书呆子,书呆子者无用之代名词也。试看清代中叶以来,中西文化交流以后,有几个第一名的状元是对国家有贡献的?再查查看历史上有几个第一名状元对国家有重大贡献的?宋朝有一个文天祥,唐朝有一个武进士出身的郭子仪。只有一两个比较有名的而已。近几十年大学第一名毕业的有多少人？对社会贡献在哪里？对国家贡献在哪里？一个人知识虽高，但才具不一定相当；而才具又不一定与品德相当。

才具、学识、品德三者兼备，这就是孔子所讲的"文质彬彬，然后君子"，不但学校教育要注意，家庭教育也要对此多加注意。

名利浓于酒

（一）宪问耻

宪问耻。子曰：邦有道，谷；邦无道，谷，耻也。

原宪问什么是可耻的事情，孔子说，国家社会上了轨道，像我们这一类的人，就用不着了，我们不必去占住那个职位，可以让别人去做了。如果仍旧恋栈，占住那个位置，光拿俸禄，无所建树，就是可耻的。其次，社会国家没有上轨道，而占在位置上，对于社会国家没有贡献，也是可耻的。结论就是说，一个知识分子，为了什么读书，不是为了自己吃饭，是为了对社会对国家能有所贡献，假如没有贡献，无论安定的社会或动乱的社会，都是可耻的。

讲到这里，我们想起一些故事，可作为研究这两句话的参考，像原宪的生活型态与思想，他问孔子及孔子所答的话研究一下，这个免于"耻"字的功夫可真难。

如大家所熟知的，汉光武刘秀和严光（子陵）是幼年时的同学好友，后来刘秀当了皇帝，下命令全国找严子陵，而严子陵不愿出来做官躲了起来。后来在浙江桐庐县富春江上，发现有一个人反穿了皮袄钓鱼，大家都觉得这是一个怪人，桐庐县的县令把这件事报到京里去。汉光武一看报告，知道这人一定是老同学严光，这一次才把他接到京里，但严光还是不愿做官。汉光武说，你不要以为我当了皇帝，如今见面还是同学，今夜还是像当年同学时一样，睡在一起，好聊聊天，严子陵还是那样坏睡相，腿压在皇帝的肚子上，所以有太史公发现"客星犯帝座"的说法。后世在严光钓鱼的地方，建了一座严子陵的祠堂，因为历代以来的读书人，都很推崇严子陵，认为他是真正的隐士。有一个读书人去考功名，经过严子陵的祠堂，题了首诗在那里："君为名利隐，吾为名利来。羞见先生面，夜半过钓台。"这是推崇严子陵的。相反地，清人却有诗批评严子陵："一袭羊裘便有心，虚名传诵到如今。当时若着衮衣去，烟水茫茫何处寻？"这是说严子陵故意标榜高隐，实际上是沽名钓誉，想在历史上留一个清高的美名。这是反的一面的。

第二部分：为师之道

这里只是提供几个故事，作为研究孔子"邦有道，谷；邦无道，谷，耻也"的参考。这些都是人类社会的通常现象，正如古人说，"有人辞官归故里，有人漏夜赶科场。"

此外，还有一段中国历史上蛮有趣的事情。清朝入关以后，有许多读书人不投降。但清帝康熙非常高明，他八岁登基，就平定了这样一个广土众民的天下，做了六十一年的皇帝，把清朝的政治基础奠定下来，可以说他是一个天才皇帝，不是职业皇帝了。他看见汉人反清的太多，为了要先收罗那些不愿投降的读书人，在科举中特别开了一个"博学鸿词科"。对于前明不愿投降的遗老们，特别恩准，马马虎虎，只要报个名，形式上考一下，就给予很好的官位，结果有很多人，在这种诱惑下动摇了，而进了"博学鸿词科"。也还有很多人硬不投降，所以当时闹了很多笑话。其中一些是非常尖刻讥讽，当时曾留下几首讽刺的名诗："一队夷齐下首阳，几年观望好凄凉。早知薇蕨终难饱，悔煞无端谏武王。"后来又开第二次"博学鸿词科"，再收罗第一次未收罗到的人。因为许多人看见第一批"博学鸿词科"的人，都有很好的官位，自己就更忍不住了。从这里看，中国人讲究的节操，要守住真是难事，自己的中心思想，能终生不变，实在是最高的修养。第二次去的人更多，考场的位置都满了，后去的被推到门外去，就有人更吟诗挖苦了："失节夷齐下首阳，院门推出更凄凉。从今决计还山去，薇蕨那堪已吃光。"中国读书人，非常重视节操，也就是中心思想、见解的坚定问题。

又如明末清初的名诗人吴梅村,他的诗的确好。他本来坚持不肯投降,清政府挟持其老母威胁他,逼得他最后只好去向清政府报到。因此吴梅村一生非常痛苦。同时清政府对这些投降的人,虽然待遇很好,但后来写历史的时候,清帝还是下命令把这些人列入"贰臣传"。这是中国文化精神,尽管再好,终究是投降过来的,骨头不够硬,这是很严重的,被人看不起的。吴梅村后来被列入"贰臣传",他当时去报到,内心非常痛苦,但是被清政府征召,非去不可。所以他的诗有:"浮生所欠唯一死,人世无由识九还。"吴梅村因为名气太大,他在应召起程进京的时候,有好几百人,号称"千人会"为他饯行。有一个青年,没有参加这次集会,写了一封信,派人送到这个宴会中去给吴梅村。吴梅村坐在首席上打开来一看,脸色都变了。旁边的人觉得奇怪,看了这封信后,大家的脸色也都变了。原来这封信上写了这么一首诗:"千人石上千人坐,一半清朝一半明;寄语娄东吴学士,两朝天子一朝臣。"所有在座的人全被骂了。

我们看了这些资料,对于原宪问耻,孔子说:"邦有道,谷;邦无道,谷,耻也。"这一点,对中国文化中的臣节与忠贞的精神,要特别注意。

我有一位现在法国修哲学博士的学生,回来写论文,因为她是学哲学的,听了这个问题觉得奇怪,她说:"这有什么不对?"还问曾国藩算不算贰臣,我告诉她当然不算贰臣,她反而觉得"更怪"。我说,假如有人说你是再嫁夫人,你气不气。她说:"我当然气,我根本还没结婚。"我说,对了,所谓贰臣就等于一个女人结了婚,丈夫并没有不对,而她又离开丈夫和另外一个丈夫在一起,当然别人要攻讦。这就是西方文化的看法与中国文化的不同。这个时代的道德、节操的观念也与过去的不同。所以今天的中国文化,在这个问题上,也正处于历史文化观念的矛盾与交替当中。

不过从孔子教原宪的这两句话,可知做人之难。社会、国家上了轨道,干拿薪水,没有什么事可做,不必出力,这不可以;社会、国家没有上轨道,拿了薪水而没有贡献,也不可以,都是可耻。那么到底怎样做好?他的重心就是告诉我们,一个知识分子有知识分子的责任,对于社会、国家要有贡献,不管在安定的时代,或变乱的时代,如果没有贡献,没有尽到知识分子应尽的责任,就是可耻。

原宪还问第二个问题,这个问题显示出,原宪之所以为原宪。后来退隐在草泽之中,并不简单,他的修养相当高,从他的第二个问题,就看得出来。

  克、伐、怨、欲不行焉,可以为仁矣?子曰:可以为难矣,仁则吾不知也。

伐在古书里经常代表自负、自高、自大、骄傲、自满的意思。原宪说，一个人自己的反省功夫，能够克服了自满，做到没有骄傲，非常谦虚；也无怨恨，不怨天，不尤人；而且没有大的欲望，不做过分的希求，清心、寡欲，这是不是仁的境界呢？原宪这个问题并不是偶然提出的，而是他自己的体验心得。他后来退隐草泽之间，可以说这几点都做到了。现在问孔子，这种样子，算不算是仁的境界？孔子还不承认这是仁的境界。他说这是难得的，至于是不是仁的境界，那就不知道了。由此可知孔子所称的仁，中国文化所标榜的仁的道体，就像道家、佛家所谓"得道"那样，不可知、不可测，是非常高，不可思议的一个境界。

　　子曰：士而怀居，不足以为士矣！

　　怀居，等于所谓"问舍求田，原无大志"的问舍。一个人每天问问房子的价钱；有了三十坪，又想扩充到一百坪；买了一层楼，又想变八层楼，这样的人就没有什么大志。所谓"掀天揭地，方是奇才"。这是引用《幼学琼林》上的四句话，我们老的这一代，从小就念这本书，接受了这种思想，到现在还背诵得出来，这种观念依然故我，这是中国文化根深蒂固的东西。孔子这句话是说一个人只为个人的生活打算，还不够成为一个士。这句话放在《论语》宪问篇中，可以说原宪在孔子死后，不管功名富贵，而退隐于下层社会，绝不简单，他一定替下层社会，替人家解决了很多问题，做了很多大众福利的事情。而原宪之所以甘心放弃功名富贵，可以说受孔子教育思想的影响很大，因此他硬是要责备子贡"学道而不能行之，病也"！等于对子贡的不满意，指摘他没有做到老师所教的学问道理，光是摆那么大的排场而已。

又如汉高祖刘邦，在前方打仗的时候，后方仅靠萧何一个人。刘邦和项羽打了七十多回仗，都是打败仗，可是兵源、后勤的补给，从来没有缺少过，这就是因为萧何在后方，政治、经济都做得好，社会非常安定。而刘邦在前方，每见到后方来的人，都要问萧何在做些什么。萧何觉得奇怪，就和宾客——智囊团、幕僚们——谈起这件事。其中有一个人告诉萧何，老板有所怀疑了。因为刘邦在前方作战，整个国家的政治权力，都在萧何的手上，假如萧何随便左右摆一下，就不得了的。这位幕僚就建议萧何做些问舍求田的事。后来有人向汉高祖密告萧何敛财侵占民田，霸占民房，汉高祖看到密告，才对萧何放心，反而一笑了之。这可从反面道理，了解正面人生。

（二）求学的目的为什么

子曰：三年学，不至于谷，不易得也。

这是当时孔子的感叹。一般人跟他求学的目的，不是为了本身学问,而是为了职业。跟着他求学三年,所为的只是"谷",也就是"俸禄"。俸和禄是两回事,"俸",是薪俸,就是现在的薪水,以官位的高低,发给相当的代价。"禄",则等于现在的实物配给,不过制度不同。如前清,一个学生"十年窗下无人问",为什么要苦苦急于考取功名?中秀才是第一步最起码的功名,考中了就有禄,得到实物配给,可以维持生活。这是功名的方面,不问官位。假使有功名再去做官,"俸"与"禄"加起来,数字就相当可观了。孔子当时这个"谷"字就代表了功名和利禄。他说来我这里求学的学生,目的都在找职业,假使求学三年而目的不在找职业,为学问而学问的人,实在是太难得了。孔子距现在两千多年,可见古今中外,求学的目的,都为了待遇,讲好听一点,为了前程。

提到教育问题,感慨很多,很多人说现在的教育成了问题。我说中国的教育,三千年来都是问题,也可以说世界上人类的教育问题,本来就存在。为什么呢?三千年来的观念都是重男轻女,为什么重男轻女?男孩将来长大可以光耀门楣,光宗耀祖,因此就望子成龙。而古代望子成龙最好的出路是读书,古人于是说:"万般皆下品,唯有读书高。"这是我们几千年来的传统。当然现在不同了,这副对联要改作:"万般皆上品,唯有读书低。"这是我个人观察现代化社会的感受。过去"万般皆下品,唯有读书高",因为所有职业,以做官这个职业最好。

"十年窗下无人问，一旦成名天下知。"读书可以做官，做官可以发财，一连串来的，几千年都是这个观念。包括我们自己在内，当年在家开始读书，有没有这种观念作祟？在我个人反省，不能说没有。如果严格讲学问的道理，有了这种观念的成分，就很不纯洁了。到现在，因为西方文化一来，教育制度变了，教育的精神、方法都在变，变了以后如何？看了几十年的情形，据我了解，与以前并没有两样，不过换了一个名称。"生活即教育"，教育就是为了生活，这和我们所讲过去的观念，没有两样。

所以现在大学选科系，最好考上医科，将来当医生，不求人。因此教育的目的一直是为了生活，由生活的观念一变，就是为了赚钱。除此以外，说是自己真正为了学问而学问，为了求真理而求学问的，实在很少。并不是每个时代绝对没有这种人，而是太少，这种人往往能影响整个时代的，东西方都是如此。试看每个时代的动乱，他真正的原动力是思想。而改变时代思想的人，往往当时默默无闻，乃至穷死、饿死，可是后来他的思想却影响了整个时代。例如因清朝入关而引发的民族观念，是受顾亭林、黄梨洲、王船山、李二曲几个人的思想所影响。一直发展下来，也就形成了现代的民族思想。我们现在就可以看出思想问题的严重性了。像孔子也是一个例子，在生那么可怜，死后影响千秋万代，没有空间的范围，也没有时间的界限，这就是真正的学问。可是一个读书人开始念书时,说是立志为这种学问而学问的,那就太少了。孔子当年已有这个感叹,更何况现在?我们要了解思想的道理,就要从这个角度去体会、去研究。

(三)利害交关的生命意义

子罕言利、与命、与仁。

这一句话,我们要特别注意。孔子平常很少讲"利"。所谓"利",现代的观念每每就只对钱财而言,而在这里同时也具有"利害关系"的意思,我们听了这句话好像有点不大服气,因为我们平常也似乎不大谈利害的关系。其实不然,仔细研究起来,尤其研究历史,几乎没有一个人不是随时随地打利害关系的主意。尤其春秋战国期间,人与人之间的来往,国与国之外交,随时随地都在利害的观点上。我们知道中国的法家,荀子、韩非子,尤其韩非子有一篇《说难》,就谈到说话之难。在春秋战国时候还没有考试,人要取得功名富贵、事业地位,多半要靠游说。所谓游说之士,并不是乱吹就行,必须要学问渊博,同时具备丰富的现代知识。去见各国的领导人,拿出个人的特别见解,指出当时的利害关系,所谓动之以利害,取得人主的信任,就可荣获功名地位。所以这句话中"利"字的含义,我们先要了解。对人"说之以利害",几乎没有人不动心的,人生能做到对一切名利无动于衷，就是真正最高的学问。由这一篇书看，孔子讲不讲利害？"罕言利"，并不是绝对不讲，而是很少讲。如果我们想象到一个圣人，绝对不讲利害关系，那也是过分地"高推圣境"，是绝不可能的事。

其次，孔子讲不讲命？后世以算命看相的"命"为命，但是这里的命是广义的，包含生命来源的意义而言。世界上所有的宗教，都在说生命的来源，尤其说生命是神所创造的，几乎每个宗教都有类似的说法。但由宗教发展到哲学、科学，一直到现在，究竟生命的来源怎样？还没有搞清楚。从这一点，可见人类文化，不论东方、西方，都还幼稚可笑，对人类本身的问题都还没有解决。宗教家解决不了而演变成哲学，哲学家解决不了而发展成科学，科学家分门别类去追究，向太空、向物理、向医学追究，都想找到这个问题的答案。但是中国人不大追究生命来源这个问题，尤其孔子的思想，"未知生，焉知死？"不要问，所以对于"命"，孔子很少讲。因此，学校里念哲学的人、教哲学的人，并非真通哲学，只能说是替哲学家传播哲学知识。真正哲学家，都不是学哲学出身的。曾有一个在日本学医的学生说，学了医以后，感到痛苦，反而对人生问题、社会问题发生许多怀疑，所以需要学哲学，否则脑子要崩溃。他这个意见很对，但从书本上学哲学很糟糕，结果只成为一个哲学书呆子，而不是哲学家。真正的哲学家大多不是学哲学出身的，像现在流行的存在主义，也是一个医生搞出来的。很多人懂得哲学而不是哲学家,譬如乡下没有读过书的人,往往就是大哲学家。去问一位乡下老太太,这样大热天为什么还工作得那样辛苦?她说:"命不好啊!"这是大哲学家,她辛苦了还是心安理得,没有烦恼痛苦。真有哲学知识的人,没有她痛快。所以有许多学哲学的,最后学疯了,究竟人生为了什么?越搞越不清楚,后来觉得人生没有道理,为了解决自己,弄到只好自杀,这就是不懂命。孔子在教育方面,知道哲学上生命来源的道理,很难讲得清楚,所以很少讲。

第三,孔子很少说"仁",这是一个大问题了。我们讲中国文化,动辄讲孔子,而且动辄讲孔子思想中心的仁道。现在我们根据《论语》,至少它的内容是孔子学生们直接的记载,这不能不承认的。而这里说孔子很少说"仁"是什么。我们都知道孔子思想的中心是仁,但这里又说孔子很少讲仁;再说《论语》第四篇就是《里仁》,全篇都是有关仁的记载,这不是矛盾吗?《里仁》里所讲的只是仁的作用、仁的性质,对于"仁"本身究竟是什么,《里仁》篇中并没有下定义。所以说孔子很少讲"利",很少讲"命",很少讲"仁"。这三种中心问题都很难讲。

（四）进退存亡之道

> 利害不通，非君子也；行名失己，非士也；亡身不真，非役人也。

庄子这是批判儒家。我们在历史上看到，儒家有时候有利害不通之处，很多读死书的儒家人物都是这个味道。庄子在那两个时代也见过很多，所以他认为这一班知识分子，不通利害的关键，没有得道。道家讲的"通"利害，怎么"通"呢？所以历史上有文化的争辩：儒家所标榜的是临危受命，时代越艰苦，我越要站出来，中流砥柱，倒挽狂澜，救社会救国家救天下。表面上看起来气派很大，但是时代狂澜不可倒挽，中流是很难的，抵不住的。除了让别人承认，在历史上留名之外，对社会没有贡献，对国家没有裨益。但在历史上，儒家真正做到见危受命的人物并不多，不得已的倒很多。道家不走见危受命这个路线，多半走隐士的路线。道家思想的基本态度，始终是走"因应"的路子，顺其自然。一个时代形成了一个趋势，挽不回来，所谓"江河东流不回头"，不可能把历史拉回来。道家思想是讲先知，一件事从它的前因，直到它一定的后果。如石门水库放水时，没有办法把水势挽回，但计算到水流到某一地段时，轻轻开好一条水沟，就可以把水流疏散。这就是现在流行道家的太极拳原理，四两拨千斤的道理，也就是军事谋略，以寡击众的要点。所以中国历史上，出来因应时势，拨乱反正的，都是道家的人物。所以救世之道，必须要通利害的，不通利害，"非君子也"。

站在道家立场上看儒家是那么窝囊。事实上，话不能这么讲，这个是普通一般所了解的。我们看孔子在《易经》上的思想，真正研究孔子，不能用四书五经做代表。四书中足以代表孔子思想的书，一部《论语》而已，而且《论语》中又有十分之二的内容是关于孔子学生的。要研究孔子真正的思想，就要看《易经》的"十翼"，此外还有《春秋》这部书，只有深通《春秋》，才可以了解孔子。所以孔子自己也讲："知我者春秋，罪我者春秋。"后来司马迁著《史记》，仿照孔子讲了两句话："藏之于名山，传之于其人。"这是非常傲慢的话，把当时的人都骂了，他等于说："你们都看不懂我的书，翻都不用翻，只有把它藏起来，将来会有聪明人看得懂。"所以有人称《史记》是汉代的谤书。实际上不止是汉代的谤书，是对历史严厉批评的一部谤书。但是汉朝很伟大，没有把《史记》毁了。也可以说是司马迁很伟大，他算定了你们读不懂他的书，不会毁的。《史记》很难读懂，司马迁写一篇传记讲某一个人，讲他好的一面都好，很少看得出坏的一面。那个人都好吗？不是，坏的一面，要在同他有关系的人的传记中，才看得出来。所以要研究一个人，必须要把那个时代都读遍。《史记》就是仿《春秋》的道理，但不是都一样。《春秋》这部书怎么了解呢？

第二部分：为师之道

孔子讲"知我者春秋，罪我者春秋"，将来你们要真正了解我，就要懂得《春秋》，将来你们要骂我，也要把《春秋》研究通了，才够资格骂我。《春秋》就是大谋略，《春秋》就是大兵法，所以孔子讲"罪我者春秋"的道理就在这里。像我们小的时候，老一辈按旧式的教育，年轻人绝对不看《春秋》《战国策》《三国演义》，看了以后要学坏。我们为什么引用这些呢？孔子著《春秋》删《易经》，强调："知进退存亡而不失其正者，其唯圣人乎？"一个人要懂得进退存亡之道，必须要懂得利害关系，如果不懂进退存亡之道，"非君子也"，这同道家的观念完全一样。历史上标榜的圣人君子，我们用学历上的等级打个比方，圣人等于是博士，君子稍差一点，等于是硕士，更差一点的，等于是大学毕业的学士。

"行名失己，非士也"，历史上有很多人为了好名，求名，而忘掉了自己，这够不上一个知识分子。所以我常对青年们讲，如果只知为个人一己之名，"行名失己，非士也"，够不上一个知识分子。讲到这里，我们又要引用司马迁的思想，我常常说，《史记》不是历史，是历史哲学，尤其《史记》的学问，长处不在于刘邦项羽，而在"八书"，如《天官书》关于天文，《平准书》关于财政等思想最重要，其次是《伯夷叔齐列传》中"烈士徇名，夸者死权，众庶冯生"。这三句话就是人生哲学，这是三篇大论文，包含了很多思想。"烈士徇名"，你不要看到这个"烈士"就想到"黄花岗七十二烈士"，那你就不要研究中国文化了。现在的烈士这一说法是套用古文的，古人的烈士相当于现在观念的英雄，时代不同观念不同。世界上的英雄为了成名成功，不惜自己的生命，像赌钱一样，最后把命都押上来做赌注，这才够得上一个英雄。"夸者死权"，"夸者"就是狂人，或者说有神经质的人，如近代的希特勒、墨索里尼等独裁的人，他们喜欢控制人，喜欢抓权，为了权力的欲望，可以把命赌上。换句话说，你们要不要成名？要不要权力？要成名就要押上一生去赌，用命去做赌注；要权力不是等来的，是要拿命去拼，拿命去换的，这样的话，说不定最后你会当英雄当帝王。"众庶冯生"，一般老百姓，像我们这些普通人，只要吃得饱穿得暖，少一点麻烦，能好好活下去就行了。"烈士徇名"就是"行名失己"，庄子批评"非士也"，这不够一个知识分子。

"亡身不真，非役人也。"这就是庄子做的结论。大家不要被庄子的话所骗，道家的话同佛家的话一样，往往像一个珠子在盘子里滚，它四面八方都不着边际的，什么是"役人"？替别人服务的称为役，"役人"是领导别人。"役人"的道理，人差不多只有两种人，要么我听你的，要么你听我的。不论是家庭中的夫妇，还是社会上的朋友，都是这样。你不肯听我的，我也不会听你的，这就不好办了。所以古人讲，一个人"不受命，不能令，废人也"，一个人不肯接受别人的命令，又不能发布命令让别人服从你，那这个人是废人没有用。照这个观念，人只有不是你听我的，就是我听你的，没有中间路线可走。那么，人要如何"役人"呢？如何做一个真正的领导人呢？庄子的结论，要"亡身真"，就是无我，连我都没有了。这一条命都不要了。真做到无身，无我，才可以做一个领导人，这个结论把前面都总结了。那怎样才能做到无我呢？《大宗师》上面所讲的，得道的人，才可以真做到无我。

性天风月　春风化雨

（一）力挽狂澜的子路

> 子路、曾皙、冉有、公西华侍坐。子曰：以吾一日长乎尔，毋吾以也。居则曰：不吾知也！如或知尔，则何以哉？

"侍坐"，是过去的礼貌，学生晚辈在老师长辈面前，不敢随便就坐，只有站在旁边。这是记载子路等四个高才生站在孔子身边，孔子就说，你们不要以为我比你们大几岁，就认为我了不起，我也和你们一样。"毋吾以也"，不要把我看得太了不起。孔子以这样诚恳的心情自我表白，是一个大宗师的器度，这就是所谓"满罐水不响"了。他又说平常你们在背后说"不吾知也",认为我不了解你们,假使说了解你们,那你们又将怎样呢?你们把自己的心意,讲给我听听看。

  子路率尔而对曰:千乘之国,摄乎大国之间,加之以师旅,因之以饥馑,由也为之,比及三年,可使有勇,且知方也。夫子哂之。

  子路——这位急性子的老兄,听过以后,就冒冒失失地说话了。他说,假使有一个"千乘之国"——这是当时诸侯中大型的国家了,而这个千乘大国,是处在几个大国的中间,在强敌环伺下,又经过了连年的战争,而且内部财政上也非常艰难困苦,不断地发生灾害饥荒。像这样一个国家,如果交到我子路的手上来,我只要花三年的时间去治理,就可以使这个国家的全体人民,每个人都能够站得起来,每个老百姓都知道如何去走自己该走的路,做自己该做的事。子路这个话讲得实在蛮够气魄的,不但有英雄气概,而且有大政治家的气魄。可是孔子听了以后"哂之",露了牙齿:"嘻嘻!"微微一笑,笑中充分表露了否定的意味。

  讲到这里,想到一个笑话,那是《三国演义》中(这是小说不是历史,但是中国三四百年来的政治思想,可以说从来没有脱离过《三国演义》这部小说的笼罩。)"煮酒论英雄"的故事。曹操有一天和刘备两人喝酒聊天,那时刘备还在投靠曹操，等于是他的部下。曹操问刘备，天下哪一个算是真正的英雄，刘备当然第一个捧曹操。曹操问他还有谁，刘备就说到袁绍、刘表等等一些当时有权势的人，曹操都一一驳掉了。说这些人都不够资格做英雄，天下英雄唯有你我两个人而已。他说这句话的同时，天上忽然霹雳一声，响了个大雷。刘备不知道被曹操的话吓着，还是被天上的雷声一惊，手中拿着的筷子，都吓得掉到地上了。曹操问他怎么回事，他说我自幼在保姆手中长大，她们溺爱，所以胆子很小，刚才被雷声吓了一跳。曹操本来最怕刘备的，这么一来，觉得刘备不过如此而已。但紧跟着刘备就设法逃走了。（中国人对这部小说都非常熟悉，不过要注意的，我们不能说小说不是思想，而且在民间发生的影响力很大。小说是代表知识分子的思想，《三国演义》是罗贯中写的，至少是罗贯中的思想，罗贯中也代表了知识分子。）我有个学生看到一篇文章中引用的两句诗，来问我这两句诗的出处，我一时想不起来了，只好叫他自己去查，后来查到是曹操《短歌行》中的两句诗。曹操父子在文学方面，影响南北朝很大。所以我常常告诉一些喜欢写文章的作家，要特别注意，万一所写的东西能够流传下去，将来就不知道要影响多少人。所以有人一辈子有很好很丰富的人生经验，还不敢轻易写出来，就是写下来了，也还不敢用上自己的真名字。哪里像现在，为了赚稿费，提笔就写了。

现在回到本文，子路答的那段话，当然不是曹操论英雄的那个意思和态度。子路说的话很有英雄气概，具大政治家的风范，但是孔子还是笑他，这并不是笑他的话不对，而是认为他还没有这种能力。

（二）谦谦君子的冉求

求，尔何如？对曰：方六七十，如五六十，求也为之，比及三年，可使足民；如其礼乐，以俟君子。

冉求说话的态度谦虚多了，他说只要方圆六七十里的一个小小的国家交给我，或者更小一点的国家让我来治理，花上三年的时间，我可以使这个国家社会繁荣，国民经济发达，全民进到康乐的境界，这是我可以做得到的。"如其礼乐，以俟君子。"但是社会的经济充足了、富裕了，还不一定建立起良好的文化来，而对于文化根基的建立，这种重大艰巨的事情，就只好等高明的人才来着手了。这是冉求的谦虚词，也是他的老实话。

这段话有两个观念：

首先，一个文化的建立，的确是不容易。不说大事，就拿小事来说，我过去写了一些学术性的东西，后来想把几十年的人生经验，我见我闻，写一部小说，就是写不出来。新体小说、旧体小说都写不出来,写写又撕掉,像现在拥有很多年轻读者的作家,我当面称赞他们,他们真是行,我就无法下笔。所以不要轻看了小说,有许多人都是眼高手低,随便批评别人的作品,自己却写不出来,所以一个文化的建立真难。据我的了解,真是所谓的"十年树木,百年树人"。要培养一个人才,是要很长的时间的。我说溥儒的画好,是清朝入关又出关之间三百年培养出来的。他在宫廷中所看到的那许多名画,这是别人办不到的。其实他的字比画更好,他的诗比字又要好,这都是别人学不来的。李后主的词我也说好,像他的《破阵子》那阕词:"四十年来家国,三千里地山河。凤阙龙楼连霄汉,玉树琼枝作烟萝,几曾识干戈。一旦归为臣虏,沈腰潘鬓销磨。最是仓皇辞庙日,教坊犹奏别离歌,挥泪对宫娥。"的确是好词,读来令人感叹,但里面每一句话都是他的生活经验,是他的真感情、真思想。由他写来,非常容易。如果不是一个做了皇帝又变成臣虏的人,谁能写出这样的词来。这是在文学方面的情形,由文学的培养,我们可看到文化建立之难。

其次,我们看看管子的高见"仓廪实则知礼节,衣食足则知荣辱",这句话放之于全世界,无论古今中外,都是站得住的。所以谈中国政治思想,离不开管子。再者,透过这两句话,可知社会国家的富强、教育文化的兴盛,要靠经济做基础的;要衣食富足了才会知荣辱,仓廪充实了才礼义兴。所以有人说,最大的是穷人,连裤子都没得穿了,拼命都不在乎,还怕什么?有地位有钱的时候就怕事了。就是这两句话的道理。可见文化的建立,要靠经济做基础。从冉求这句话里,我们可以看出他深懂这个道理。所以他说,一个小国家交给我治理三年,我可以使它经济基础稳定,社会政治稳定,至于文化的建立,则要"以俟君子"。这就还要等一段时间,乃至要请比我更高明的人来。这是他的谦虚,也是他的真话。

冉求已经报告了,孔子又问公西华:

> 赤,尔何如?对曰:非曰能之,愿学焉。宗庙之事,如会同,端章甫,愿为小相焉。

公西华这个人,孔子说他"束带立于朝,可使与宾客言也",他可做一个很好的外交官,衣冠整齐,生活从来不马虎,仪容很端肃,应对之间很得体,是一个标准的外交官。他在这里表现的也是外交官的风度,一开口就是外交官的口吻,与众不同。(这段《论语》,实在是很好的文学作品。)他说,老师,我是一无所能,不过愿意跟着学习就是了。这里三个人讲话,表达不同。第一个子路"率尔对曰",咚咚就讲出来了,就干了。轮到冉求就谦虚了:"小一点的地方……"问到公西华就说:"我并不是说我有才能,我很差,不过愿意学习。"学习什么呢?"宗庙之事",这里宗庙就代表了国家。以前是宗法社会，每一个国家的社稷以宗庙为象征，所谓宗庙之事，就是国家大事。"会同"，开大会。等于说现在开"国民大会"，或者"立法院会""行政院会"。"端章甫"，大家都穿上礼服，很有礼貌。"愿为小相焉"，辅相是一位很好的幕僚长，或者等于国民大会的秘书长。公西华对孔子说他可以去学习，慢慢在工作中求取经验，以便做到这个程度。可是一位优秀的国民大会秘书长可不容易做，一个重要会议中的小相，是很不容易做好的。小相就是总务人才，也就是宰相才；真正的好总务，就是宰相，像萧何就是最好的总务人才。历史上的这类人物是屈指可数的。

（三）性天风月

　　点，尔何如？鼓瑟希，铿尔，舍瑟而作。对曰：异乎三子者之撰。子曰：何伤乎？亦各言其志也。曰：莫春者，春服既成，冠者五六人，童子六七人，浴乎沂，风乎舞雩，咏而归。夫子喟然叹曰：吾与点也！

　　点，《史记》作"蒧"，曾参的父亲，字晳，也是孔子的学生。上面是他和孔子的对话。

　　孔子和其他三位同学讨论的时候，曾点在旁边悠闲地鼓瑟。孔子听了子路他们三人的报告以后，转过头来问正在鼓瑟的曾点说，曾点，你怎么样呢？说说看。曾点听到老师在问他，瑟音渐稀，接着，弹瑟的手指在弦上一拢，瑟弦发出铿然的响声，然后曾点离开了弹瑟的位置，站起来对孔子说，老师你问我啊！我和他们三个人刚才所讲的不同，我的思想和他们是两样的。这里有一个问题，从这一段描写，我们看到曾点的恬淡、宁静。大家在讨论问题，而他在搞他的音乐，似乎没有听到子路他们的讨论。可是孔子问到他的时候，他又说自己的想法、做法和子路他们三个人不同。可见刚才别人的话他都听到了，这是很高的修养。

　　能在处世之间，最忙乱当中，同时应付几桩事情，这就要具有真正的学问、真正的修养、最高的宁静功夫。确实有这样的人，一边在一件一件忙着批公文，还在删改文句，一边听别人向他报告紧急重要的事情，口里在"唔！唔！"应着，然后他把笔一放，立即吩咐报告的人怎样去办理事情应付情况。同一时间处理了所有的事，还非常轻松，这个人修养真高，令人佩服。这里又要提到小说了，《三国演义》中仅次于诸葛亮的庞统，怀了诸葛亮的介绍信去见刘备。可是他傲气很重，见了刘备就是见刘备，不把诸葛亮的信拿出来，认为凭介绍信是丢人的事。不料刘备看走了眼，给他当一个县长，他上任以后天天喝酒，公事都不看，一概不管。三个月以后，张飞去视察，他还在喝酒，张飞就指责他。他要张飞坐在一边等着，把积压了三个月的公文拿出来，把所有的关系人全部找来同时报告，他一面听，一面答复，一面批公文，一会儿工夫，把所有的公事全部办完，把笔一丢，问张飞哪里还有什么事情。张飞的智慧很高，立刻道歉，庞统才拿出诸葛亮的信来，就调升了副参谋长——副军师。事实上也真有这种人。所以说，这段书不要马马虎虎读过去，读书不要只靠两只有形的眼睛，还要用智慧的眼睛去读。

这里就看到曾点高雅清华的风度，孔子听了他的话，态度也不同，他说这有什么关系，并不会矛盾、冲突的，只不过是关起门来，表达各人自己的思想而已，你尽管说好了。于是曾点说，我只是想，当春天来了，冬衣一换，穿上舒适的衣服，农忙也过去了，和成人五六人，十几岁的少年六七人，到沂水里去游泳，然后唱唱歌，跳跳舞，大家优哉游哉高兴地玩，尽兴之后，快快活活唱着歌回家去。这个境界看起来多渺小！虽然渺小，可是孔子听了以后，大声地感叹说，我就希望和你一样。

孔子这个话是什么意思？孔子就这么孩子气？所以说这段书很难懂。我们经历那些年的离乱人生——国家、社会、天下事，经过那么大的变乱——才了解国家社会安定了，天下太平了，才有个人真正的精神享受。不安定的社会、不安定的国家，实在是做不到的。时代的剧变一来，家破人亡，妻离子散的悲剧，遍地皆是。所以古人说"宁为太平鸡犬，莫做乱世人民"。而曾点所讲的这个境界，就是社会安定、国家自主、经济稳定、天下太平，每个人都享受了真、善、美的人生，这也就是真正的自由民主——不是西方的，也不是美国的，而是我们大同世界的那个理想。每个人都能够做到，真正享受了生命，正如清人的诗"天增岁月人增寿，春满乾坤福满门"。

孔子问四个学生的话，其中孔子与曾点的一段话，可以说进入了最高潮，师生之间，说出了完美人生的憧憬。政治的目的，不过在求富强康乐，所以这一段可以说是大同世界中，安详、自得的生活素描。

（四）春风化雨

> 三子者出，曾皙后。曾皙曰：夫三子者之言何如？子曰：亦各言其志也已矣！曰：夫子何哂由也？曰：为国以礼，其言不让，是故哂之。唯求则非邦也与？安见方六七十，如五六十，而非邦也者？唯赤则非邦也与？宗庙会同，非诸侯而何？赤也为之小，孰能为之大！

侍坐的四个学生，答复了孔子的问题以后，子路、冉有、公西华三个人都已经走了，还有一个曾皙留在最后。因为孔子除了对他的话发表了意见以外,对其他三位同学的话还没有表示意见,意犹未足,再向孔子请教,他们三位同学所做的答案,老师认为怎么样?孔子说,没有什么,只是每个人报告心得,表达自己的思想,如此而已。曾晳又进一步问道,刚才子路说的话,老师笑他,为什么笑他呢?

我们也许觉得子路的话,也没有什么不对,而且很对胃口,有什么可笑之处?但孔子告诉他,子路说的是国家天下大事,是一种大英雄、大政治家的事业,要有文化基础,要有学问修养,不是那么简单。而子路大言不惭,一点都不谦让,自认为很行了,所以我才笑他。至于他说的那个对国家的理想并没有错,我只是笑他太自满、太轻率。

至于冉求的那套话,讲得也蛮好,实际上那就是政治家的作为,事实上方六七十和五六十有什么不同呢?这里我们可以引用老子的话来做一解释。现在有些研究老子哲学的,对"小国寡民""治大国如烹小鲜"这两句话,各有各的解释。现在的青年们,在大学里研究文学的也好,研究哲学的也好,研究政治学的也好,拿硕士、博士学位的论文,很多写老子。什么老子的政治思想、老子的哲学思想、老子的经济思想、老子的什么什么思想都来了。老子当年自己只写了五千个字,以后几千年来,几千万字都说不完。这些巨著,如果老子自己看了,一定会笑掉大牙。而今日那些论文中的老子,究竟是哪一家说的老子也不知道。

真正的老子思想很简单平实，只有五千字。老子说"治大国如烹小鲜"，要注意这个"烹"字，是慢慢地用文火来炖，小火来烧。小鲜是小鱼小肉，如用大火，一烧就烧焦了，必须用文火，慢慢地烹。这句话也告诉我们做人，乃至处世的一个大原则，在混乱之中，不能心急，任何一个时代的混乱，都有一个关键，慢慢来，逐渐解决。利用太极拳原理，四两拨千斤，就是顺其势，慢慢来。如果想一下子用突变的方法把它改过来，往往突变还没有变好，新的毛病又出来了，所以他主张"小国寡民"。换句话说，他是以地方政治为基础做起。这也是和孔子说的"安见方六七十，如五六十，而非邦也者？"的意思是一样的，不论地方大小，治理之道都是一样，并没有两样。而孔子这样说冉求，并不是说冉求不对，只是说冉求的思想，用来治大国、治小国都是一样的。这句话如引用到我们自己的身上，就是不论我们职位大小，责任是一样的，事功是一样的，问题在做得好做不好。

至于公西华的思想，孔子认为那也是一个大政治家的见地，但是他话说得谦虚。实际上一个"宗庙会同"，主持一个庞大联合会议，各国的元首、阁员都参加，而能够担任这种会议的秘书长，做主席，公西华说这是小意思，学习学习，话是讲得谦虚，口气是蛮大的。他说这是一件小事，天下还有什么大事？

根据上面这一段，我们还可以看出来另一方面。子路等人的抱负思想很了不起，但总离不开自我英雄主义，我可以如何，我要如何……而且都偏于从政治着手。但曾皙就不同了，同样希求大同之世，但成功不必在我，而着重于文教方面，真正说中了孔子的心事，所以孔子感叹："吾与点也。"

第三章　施教

　　我们做老师的，办教育的，任务太重了，孩子们随时在效法老师、父母。教育不光是嘴巴里教，也不只是读书。父母、老师的行为，一个思想，一个情绪动作，无形中孩子们都学进去了，这就是教育，这个教育叫"耳濡目染"。孩子们天生有耳朵，有眼睛，他听到了，也看到了。

教育靠影响

哲学上有个名称叫"人生观",我常常说现在这个教育错了,也没有真正讲哲学,因为真正的哲学,人生观很重要。我发现现代许多的大人,甚至到六七十岁,都没有一个正确的人生观,我讲的是我个人的经验。我常常问一些朋友,有的现在很发财,有的官也做得大,我说你们究竟要做个什么样的人,有个正确的人生观吗?他们回答,老师你怎么问这个话?我说是啊!我不晓得你要做个什么样的人啊!譬如你们做官的人,你想流芳百世还是遗臭万年?这是人生的两个典型。发财的呢?我也经常问,你们现在很发财了,你究竟这一辈子想做什么?可是我接触到的发财朋友,十个里头差不多有五双,都会说,老师啊,真的不知道啊!钱很多,很茫然。我说对了,这就是教育问题,没有人生观。

第二部分：为师之道

所以我常跟老师们讲，我看你们做老师的都年轻，我九十几了，人老了看五六十岁都是年轻人，这是真话。五六十岁了，他们自己觉得还年轻得很呢！我在五六十岁的时候也精神百倍，比现在好多了，现在已经衰老了。但是五六十，也算年龄大了，但也没有一个真正正确的人生观。换一句话说，看到现在我们国内十几亿人口，包括全世界六七十亿人口，真正懂得人生，理解自己人生价值、人生目的的有多少呢？这是一个大问题，也就是教育的问题。

我二十三岁，中国正在跟日本打仗的时候，四川大学请我演讲。我问讲什么？总有一个题目吧！有个同学提出来，那就讲"人生的目的"。我说这就是问题，我说人生什么叫目的？先解决逻辑上命题的问题，是题目的主要中心。什么叫目的？譬如像我们现在出门上街买衣服，目标是街上的衣服店，这是一个目的。请问人生从娘肚子生下来，谁带来了一个目的啊？而现在有人讲人生以享受为目的，也是一种；民国初年孙中山先生领导全民的思想，说"人生以服务为目的"。当年孙先生，我们习惯叫孙总理，提到孙总理谁敢批评啊？可是我很大胆，我说孙总理说"人生以服务为目的"也不对。谁从娘胎里出来，说我是来服务的啊？没有吧！所以人生以享受为目的，以服务为目的，以什么为目的，都是后来的人，读书读了一点知识，自己乱加上的。我说你们叫我讲的这个题目，本身命题错误，这个题目不成立。但是你们已经提出来要我讲人生的目的，我说第二个道理，在逻辑上这个命题本身已经有答案，答案在哪里？人生以人生为目的。

刚才讲到人生的价值观和人生的目的，现在都搞不清楚了。那么人活着，生命的价值是什么？这是个问题。刚才我提过，一个人做官，是想流芳千古，或者是遗臭万年？这两句话不是我讲的，是晋朝一个大英雄桓温讲的。这样一个大人物，他要造反，自己想当大英雄，人家劝他，他说人生不流芳千古就遗臭万年，就算给人家骂一万年也可以啊，他要做一代的英雄，这也就是他的人生价值观。在历史上就有这么一个人，公然讲出了他的目的。

所以讲人生的价值是什么，我现在经常告诉年轻人，年纪大了，一半是开玩笑，一半是真话，我说人生是"莫名其妙地生来"，我们都是莫名其妙地生来，父母也莫名其妙地生我们，"无可奈何地活着，不知所以然地死掉"。这样做一辈子的人，不是很滑稽吗？

我现在讲这个人生观，人生的价值，实际都和教育有关。譬如在我们的"实验学校"，孩子们发生一些问题，我都知道，虽然我都不管，冷眼旁观，耳朵听到风声，已经知道一切了，这是老年人的经验。孩子们的问题，是教育问题，是人性的问题。提到人生这些问题，牵涉到全世界人类的教育问题，我们现在只讲教育，教育的基本是人性的问题，人怎么有思想？这个思想是唯物还是唯心的？人怎么有情绪？怎么有喜怒哀乐？

而且全体的人类，中国人有两句老话可以概括了，"人心不同，各如其面"。你看我们这个人类很奇怪，我们中国十几亿，乃至全世界六七十亿人口，同样是眉毛、眼睛、鼻子、嘴巴、耳朵，但没有两个人一模一样的。你说他同他很相像，真比较起来是有差别的。所以中国的哲学跟西方不同，中国人这一句土话，"人心不同，各如其面"是最大的哲学，也是最大的科学。如果研究科学，那就是基因问题了。

　　人性究竟是怎么一回事，是一个问题，教育最高的目的是培养人性，指向人性。所以中国人讲学校、学问，这个学字的古文怎么解释？很多老师都正在研究国学，中国的国学这个"学"字，学者效也，效法，效也是学习。譬如我们学武功、读书、学文章、演戏、唱歌，能够学习效法跟老师一模一样，是很难做到的。这是学的问题，也就是效的问题。所以我们搞教育这是一个大问题了。所谓学校，中国这个"校"字呢，木字旁边一个交，那是盖一个地方，集中大家来学习，就是学校。所以讲怎样做一个老师，现在中国人所了解的西方教育是爱，我就笑，你们看了几本书？你讲的西方是美国还是法国、德国，还是荷兰、意大利，还是哪里？西方有几千年历史，就是一个"爱"字吗？中国都没有吗？中国爱字也早讲了耶！至于什么叫"爱"？这都是问题。

　　所以讲到学与效，中国《礼记》讲这个效，我们做老师的，办教育的，任务太重了，孩子们随时在效法老师、父母。教育不光是嘴巴里教，也不只是读书，父母、老师的行为，一个思想，一个情绪动作，无形中孩子们都学进去了。这就是教育，这个教育叫"耳濡目染"，孩子们，人嘛，天生有耳朵，有眼睛，他听到了。老师们偶然也许讲两句黄色笑话，以为孩子们没有注意听，实际上他已经听到了，叫耳濡目染。父母也好，师长也好，社会上人也好，他们随便一个动作，他一眼看到，已经学进去了，这就是教育。所以教育，不只是老师在上课教点什么，整个的天地，自然的环境，统统是教育，所以教育是这么一个道理。

古人云："经师易得，人师难求"，我常提的，老师有两种，一个是经师，一个是人师。古代什么叫经师？教各种各样的知识学问，就是经师。现在的幼儿园、小学老师，上至大学里硕士、博士的大教授，不过是传播知识的经师而已。我也做过大学教授很多年，也带过硕士生、博士生，我自己就笑，我手里毕业的硕士博士很多。我说小兄弟啊，告诉你吧，学位一定让你通过，恭喜你，不过你尽管通过拿到博士学位，不是你学问行了，这个学位是骗人的，拿这张文凭骗饭吃，学问还谈不上。学问连我都没有，活到老，学到老，学者效也，这个效果在哪里？很难了。

我常常说，现在的教育，哪有老师啊？我在大学里上课，派头很大，大家都晓得南老师来上课，同学们喊立正，我说请坐，请坐。因为我真怕，为什么怕？我二十一岁起带兵，上场校阅，统统是这样，满校场几千人，喊立正，司令官万岁。那时自己留个胡子，冒充四五十岁，自己觉得好高好伟大啊！可是，一年以后我已经悟到了，这是什么事啊，这是唱戏嘛！万人敬仰，一呼百诺，这个威风大吧！只要讲一声啊，大家都害怕了；眼睛看看茶杯，好几杯茶就来了，这个味道一般人觉得很好过啊！可是我已经悟到了，这没有道理。所以那个时候服侍我的勤务兵，吃饭时要帮我添饭。虽然大家都是勤务兵为长官添饭，而我吃完了自己添，勤务兵看到都傻了，大家都是这样，你怎么不让我添饭？他说你不要我了啊？我说没有啊！我是人你也是人，我有两只手可以做，我现在做官，你给我添饭，我老了谁给我添饭？我一个人时，我不能浪费我的手啊！我说你坐下来，我需要的时候再叫你添。这同教育都有关系。所以我带兵的时候，兵跟我就是兄弟。对兵讲话，不像对学生讲话，对兵讲话很简单，"他妈的"，你以为那是骂人啊？有时候那是奖励的话。这些兵多数是文盲，没读过书，对他们讲话，像我们今天这样，那要他的命了，他才懒得听。"你娘的""我妈的"，他就懂了。这也是教育。

所以讲"经师易得"，传播知识容易，"人师难求"，中国几千年讲教育问题，人师是用自己的行为、品性、言语影响学生。有道德有品性，一辈子给孩子们效法，这叫人师。大家想一想，我们由幼儿园到初高中、大学，请问哪个老师给你印象最深刻？有几个是你最敬佩的？我想很少。例如我学拳术武功的，有八九十个老师，我少林、武当，十八般兵器都学过。我对于学武的老师都很恭敬，后来到台湾还碰到一两个，他看到我好高兴。我请他到家里吃饭，他爱喝酒，唉呀！我请了一次，再也不敢请了。他一餐饭吃了六个钟头，慢慢喝酒，就谈那一些讲过的事。他希望我在台湾恢复武术的教育，这个老师学武的，不文，没有文化基础。

我学文的老师，差不多也有一百多个，而且有前清的举人，有功名的。真正的老师，我只有一个袁老师，另外还有一两个学文的老师。我现在提一个问题，我们大家都要反省，那么多的老师，影响自己一生，很值得效法、敬佩、亲爱的，能一想就想起，就跟想到自己父母一样的，有哪一些？我想多数老师都忘掉了吧，为什么？"人师难求"。现在我们做老师的，就要注意了，要给受教育的孩子们留下你的影像。说了半天，这就是解释"经师易得，人师难求"这两句话。

这是讲老师方面，接下来再讲中国的教育，先不谈西方什么爱的教育，西方爱的教育这个观念，到现在流行八九十年了。我们的教育没有提这个，原来的教育不讲爱不爱的，但比爱还严重。我们五千年的历史，我们中华民族公认的老祖宗——轩辕氏黄帝，一切文化一切基础在那时已经开始，到现在四千七百多年了。我们的历史，也是从那个时候开始的。这个教育我们是有个目标的，我讲这个目标，再岔开一下。

西方讲教育史，开始是宗教，可以说从"摩西十诫"开始，然后到天主教、基督教，一路下来。世界上的宗教都是教育，不过另外定一个宗旨，向某一个宗旨走，所以叫宗教，这是简单的解释宗教。西方的教育几千年，是由宗教演变出来的。中国教育从我们老祖宗黄帝开始，不是宗教，而是人文的教育，所以教育有三个条件，"作之君，作之亲，作之师"。做全国人民的领导，万姓之宗的就是"作之君"，我们中国人的姓近一万个，实际上有九千多个，百家姓只是一点点。有一部书叫《万姓统谱》，我们万姓宗奉的共祖，就是轩辕黄帝。这个下来不是宗教教育，是"作之君"，做领导；"作之亲"，是做长上，爱百姓如子女；"作之师"，全国等于一个大学校，他就是校长，就是大导师。

中国文化有君道、师道，到了后代师道超然独立，超过帝王和父母之上，这是做老师的尊严。我们中国称孔子为"大成至圣先师"，做皇帝一样要礼拜，把师道尊奉在君道及父母之上，所谓师道的尊严到这个程度。上古历史有称三公，当了皇帝还有老师讲课。我经常讲，书上也有写，中国古代政治，譬如唐、宋朝以后，做皇帝的也要进修，每个月要请一个老师来讲课，老师是大臣学士或翰林院的大学士，请来的这些学者叫经筵侍讲，直到清朝还保留这个制度。

教育是人性的问题。人性究竟是善良还是坏，还是不善不恶？外国的教育哲学很少讨论这个，中国比较特别，有几派。春秋战国的时候，我们假设儒家以孔孟做代表，儒家讲人性是善的，人天生下来个个是善良的，后来怎么变坏了？思想行为受社会污染的影响，变坏了，所以我们教孩子们读《三字经》，"人之初，性本善，性相近，习相远"，这十二个字，太深了，可以写部一百多万字有关教育的书。他说人性本来是善良的、平实的，就在目前。性在哪里？就是生命的本来，这个思想哪里来？人性里头来的。这个名称叫人性，这个性相近，这个"相"，是现状，是个名词，不是做动词了。人性是近于善，每个人都是好的人。所以孟子说，你看任何人都有爱人的心，看到一个人死了，哎哟，好可怜啊，他就有慈悲心生起，西方人叫爱，人人都有，看在哪里发生。所以孟子说，"恻隐之心，人皆有之"，人性是善良的，慈悲心本来有，"性相近"。为什么人性会变坏？没有受到好的教育，"习相远"，习惯搞坏了，这个坏的习惯，是受社会的影响，家庭父母的影响，种种的影响，因此离开善良的人性越来越远了，所以社会上坏的人多，善良的人少，我们自己的行为思想，坏的念头思想、情绪多了，善良清净这一面就少。"人之初，性本善，性相近，习相远"，所以刚才提到要学习善的一面。

可是同样是儒家的荀子，他也是孔子后代的学生，徒孙辈，跟孟子差不多同时，他提的意见不同，认为人的天性是恶的，自私自我的。譬如一个婴儿，当他饿了要吃的时候，只管自己要吃，如果是双胞胎，两个同时饿时就会抢。因为人性本来恶的，所以要教育，教育是为了把恶的习性改正为善良，这是教育的目的。可是同是儒家的哲学思想，有主性善、性恶之异，这是中国文化几千年就有了哦！当时在西方的教育，还没有我们讨论的这样高明。

与孟子同时的学者，有一个人又不同了，就是告子，在《孟子》书上提到的。告子说人性不是善也不是恶，人生下来，天生非善非恶，善恶是人为加上识别，碰到事情的是非分别起来的。他说人性，像一条毛巾一样，你要想折叠成什么形状就成什么样，所以人需要教育，把他塑造成一个好的人格，告子是主张人性不善不恶的。

第四家，墨子（墨翟），跟儒道和诸子百家不同，他认为人性生来是白净的丝绸一样，无所谓善恶，无所谓不善不恶，同告子的说法差不多，有不同，看社会教育给他染成哪个颜色，就变成那个颜色。这是讲人性。

教育是讲什么呢？基本的教育原则是改正人性，使人向善良的方面走，这是一个目的。所以教育的目的是改进人性，教育就是政治，就是法律。一个国家政府的领导人，希望全体老百姓向善，可是老百姓不上道，因此用法治，用刑罚，所以中国的教育从春秋战国周秦以前就打手心的，这个叫夏楚，不是随便打的。因此我们小时候，是受这个教育出身的，老师坐在那里，让你背《古文观止》哪一篇，背错了三个字，在手心打三下，轻轻地处罚；如犯了大的错误，把手掌垫起来打，那就严重了。

所以我一个老朋友，杨麟先生，他都八十几了，他说老师啊，我和您上下有五代的交情，我把儿子、孙子也带来见您的面。那天他坐在这里，听到我们谈孩子们的教育，他说教育怎么不打？要打的啊！我们就是打出身的。他的儿子都四十几了，他们都是喝过洋水的留学生。他说你问我儿子，我的儿子小的时候被我痛打，不是随便打，他做了一件大错事，我叫他趴在凳子上，裤子脱下，我气得一下找不到东西，拿手来打他屁股，打得很厉害，我手都痛了三天。他儿子在那里笑：爸你是痛了三天，我痛了四十几年，现在还在痛呀，好在爸爸打我一顿，我改过来了，不打就改不过来。他们父子俩对笑，他说对嘛，教育有时候非打不可。

这是讲打与不打的问题。我们现在的教育是不准体罚，我现在不是提倡体罚，只是讲一个故事。其实体罚或是不体罚很难说，像我带兵的时候有一度不主张体罚，做错了事怎么处理？立正，站在前面，两手平伸，两手指头各拿一张报纸，站一个钟头，手不准低下来，只要低下来就要挨打。大家有机会去试试，站十分钟看看，要你的命，说起来我没有体罚呀，但比体罚还严重。

我们谈教育，讲人性善恶，都讲了，教育是改进人性，究竟应该严厉地体罚，还是只讲原谅呢？大有问题。譬如我们现在办实验教育，我就经常想，我们办这个教育究竟对与不对？心理负担非常重。譬如刚才讲的老友的故事。譬如我有一个老

第二部分：为师之道

朋友来，说他正接手政府一个机构的首长，原来的首长，犯了贪污罪，贪污很多的钱。这个朋友同时也在做慈善，以及推广农村教育。这位朋友的地位不低。他说我接手那一天，我就背了个包包自己坐个出租车去。他们还没有上班，只晓得那一天这个新的领导要来接手，他们没想到他会坐个出租车早到了。他说我自己推门进到办公室，有一个职员看到，问你干什么的啊？他说我来报到的，也没有讲自己是什么人。那个职员态度还蛮好，说你请坐吧。他就坐在那里等，那个职员也不理他，他坐了半天，就说老兄啊，我来报到也是个客人啊，请倒杯水给我吧！那个人就起来倒水，然后讲了半天，问他姓什么，他一说，那个人就想到了，哦，严重了，就赶快用手机打电话给比较重要的上级，说某某人已经到这里等了。他就叫那个职员不要打电话，因为对方正在路上开车，听说他先到了，万一紧张，出了车祸就糟糕了。

  我当时就说这位朋友，素来作风很民主自由，很好啊。然后问他后来讲了什么。他说我上来就讲，我晓得公司损失很大，还有很多烂账，我跟你们讲，现在这个案子结论已经出来了，我明天正式上班，你们有许多手头不清的，拿了钱的，赶快归还；如果来不及归还你手边那些钱，赶快捐给慈善机构；如果真来不及捐给慈善机构，就去捐给和尚庙子，捐给基督堂、天主堂也好，赶快捐掉。再来不及啊在家里后院挖个洞，深深地埋下去，但是你不要被我们挖到，挖到就对不起了。

師道

我听了哈哈大笑,我说你讲得很有意思。他说老师这样好不好?我说你讲得非常幽默有趣,只能这样处理了。真的一翻出来,有很多人贪污,你怎么办?只好送去法院了。这是讲人性的问题。

教育同人性有关系,一个年轻人犯了错误,是原谅他,让他自我反省改正,还是教育处罚呢?这是人性大问题,至于处不处罚,或让他自我坦白不坦白,这很难下定论,要临机变通的。

总之,教育是启发引导人性向好的路上走。如说一定完全用爱心,要他自动启发的方法,除非他是圣人。我们从事教育的人,怎么把人性教好,对教育的方法,教育的诱导,向哪一条路上走,很值得研究。

应机施教

(一)车上的一课

孟懿子问孝,子曰:无违。樊迟御,子告之曰:孟孙问孝于我,我对曰:无违。樊迟曰:何谓也?子曰:生,事之以礼;死,葬之以礼,祭之以礼。

这里把中国文化里面的孝道精神,扩充到待人处世上面,中国自古以来,大政治家的出入不苟的胸襟,就是根据这一点培养出来的。

我们先对文字做一了解。孟懿子不一定是孔子的学生,而是介于学生与朋友之间的关系,他是鲁国的大夫。当时的"大夫",当然不是现代的医生,而是一个相当高的官位。勉强比,有如现在的内阁官员之流,通称做"大夫"。"大夫"是官阶,不是官职。中国这些官阶职务,历代都有变动的。我们要了解中国历代政治形态的变迁,必须读"十通"或"三通"——《通志》《通献》《通考》。里面不仅包括了中国政治制度的演变、官职的演变、一切的演变,乃至现代研究三民主义思想,孙中山先生为什么采用了五权分立制度,都与"三通"、"十通"的文化有绝对的关系。这是讲到孟懿子的职位,顺便提到的。

既然孟懿子是这样一位人物,以当时孔子的立场来讲,这一段问答,到底是孔子做鲁国司寇以前,或以后说的,就很难考证了。孔子当时在诸侯间的地位也很特殊,是一位突出人物。所以孟懿子来问他什么是孝,孔子只告诉他"不要违背"。如果根据这句话来看,孔子讲话非常滑头。不要违背什么呢?没有下文。这是一个很奇怪的答话,接下来,又是一幕短剧式的谈话。我们看《论语》,深入了,很有趣味,像看小说一样,不必用那么严肃的态度去看。

"樊迟御"。樊迟是孔子的学生,名叫樊须,字子迟,小孔子三十六岁，是年轻的一辈。"御"是驾车。孟懿子刚刚来拜访孔子，并请教什么是孝道这个问题，孔子说"不要违背"，就只有这么一句话。等一会儿孔子出门了。现在由年轻的樊迟来驾车子，不像现在的汽车，孔子那时坐的是马车，驾马车有一套专门技术，很不容易的。那么孔子坐进车厢了，樊迟坐在前面的驾驶台上，开动了车子。在途中，孔子坐在车厢中和学生谈起话来了。从这一点也可以看到孔子的教育，是随时随地都在对学生施教的。

"子告之曰"是描写孔子在车上特别告诉樊迟一件事："孟孙问孝于我，我对曰：无违。"孟孙是孟懿子的号，因为他是当朝有相当地位的人，而且在当时政界来讲，还算好的一个人，所以孔子对他相当尊敬，便只称他的号。孔子说，他问我什么叫做孝，我答复他"无违"，不要违背。"樊迟曰：何谓也？"从这一句话，我们看到那个画面上，学生正在前面驾车，静静的，没有开腔，而老师好像在自言自语地告诉他，刚才答复孟懿子问孝的经过，樊迟一听，回过头来说，老师，你这句话是什么意思呢？跟我们现在的疑问一样。"无违"，不要违背，这是什么意思？

于是孔子说，没有什么，很简单。"生，事之以礼。"这个"事"字是古人以下对上而说的。孔子说，当父母活着的时候，我们要孝敬他，"事之以礼"。怎么叫以"礼"事之呢？很难说了，这个礼不是说见到父母行个礼就叫孝。礼是包括生活上的照应、爱护。又说："死，葬之以礼。"所以礼是中国文化中很重要的一个基本概念，看到这个礼字，绝不能做狭义的礼貌解释。去世以后则"祭之以礼"。

孟武伯问孝。子曰：父母唯其疾之忧。

孟武伯是什么人呢？就是刚才所讲的孟懿子的儿子，他是"世家公子"。这又牵涉到什么是"世家"，古代的制度，和现代两样，尤其在春秋时代，与印度、欧洲古代又不相同。所谓"世家"就是做官的，子子孙孙都有这个官做，不过是长子继承这个官位，即所谓的封建时代。但是与欧洲的封建不同，不是永久的，谁家不好，就被除掉。在中国这样传下来的家庭叫"世家"，长子有继承权，第二以及第三、四、五个孩子都是另外在一边了。孟武伯是孟懿子的儿子，是正统的世家公子。父亲刚刚问了孝道，当然不是同一天的事，不过编书的人——孔子的学生们，硬要把它编在一起。儿子孟武伯也来问孝，孔子的答复，和答复他父亲的是两样的。

孔子说："父母唯其疾之忧。"这句话就是说父母看到孩子生病了，那种忧愁、担心，多么深刻，你要去体会这种心境。

孔子这个答复有多妙！这句话，我们要这样说，这个问题只有自己做了父母的人才真能体会出来。这种情形是，自己要上班，家里钱又不够，小孩病了，坐在办公室里，又着急，又出汗，又不敢走开，可是心里记挂着。这种心境就是"父母唯其疾之忧"。

孔子对孟武伯就是说，对父母能付出当自己孩子生病的时候，那种程度的关心，才是孝道。

（二）以孝治天下

我们知道中国文化经常讲孝道，尤其儒家更讲孝道。把四书五经编辑起来，加上《孝经》《尔雅》等，汇成一系列的总书叫十三经。《孝经》是孔子学生曾子著的，我们要研究孝道，就必须看孔子思想系统下的这部《孝经》。

《孝经》中说什么样子才是孝呢？不单是对父母要孝，还要扩而充之大孝于天下，爱天下人，谓之大孝。为政的人以孝子之心来为政，也就是我们所讲公务员是人民公仆的道理一样的，所以后来发展下来，唐宋以后的论调："求忠臣必于孝子之门。"一个人真能爱父母、爱家庭、爱社会，也一定是忠臣。因为忠臣是一种情爱的发挥。假使没有基本的爱心，你说他还会对国家民族尽忠吗？这大有问题。

关于忠字有一点，是古人讲的："慷慨捐身易，从容就义难。"慷慨赴死是比较容易的，等于西门町太保打架，打起来，不是你死就是我死，脾气来了，真是勇敢，视死如归；假如给他五分钟时间去想想看该不该死，这就要考虑了。"从容"，慢慢地来，看他愿不愿意死，这就很难说了。所以说忠臣必出于孝子之门，要有真感情，真认识的人，才能够尽忠。

因此，孔子答复孟懿子的话不同。孟懿子是从政的人，孔子相当尊敬他，答话就比较含蓄，只说："不要违背"，不要违背什么呢？不违背天下人的意思，必须大孝于天下，就是这个道理。他知道这样的答复孟懿子也不一定懂，这种说法，土话名之为"歇后语"、"隐语"，像"外甥打灯笼——照旧（舅）""瞎子吃汤团——肚里有数"，都是"歇后语"。讲了半天，后面的意思要人猜的。他为什么这样答复？意思是说，你孟懿子的身份不同，既然是从政的人，对天下人要负公道的责任，视天下人如父母，那才是真孝，这是大臣的风度。所以"无违"，就是不可违反人心。

他也知道孟懿子未必懂，所以与樊迟的一段师生对白是"打丫头骂小姐"的用意，知道樊迟也一定不懂，不懂让他不懂，慢慢去传话，做间接的教育，所以等学生驾车时有这段对白。这种间接的教育，比直接的教育更有效。个人的孝道，能做到对樊迟所讲的，是了不起的孝子；对国家大事，能够做到"无违"就是了不起的大臣。

但是孔子对孟武伯这位世家公子的问孝，答复就大不同了，他说孝道很简单，你只要想到当你病的时候，你的父母那种着急的程度，你就懂得孝了。以个人而言，所谓孝是对父母爱心的回报，你只要记得自己出了事情，父母那么着急，而以同样的心情对父母，就是孝。换句话说，你孟武伯是世家公子，将来一定会当政的。我们读历史晓得一句话，就是最怕世家公子当政"不知民间之疾苦"。所以为政的道理，要知道民间疾苦，晓得中、下层社会老百姓的苦痛在哪里。所以爱天下人，就要知道天下人的疾苦，如父母了解子女一样，你将来从政，必须记住这个道理。

当然，世家公子不知民间之疾苦，往往是失败的。我们看到晋惠帝，当天下大荒年的时候，太监对他讲大家没有饭吃，他说："何不食肉糜？"他就不知道连饭都吃不上，哪里吃得到比饭更不容易的肉糜。这就是不知道民间之疾苦。我们也可以从历史上得到一个结论，凡是创业的帝王，都了不起。两三代以后的皇帝"生于深宫长于妇人之手"，连米从哪棵"树"上长出来都不知道的这一类皇帝，我代他创造了一个名称，叫他们为"职业皇帝"。他天生的一定当皇帝。这些"职业皇帝"往往犯一个心理毛病——自卑感，他们非常自卑。所以历史上"职业皇帝"非常糟糕，对于文臣，反感他学问比自己好，对于武将，他也要反感，觉得武功不如人。所以"职业皇帝"往往做出杀戮重臣、罢黜能臣等等莫名其妙的事，注定了他的失败。

同样的，除了帝王政治以外，我们做任何一个主管，对于大小事情都应该知道，尤其对于下层的事务，更是不能马虎。

然后，我们要讨论到一个孝道的大问题。中国文化，对于

第二部分：为师之道

家庭教育来讲，素来就有以"忠孝传家"相标榜的。可见中国文化把孝道看得严重，这个我们就要先懂得中国整个的历史文化了。中国这个民族，这个国家，与欧美各国都不同。

研究西方文化，不要只以美国为对象，美国立国两百年，谈不上什么，要从整个欧洲去看；而研究欧洲文化，必须研究希腊文化，从雅典、斯巴达两千多年以前开始。同时要知道西方文化与我们有基本的不同，中国这个国家，因为地理环境影响，能够"以农立国"，欧洲做不到，尤其希腊做不到，他们要生存，必须发展商业。过去欧洲的历史，在海上的所谓商业，看得见就是做生意，看不见时就做海盗，所以十六世纪以前，西方缺乏财富，穷得一塌糊涂。十六世纪以后，抢印度、骗中国，黄金才流到西方去。所谓西方文化、经济发展等等，原先都是这样来的。

我们了解西方文化以后，再回头来看中国。中国以农立国，有一个文化精神与西方根本不同，那就是中国的宗法社会。三代以后，由宗法社会，才产生了周代的封建。一般讲的封建，是西方型的封建，不是中国的封建，把中国封建的形态，与西方文化封建的奴隶制度摆在一起，对比一下，就看出来完全是两回事，完全搞错了。中国的封建，是由宗法形成的。因为宗法的社会，孝道的精神，在周以前就建立了。秦汉以后，又由宗法的社会变成家族的社会，也是宗法社会的一个形态。那么家族的孝道，把范围缩小了，但精神是一贯的。这个孝字，也是我们刚刚提到的,是人情世故的扩充。把中国这个孝字,在政治上提倡实行而蔚为风气,是什么时候开始的呢?是在西汉以后,魏晋时代正式提倡以孝道治天下。我们看到二十四孝中有名的王祥卧冰,他就是晋朝的大臣。晋朝以后,南北朝、唐、宋、元、明、清一直下来,都是"以孝治天下"。我们看历朝大臣,凡是为国家大问题,或是为爱护老百姓的问题,所提供的奏议,很多都有"圣朝以孝治天下"的话,先拿这个大帽子给皇帝头上一戴,然后该"如何如何"提出建议,这是我们看到中国文化提倡孝的好处、优点。

但是,天下事谈到政治就可怕了。我们关起门来研究,也有人利用孝道作为统治的手段。谁做了呢?就是清朝的康熙皇帝。

(三)康麻子的教孝教忠

我们看历史,经常可以看到有个因果律。如清朝,孤儿寡妇率领三百万人,入了中原,统治了四万万人。最后清朝完了,又仍然是孤儿寡妇,夹了一个皮包,回到关外去了。一部历史,怎么样开始,就是怎么样结束,好像呆板的。古今中外的历史,也几乎完全是跟着循环往复的因果律在演变。清朝孤儿寡妇入关以后,顺治很年轻就死掉了。不过这是清朝一个大疑案,有一说顺治没有死,出家去了,这是清人历史上不能解决的几大疑案之一。接着康熙以八岁的小孩当皇帝。到十四岁，正式亲政。老实讲，那时候如果是平庸之辈，要统治这样庞大的四万万人的中国，是没有办法的。康麻子——康熙脸上有几颗麻子，十四岁开始统治了中国几十年。康熙八岁当皇帝，十四岁亲政，六十九岁去世，在位六十一年。清朝天下在他手里安定下来。

当时，中国知识分子中，反清复明的人太多了。如顾亭林、李二曲、王船山、傅青主这一班人都是不投降的，尤其是思想上、学说上所做反清复明的工作，实在太可怕了。结果呢？康麻子利用中国的"孝"字，虚晃一招，便使反清的种子一直过了两百年才发芽。清兵入关，有三部必读的书籍，哪三部书呢？满人的兵法权谋，学的是《三国演义》，还不是《三国志》，在当时几乎王公大臣都读《三国演义》。第二部不是公开读的，是在背地里读的，是《老子》。当时康熙有一本特别版本的《老子》，现在已经问世。注解上也没有什么特殊的地方，但当时每一个清朝官员，都要熟读《老子》，揣摩政治哲学。另一部书是《孝经》。但表面上仍然是尊孔。读历史的，可以和汉朝"文景之治"做一比较。"文景之治"的政治蓝本，历史上只用八个字说明——"内用黄老，外示儒术"。这么一来，康熙就提倡孝道，编了一本语录——《圣谕》，后来叫《圣谕宝训》或《圣谕广训》，拿到地方政治基层组织中去宣传。以前地方政治有什么组织呢？就是宗法社会中的祠堂，祠堂中有族长、乡长，都是年高德劭，学问好，在地方上有声望的人。每月的初一、十五，一定要把族人集中在祠堂中，宣讲圣谕。圣谕中所讲都是一条条做人、做事的道理，把儒家的思想用进来，尤其提倡孝道。要知道康熙把每一个青年训练得都听父母的话，那么又有哪一个老头子、老太太肯要儿子去做杀头造反的事呢？所以康熙用了反面，用得非常高明。此其一。

其二：当时在陕西的李二曲，和顾亭林一样，是不投降的知识分子。他讲学于关中，所以后来顾亭林这班人，经常往陕西跑，组织反清复明的地下工作。康熙明明知道，他反而征召李二曲做官，当然李二曲是不会去做的。后来康熙到五台山并巡察陕西的时候，又特别命令陕西的督抚，表示尊崇李二曲先生为当代大儒，是当代圣人，一定要亲自去拜访李二曲。当然，李二曲也知道这是康熙下的最后一着棋，所以李二曲称病，表示无法接驾。哪里知道康熙说没有关系，还是到了李二曲讲学的那个邻境，甚至说要到李家去探病。这一下可逼住了李二曲了。如果康熙到了家中来，李二曲只要向他磕一个头，就算投降了，这就是中国文化的民族气节问题。所以李二曲只好表示有病，于是躺到床上，"病"得爬不起来。但是康熙到了李二曲的近境，陕西督抚以下的一大堆官员，都跟在皇帝的后面，准备去看李二曲的病。康熙先打听一下，说李二曲实在有病。同时，李二曲也只好打发自己的儿子去看一下康熙，敷衍一下。而康熙很高明，也不勉强去李家了。否则，他一定到李家，李二曲骂他一顿的话，则非杀李二曲不可。杀了，引起民族的反感；不杀，又有失皇帝的尊严，下不了台，所以也就不去了。安慰李二曲的儿子一番，要他善为转达他的意思，又交代地方官，要妥为照顾李二曲。还对他们说，自己因为做了皇帝，不能不回京去处理朝政，地方官朝夕可向李二曲学习，实在很有福气。康熙的这一番运用，就是把中国文化好的一面，用到他的权术上去了。可是实在令人感慨的是，后世的人，不把这些罪过归到他的权术上，反而都推到孔孟身上去，所以孔家店被打倒、孔子的挨骂，都太冤枉了。

实在讲，孝道的精神绝对是对的。由各人的孝父母，扩而充之爱天下人，就是孝的精神。这个精神的更深处，我们再看一下《孝经》，就了解了。

> 子游问孝。子曰：今之孝者，是谓能养。至于犬马，皆能有养。不敬，何以别乎！

子游是孔子的弟子，姓言，名偃，子游是字，少孔子四十五岁。他问孝，孔子讲解很明白，他说现在的人不懂孝，以为只要能够养活爸爸妈妈，有饭给他们吃，像现在一样，每个月寄五十或一百元美金给父母享受享受，就是孝了。还有许多年轻人连五十元也不寄来的，寄来了的，老太太老先生虽然在家里孤孤独独，"流泪眼观流泪眼，断肠人对断肠人"。

但看到五十元还是欢欢喜喜。所以现在的人,以为养了父母就算孝,但是"犬马皆能有养",饲养一只狗、一匹马也都要给它吃饱,有的人养狗还要买猪肝给它吃,所以光是养而没有爱的心情,就不是真孝。孝不是形式,不等于养狗养马一样。

这里我们看出来了,孔子对学生讲孝道与答复从政的人讲孝道完全两样,所以我们证明孔子前两段话是歇后语,用隐语的。

> 子夏问孝。子曰:色难。有事,弟子服其劳,有酒食,先生馔。曾是以为孝乎?

子夏来问孝,孔子说色难。什么叫色难呢?态度问题,上面讲不敬何以为孝,就是态度很难。他说:"有事,弟子服其劳。"有事的时候,像我们做后辈儿女的,看见父母扫地,接过扫把来自己做。"有酒食,先生馔。"先生是现代的一般称呼,古代对前一辈的人都尊称为先生。有好吃的,就拿给父母长辈吃。"曾是以为孝乎?"你以为这样就是孝吗?"曾是"是假定的意思。替长辈做了事,请长辈吃了好的,不一定就是孝了。为什么呢?"色难",态度很重要。好像我们下班回家,感到累得要命,而爸爸躺在床上,吩咐倒杯茶给他喝。做儿女的茶是倒了,但端过去时,沉着脸,把茶杯在床前几上重重地一搁,用冷硬的语调说："喝嘛！"在儿女这样态度下，为父母的心理，比死都难过，这是绝不可以的。所以孝道第一个要敬，这是属于内心的；第二个则是外形的色难，态度的。

为什么这两节放在这里呢？这就包括了君道、臣道。一种是做人长官，领导人的；一种是做人部下，配合别人的。所以我们谈为政之道，也是"色难"，也是"不敬，何以别乎？"我们爱护部下，态度很难。历史上的名帝王唐太宗，天生就很威严。有一天他问魏征，为什么这些大臣们，当着他的面都不讲话。魏征就告诉他：陛下自己不知道，因为陛下很威严，大臣们看见你后，心理上先就怕了，所以讲不出话来。唐太宗听了这话以后，就去对着镜子学笑，见了人就笑，慢慢使自己的态度变得和蔼起来。所以为政之道，也是色难。有时到机关中去，尤其邮政局或银行，许多人怕那里的面孔。譬如到邮局买一块钱邮票，邮局的柜台小姐，忙累得那个样子，给你邮票时，那种好像欠她多还她少的态度，实在叫人受不了。但替她想想也够可怜，坐了一整天，有些人对她还够啰嗦。所以领导别人的，或者做部下的，都"色难"——态度不容易做好，内心上更难。"敬"——真爱人，不容易做好。所以把孔子这两句孝道的话摆在《论语》"为政"篇中，也就是从政的修养与态度，这是真学问。你说你对部下是最爱护的，可是你对他开口就骂，把脾气都发在他的身上，发了脾气以后，对他再好也没有用了。

因材施教

（一）仲弓问仁

仲弓问仁。子曰：出门如见大宾，使民如承大祭。己所不欲，勿施于人。在邦无怨，在家无怨。仲弓曰：雍虽不敏，请事斯语矣！

冉雍字仲弓。孔子认为冉雍有帝王之器，在学生当中可以当大领袖的人物。他来问仁，孔子告诉他的仁，就是由内心修养的道，发挥到外面做人做事的用，尤其是在政治领导原则下的"待人"之用。

孔子告诉仲弓说："出门如见大宾"，这在仁的修养就很难了。出门到外面去，人与人之间的接触，处仁的道理：对任何一个人要恭敬，有礼貌，不能看不起任何一个人。看到任何一个人，都像看到贵宾，很有礼貌，很诚恳的，尊重任何一个人。尤其作为一个领导人，更应该如此，这是领导人的学问。当一个小小干部，马马虎虎还不要紧，当主管的则对任何一个人，即使对下面也应如此，非常尊重人家，这是很重要的修养。

为什么说这是做人处事的外用？在《大学》《中庸》里，却不是教我们"出门如见大宾"，而是教我们"慎其独也"。一个人在房间里，没有一个对象，自己都要庄重。这就是内在的修养合乎"非礼勿视，非礼勿听，非礼勿言，非礼勿动"的道理。而现在教冉雍的是外用，所以第一句话"出门如见大宾"，着重于待人处世的态度修养。

其次，是讲做事的责任感。"使民如承大祭"。这个"民"就是群众。现代而言，是指对于一般老百姓，对群众社会的领导，为大家做事的时候，要负起责任，担负这个责任的态度，要"如承大祭"一般。古代对于祭祀是很慎重的事情。好比现代一个宗教徒到了教堂，心情就完全不同。对上帝、对祖先，那种心情多么庄重！多么肃穆！去拜菩萨、拜祖宗上香的时候，自然心里就诚敬。对于大众的事情，以这种心情，这种精神来处理。这就是仁道。

第三点则讲到居心、行事的大原则。"己所不欲，勿施于人。"自己所不愿意的事情，也替人家想想。我们普通一般人，大概都是这样：自己不愿意的，都推给人家，这是普通人的心理，人之常情，没有什么大错。不过假使我们要行"仁"道，扩充于为政之间，处人处事之际，那就不同了。你自己不愿意的，就要想到别人也不愿意。怎样使得人、事至于平和，就要"己所不欲，勿施于人"。

"在邦无怨，在家无怨。"这是结论。这个"怨"字包括两点：一个是自己，一个是别人。这是人生哲学。我们每个人，自己心中都有好多的怨，即使对别人没有怨，也会怨自己的命真不好，碰到这样的时代，这样的环境。这是对自己的怨。第二，人与人之间相处，同事之间相处，长官与部下之间相处，彼此之间无怨恨心，没有什么遗憾的事，这个非常难。在原则上要先做到"己所不欲，勿施于人"。我不愿意做的，也应替部下设想，在他也是不愿意做的。譬如一个任务交下去，要告诉他，这是很痛苦的，要抱牺牲精神的，你愿意不愿意？这是在行政之间。当然，领导部队作战时，那情形又不同，那是另外一回事了。做到了于己于人都无怨尤，就是真正的"仁行"。冉雍听了以后说，我虽然没有高度的智慧，但是我会朝这方面努力。

（二）司马牛的问题

> 司马牛问仁。子曰：仁者，其言也讱。曰：其言也讱，斯谓之仁矣乎？子曰：为之难，言之得无讱乎？

这段是谈对于"仁"道的一般修养。司马牛问仁，孔子的答复又不同了。他说，有仁道的人，在讲话的时候，不随便说话。这个"讱"就是后世所谓说话忍一点，慢慢来。由这一句话看来，司马牛可能有放言高论的习惯，所以孔子教他不要随便说话。司马牛就说，讲话慢一点，不随便放言高论，这样就叫做"仁"吗？这个很容易嘛！孔子说，你不要看得容易，真做起来很难。这是孔子在教育方面，针对学生的个性、行为，某一个缺点，加以纠正。

> 司马牛问君子。子曰：君子不忧不惧。曰：不忧不惧，斯谓之君子矣乎？子曰：内省不疚，夫何忧何惧？

君子在中国古代文化中，尤其是儒家的观念里，差不多是一个完整人格的代名词。

司马牛问孔子怎样才够得上作为一个君子。孔子道："不忧不惧"。我们听了这四个字，回想一下自己，长住在忧烦中，没有一样不担心的，我们怕自己生活过不好、怕工作没有了，大而言之，忧烦时代怎么变？小而言之，自己的孩子怎么样？一切都在忧中，一切也都在怕中。透过了"不忧不惧"这四个字的反面，就了解了人生，始终在忧愁恐惧中度过，能修养到无忧无惧，那真是了不起的修养，也就是"克己复礼"的功夫之一。司马牛一听，觉得这个道理很简单。他说，只要没有忧愁，也没有恐惧，这就是君子？

以现在社会来说，这样的人太多了，到那些较低级的纯吃茶地方去看看，那里的人既不担心又不害怕，没有钱用就抢一点，那都是君子吗？孔子知道他弄错了，告诉他不忧不惧是不容易的，要随时反省自己，内心没有欠缺的地方，没有遗憾的地方，心里非常安详，等于俗话说的："平生不做亏心事，夜半敲门鬼不惊。"内心光明磊落,没有什么可怕的,有如大光明的境界,那时一片清净、祥和。孔子所讲的不忧不惧是这个道理,并不是普通的不忧不惧。

(三)樊迟问仁

> 樊迟问仁。子曰:爱人。问知。子曰:知人。樊迟未达。子曰:举直错诸枉,能使枉者直。樊迟退,见子夏曰:乡也,吾见于夫子而问知。子曰:举直错诸枉,能使枉者直。何谓也?子夏曰:富哉言乎!舜有天下,选于众,举皋陶,不仁者远矣;汤有天下,选于众,举伊尹,不仁者远矣。

樊迟问什么叫仁。孔子说,能够爱一切人就是仁。樊迟再问什么叫智慧。孔子说,能够了解任何人就是智。但是这是针对樊迟的程度而言。结果,樊迟对于孔子的答复,还没有通达,未曾彻底了解。孔子便更引申地说,你还不大了解,我再告诉你,假如做一个领导人,把正直的人提拔起来,而对邪曲的人先搁置起来,这样直道而行,就可使原来邪曲的人,也变成为直道之人了,坏人也会变成好人了。

可是樊迟还是没有懂,退出之后,便来看子夏。子夏在孔子的学生中,也是较为突出的一个,孔子死后他在河西讲学。战国时期很多人物都是子夏的学生，所以樊迟不懂，又去向这位孔门的高材生讨教。"乡也"的乡，后来写做"向"，是"刚才""前些时"的意思。樊迟说，我刚才问老师什么是知，老师说"举直错诸枉，能使枉者直"，这是什么意思？子夏一听樊迟的话，就说，老师所讲的这两句话，内容太丰富了，包含的意义太大了。子夏为了使这位同学有更具体的了解，就举历史上的故事来讲给他听。舜当了皇帝的时候，在许多人中间，选拔了皋陶做助手，管理行政、司法。皋陶做了他的助手以后，天下便没有冤枉的事，坏人都变好了，大家都心存厚道了。

有一个与皋陶有关的著名故事，宋朝苏东坡当年考功名时的论文，便是《刑赏忠厚之至论》。主考官是梅圣俞，他和欧阳修都是了不起的大学问家。欧阳修有一副名联说："书有未曾经我读，事无不可对人言。"他一生做人，胸襟坦然，所以说"事无不可对人言"，一生没有什么缺德的事，任何话都可以对人开诚布公。而上联看起来谦虚，实际上牛皮吹得很大。他说天下那么多书，也有我没有读过的。换言之：他读的书真是够多的了。梅圣俞出的考题《刑赏忠厚之至论》，依当时制度，政治司法都论在一起的。苏东坡知道这位考官学问很好，那时他还年轻，又很调皮，存心要把考官考住，让考官不懂，于是在文章中有一段引用："当尧之时，皋陶为士，将杀人。皋陶曰：杀之！三。尧曰：宥之！三。故天下畏皋陶执法之严，而乐尧用刑之宽。"借以说明古代判人罪刑，存心如此忠厚。梅圣俞看了苏东坡这篇文章，非常赞赏，认为很好，于是录取。只是这几句话所说的典故，没有看过，不知道出自哪一本书。放榜以后见了苏东坡，便问东坡，文章中这个典故出自哪里？东坡答道："想当然耳。"梅圣俞才知上了当，这是苏东坡的调皮故事。也有人说，上当的是欧阳修。

子夏举的第二个历史例子是说，到了商汤的时候，举用伊尹。我们都知道伊尹是古代的名宰相，与后来周朝的姜尚齐名。伊尹被商汤提拔时，还正在当厨师。因为有伊尹，所以有商汤的天下。在上古历史中，第一流的大臣，并不是靠学历年资慢慢升上来，然后到六十多岁退休。只要是人才，一下子就上去了。当然后世法制社会又是另外一回事，与创业时用人的原则是要有所不同的。从古今中外的历史，我们可以看出，做事业是要人才去做的，而人才并不是学历资历可以限制的。所以商汤举伊尹出来，则"不仁者远矣"。他举这些例子，就是告诉樊迟什么叫做"举直错诸枉"。换句话说，是子夏引申孔子这两句话，告诉樊迟，无论如何，做人处事要用正人，用品格、才能、道德好的人，提拔这样的人，自然就行了。

第二部分：为师之道

（四）子张问仁

子张问仁于孔子。孔子曰：能行五者于天下，为仁矣。请问之。曰：恭、宽、信、敏、惠。恭则不侮，宽则得众，信则人任焉，敏则有功，惠则足以使人。

子张问仁，孔子这里是说仁的作用。他说五个条件都做到的，可以称做仁。子张问哪五个条件？孔子说：恭、宽、信、敏、惠。在古文这五个字很简单，拿现在来说，就是五条原则、五个目标或守则。第一个"恭"。对自己的内心思想、外表行为等，要严肃地管制，尤其一个领导人，对自己的管理，特别重要。第二个"宽"。对人宽大，所谓宽宏大量，能够包容部下、朋友所有的短处及小过错。第三个"信"。能信任人，有自信。第四个"敏"。就是聪明敏捷，反应快。第五个"惠"，恩惠，以现在说，实行社会福利制度就是恩惠的一种，但不要把福利看成是全部的惠。待人要有真感情，对待年轻人要视同自己的兄弟儿女，对待年纪大的人要视同自己长辈，不是手段，要出自真心的诚恳。这是做人做事五个基本条件，假使做到了，随便在哪个领域做事，都有用处。

下面是孔子说的理由，他说一个人如果能够自己对自己管理得严肃，既不欺负人家，自己也不会招来侮辱。能够宽厚待人，部下自然拥护。信人自信，则任何人都可以用。处理事情头脑清楚,反应快,就容易有功绩。最后,最重要的,人与人之间必须具有真的感情,很诚恳的感情,彼此才可以相处,共创事业。

(五)正反相依

> 子曰:由也,女闻六言六蔽矣乎?对曰:未也。居!吾语女:好仁不好学,其蔽也愚。好知不好学,其蔽也荡。好信不好学,其蔽也贼。好直不好学,其蔽也绞。好勇不好学,其蔽也乱。好刚不好学,其蔽也狂。

这段话并不一定是子路问孔子以后,他马上告诉子路的,而是平常教育子路的。

孔子问子路,有没有听过六句话,就是说六个大原则,也同时有六个大毛病?子路说,我没有听见过。那么孔子很郑重地对子路说,你站好,我告诉你,仁虽然好,好到成为一个滥好人,没有真正学问的涵养,是非善恶之间分不清,这种好人的毛病就是变成一个大傻瓜。有许多人非常好,仁慈爱人,但儒家讲仁,佛家讲慈悲,盲目的慈悲也不对的。

所谓"慈悲生祸害,方便出下流"。不能过分方便,正如对自己孩子们的教育就是这样,乃至本身修养也是如此。仁慈很重要,但是从人生经验中体会,有时帮助一个人,我们基本上出于仁慈的心理，结果很多事情，反而害了被帮助的人。这就是教育的道理，告诉我们做人做事真难。善良的人不一定能做事，好心仁慈的人，学问不够，才能不够，流弊就是愚蠢，加上愚而好自用便更坏了。所以对自己的学问修养要注意，对朋友、对部下都要观察清楚，有时候表面上看起来是对某人不仁慈，实际上是对这人有帮助。所以做人做事，越老越看越惧怕，究竟怎样做才好，有时自己都不知道，这就要智慧、要学问，这是第一点。

第二点：孔子说有许多人知识非常渊博，而不好学，学问并不是知识，而是个人做事做人的修养。它的流弊是荡。知识渊博了，就非常放荡、任性，譬如说"名士风流大不拘"，就是荡。知识太渊博，看不起人，样样比人能干，才能很高，没有真正的中心修养，这种就是荡，对自己不够检束，这一类的人也不少。

第三点："好信不好学，其蔽也贼。"这个问题来了，这个"信"到底指哪个"信"？假使指信用的信，对人言而有信，这还不好？假如好信不好学就是贼——鬼头鬼脑，这怎样解释呢？对人对事，处处守信，怎么会鬼头鬼脑？这里的"信"，至少有两层意义：自信和信人。过分的自信，有时候发生毛病，因为过分自信，就会喜欢去用手段，觉得自己有办法，这个"办法"的结果，害了自己，这就是"其蔽也贼"。

第四点："好直不好学，其蔽也绞。"像绳子绞起来一样，太紧了会绷断的。一个人太直了，直到没有涵养，一点不能保留，就是不好学，没有修养，它的流弊要绷断，要偾事。脾气急躁的人会偾事，个性疏懒散漫的人会误事，严格说来误事还比偾事好一点，偾事是一下子就把事弄砸了。所以个性直的人，自己就要反省到另一面，如果不在另一面修养上下功夫，就很容易偾事。

第五点："好勇不好学，其蔽也乱。"脾气大，动辄打人，干了再说，杀了再说，这是好勇，没有真正修养，就容易出乱子。

第六点："好刚不好学，其蔽也狂。"就是直话直说，胸襟开阔，同第四点好像差不多，直爽的人说真话，心肠直，所谓一根肠子。刚的人一动脸就红了，刚正就不阿，好刚的人不转弯的，绝不转变主见。个性很刚的人，若不好学，他的毛病就成狂妄自大，满不在乎。

这六点要特别注意，每个人都可以把它来反省自己，作为一面镜子。这六点也就是人的个性分类，有这样六种个性的人。这六种个性都不是坏事，但没有真正内涵的修养，就都会变成坏事，每个人的个性长处不同，或仁、或知、或信、或直、或勇、或刚，但不管哪种个性，孔子告诉我们，主要的自己要有内涵，有真正的修养，学问的道理就在这个地方。最难的就是认识自己，然后征服自己，把自己变过来。但要注意并不是完全变过来，否则就没有个性，没有"我"了，每个人要有超然独立的"我"。

每个人都有他的长处和短处，一个人的长处也是他的短处，短处也是长处，长处与短处是一个东西，用之不当就是短处，用之中和就是长处，这是要特别注意的。

教导部下和子弟也是这样的，性向一定要认清楚，一个天生内向的人，不能要求他做豪放的事，一个生性豪放的人，不能要求他规规矩矩坐在办公室。要知道他的长处，还要告诉他，帮助他去发挥。孔子这段话，特别提出来告诉子路，实在对机而教。六言六蔽，相对的则有十二种性向典型，其实我们每个人本身知、仁、勇、信、直、刚的因素都具备了，不过还要从这些地方，用心涵养，这就是学问之道。

（六）君子可欺以其方

宰我问曰：仁者，虽告之曰："井有仁焉。"其从之也？子曰：何为其然也？君子可逝也，不可陷也。可欺也，不可罔也。

宰我就是孔子说他"朽木不可雕也"的台柱学生，他大概是身体不太好，而聪明有余，德性不大够的一个人。他有一天和孔子半抬杠，也可以说是在怀疑一个问题。他问孔子说，你天天教我们要学仁，做人做事要讲道德仁义。假使有一个人，去骗一个有仁义修养的人说，水井里有仁义。难道为了修养仁，就听他的话往井里跳？

宰我这个话问得没有错，并不调皮，很实在的。他的意思是，老师你天天教我们讲仁义道德，现在世界那么坏，坏人那么多，有人来骗我们井里有道德，道德又值几毛钱一斤？要不要跳下去呢？和我们现在问："这个社会这样坏，仁义有什么用？"是一样的。

孔子听了以后，终于笑了。他说你怎么这样想呢？一个做学问成为君子的人，并不是一个笨蛋，必须要晓得应变。孔子力赞《周易》，而《周易》的道理，便有"适变""随时"这两个要点。要懂得时代，适合于时代。但自己要站在中间，顺应这个变，有中心主张、中心思想。

孔子在这里说一个君子之人"可逝也"，可以放弃自己的终身，但"不可陷也"，绝不受人家的包围、困扰，落入陷阱之中。比如说抛弃了一切，甚至抛弃了这个社会环境，抛弃了一生的功名富贵，绝不受困扰。如果说没办法，受了环境的困扰，陷进去了，在无可奈何下而拿了功名富贵，然后自说清高，那对不住，这是没有骨气，不是君子。有骨气的做法是自我牺牲，不受困扰。"可欺也，不可罔也"，当面来欺骗可以，愿意接受这个欺骗，这是仁慈。但如果糊涂、将就，自己根本不知道，这是不可以的。

所以孔子是说，你问的哪有这个道理？归纳起来的意思，人一定要仁义道德。这是孔子所标榜的，也就是他的学问中心，要有中心思想，中心路线。如果这个中心思想行不通，只要认为对了，乃至于被时代遗弃了都可以，可是如果被现实所陷没了，那是不应该的。

孔子下面再加以引申解释：

> 子曰：君子博学于文，约之以礼，亦可以弗畔矣夫！

孔子说博学于文，这个文不仅是文学，而是代表了一切学术文化。以现代名词来说，包括了文法、文理和一切知识。所以说要博学于文。博就是渊博，样样要懂，才能成为通才。但是渊博的人，常是样样都懂，门门不通。所以先求渊博，后要求专精。要渊博而专精，并且还要约束自己，做人处事要处处合礼。孔门的思想要讲礼，礼并不是教我们行礼，而是《礼记》所包含的文化精神。孔子说如果做到这样，大体上人生的道路，可以走得出来，不会离谱太远了。"弗畔"，就是没有离经叛道的意思。

> 子路问：闻斯行诸？子曰：有父兄在，如之何其闻斯行之！冉有问：闻斯行诸？子曰：闻斯行之！公西华曰：由也问闻斯行诸？子曰：有父兄在。求也问闻斯行诸？子曰：闻斯行之。赤也惑，敢问。子曰：

> 求也退，故进之。由也兼人，故退之。

这是孔子的教育态度、教育方法，同时也反映自己做人做事的一个反省。子路问，听懂了一个道理之后，马上就去做吗？就言行合一去实践吗？孔子告诉子路说，你还有父母兄长在，责任未了，处事要谨慎小心，怎么可以听了就去做呢？

另外一个同学冉有也向孔子问同样的问题说，听了你讲的这些道理，我要立刻去实行吗？孔子说，当然！你听了就要做到，就要实践。他答复这两个学生的话，完全不同。公西华听到以后，觉得奇怪了，也跑来问孔子说，他们两个同样的问题，你的答复却完全不同，我越听越不懂了。"敢问？"——敢有不敢的意思，这就是说我现在鼓起勇气，要请你原谅一下，请告诉我，同一个问题为什么做两种答复？孔子说，冉有的个性，什么事都会退缩，不敢急进，所以我告诉他，懂了的学问，就要去实践、去力行。子路则不同，他勇敢，"兼人"——生命力非常强，他这个人的精力、气魄超过了一般人，太勇猛、太前进，所以把他拉后一点，谦退一点。

在字面上只看到孔子教育的方法。我们在教育界久了，有时看到太用功的学生，也是劝他多休息、去玩玩，太懒的就劝他长进一些、多用功一点，这大家都做得到，何况孔子？但这只是文章的表面，进一步就看到孔子对学生的培养。首先，我们知道子路是战死的,非常勇敢,最后是成仁的烈士。孔子早已看出他是成仁的料子,所以他说"由也不得其死然"。这句话不是骂他,而是感叹。如果当时孔子稍稍鼓励他一下,可能早就成了烈士,不会等到后来卫国变乱才成仁。所以孔子在这里警告他,你的父兄家人一大堆,要先对个人责任有所交代,然后才可以为理想奋斗。如此,以中和子路过分的侠情豪气。而冉有则是安于现状,不大激进的人,所以孔子不大愿意他出来做事。结果他在鲁国季家,竟然弄起权来了,那么孔子就鼓励他,跳出现实的圈子,要有独立不拔的精神。

传统教育的教法

(一)中国传统教育的教法

传统文化的教育,譬如《三字经》《千字文》不是会背就算数,还是要照旧的方法,背完了默写。可以让他用毛笔默写,一方面认识繁体字,另一方面书法也练习了,三样合在一起做,时间只花一次,其实都会了。毛笔字练好以后,钢笔字、原子笔字自然漂亮。要用繁体,买《康熙字典》或者是《辞海》,好像有两个老师在旁边,两本就够了,来翻、来念,这样会进步很快。没有别的方法,这个方法是旧方法,非常快的。照新的办法是很难,光背还不行,要默写。

另外,叫学生背诗,背什么诗呢?比如《笠翁对韵》,要多唱念,然后告诉他们怎么作对子,"天对地,雨对风,大陆对长空,山花对海树,赤日对苍穹",这样把一本书唱歌一样念下来,一边默写,一边背,很轻松。这样唱起来念诵,将来还可以培养出作词家、作曲家,作出好听的文学词曲艺术。

还有要用珠算、笔算教算数,不是数学!算数跟数学有差别的,初步的加减乘除这个是算数,数学就高一点了,三角、几何、微积分!那个叫数学。要把初步的算数背来,背什么呢?先背九九乘法表,都是老的,九九乘法表背会了,加减乘除也会了。这个会了以后数学很容易上去了。讲英语,先不管英文语法,把普通的英语先认得,会讲会写,这个会很快。

旧的教法就是这样。政府规定的课本不要丢,其他科学的东西,要想办法在政府规定的课以外加进去。

乌鸦式的读书法。除了《三字经》《百家姓》《千字文》《千家诗》等之外,在当时的家塾、民间社会里,还普遍流行一本书,叫《增广昔时贤文》,这也算是课外读本。这本书收集了古人的名言好句,有关人生处世的格言,有消极的,也有积极的,反正男女老幼,容易读懂,也容易上口背诵,几乎是大家共同首肯,好像是人性的共鸣一样。例如"路遥知马力,日久见人心"、"画虎画皮难画骨,知人知面不知心"、"马行无力皆因瘦,人不风流只为贫"等,有趣而有意义的句子多得很。其中有许多是唐、宋诗人的名句,也有些是从小说上来的,还有的是民间口口相传的俗语,但都很有文学和人生哲学的意味,所以特别一提。

那么,当年农村里家塾读书都很成功吗?可以说,大半都很失败。有许多人,把孩子送去读书,特别声明,只要他认识几个字,将来能够记账就好了。农家人手不够,需要帮手,并不希望读书做官,如果能够写信,那就算是乡下才人了!事实如此,当年的乡下人,家里有人外出,要写一封信寄出,或在外面的人寄信回来,都要拿到街上或别人那里,请教那些读过书而考不上功名,专门摆张桌子,为别人写信、记账谋生的先生来讲解。有个故事说,有个丈夫外出谋生,忘记了带雨伞,写信回家说"有钱带钱来,无钱带命来",吓坏了一家人,后来才弄清楚,把"伞"字写做"命"字了。

学童"齐放好喉咙"

一群乌鸦噪晚风,诸生齐放好喉咙。

赵钱孙李周吴郑,天地玄黄宇宙洪。

三字经完翻鉴略,千家诗毕念神童。

其中有个聪明者,一日三行读大中。

这首诗描写从前旧社会家塾启蒙教育的情形，作者并未留名，大概是失意的文人，为了生活，担任教书先生的作品。第一、第二两句，描写当年家塾儿童读书的情景，真是活龙活现。乡下的儿童，真正喜欢读书的并不多，这便是现代学教育的要研究孩子的"性向"问题。儿童们最高兴的，是盼到黄昏傍晚时候，要放学回家了，先生坐在上面，叫学生们好好读几遍书，就可放学。于是，每个学生精神来了，各自拿出自己的课本，照先生今天所教的，放声大叫地朗诵起来，那不是为自己读，是为了读给先生听。低年级读《百家姓》或《三字经》，高年级读《千字文》或《千家诗》等，摇头摆脑，彼此瞪瞪眼，偷偷地你拍我一把，我打你一下，一边笑，一边叫着念书，那真像"一群乌鸦噪晚风，诸生齐放好喉咙"。有读《百家姓》的，"赵钱孙李周吴郑"；有读《千字文》的，"天地玄黄宇宙洪"。"《三字经》完翻《鉴略》，《千家诗》毕念《神童》"都是实际的情形。

最后两句"其中有个聪明者，一日三行读大中"，这是说学生中真有一个比较聪明一点的，将来准备读书上进考功名的，先生就每天照书本多教他几行，《大学》或者《中庸》，可是教是教你认字，《大学》《中庸》真正深奥的意义，那就不一定讲给你听了！事实上，先生也未必真懂，大多只是叫你死背记得，将来慢慢地会懂。以我来说，一二十年后，对于当时先生教我背书，将来慢慢会懂的说法，反省过来，还真觉得他有先见之明，反而很敬佩他的搪塞教育法，真够隽永有味的幽默感！

（二）背诵经典

不管四书五经，或是其他古书，任何一段，教小孩子像唱歌一样，很轻松愉快地背诵，不给他讲解，偶然稍稍讲一点。这样背下去以后，一辈子都有用，一辈子都忘不掉。

不但中国文化要背，外文也可以背。教小孩子背书，这是中国人已丧失的基本教育方法，可以说西方人也忘记了。

人类原始的教育方法，只有一个，就是背诵。尤其是读中国书，更要高声朗诵。朗读多了，音韵和字义等因素都会逐渐影响读者，书读百遍，其义自现，慢慢悟进去，将来长大后的学问就广博了。

在中国古代，这是个普通的教育方法，但在二十世纪，中国开始接受西方文化后，对儿童的教育，不再采取朗诵、背诵的方法，而注重知识的灌输和理解。这是受美国教育家杜威实用主义思想的影响。胡适等人将杜威"生活即教育""理解为教育前提"的理念，引入国内之后，将背诵经典视为食古不化的传统积弊。他们主张：教材的选编要按照分类化原则，依儿童理解能力，按部就班，由浅入深，由易到难，他能懂的才教。教育目标遵循实用原则，儿童生活上有需要才教。教学方法要注意兴趣原则，也就是要顺应儿童的兴趣，有兴趣才学得好。

结果儿童教育就变成了"小猫叫，小狗跳"。其实，背书的方法不但不妨碍社会发展，反而使社会文化更发达。背诵可以增强一个人的智力、记忆力、思考能力，使头脑更细腻、更精详。

德国医学博士林助雄医师论证说：人类有两大学习能力，即记忆力和理解力，记忆力犹如电脑资料的输入和保存；理解力犹如程序的设计和应用。没程序空有资料，则资料是死的；没资料空有程序，程序是虚的，二者缺一不可。但记忆力和理解力，在人生成长过程中的发展曲线是不同的。

依据人类学家和心理学家研究，一个人的记忆力发展是自零岁开始，一至三岁即有显著发展，三至六岁，其进展更为迅速，六至十三岁，则为一生中发展的黄金时代，至十三岁为一生记忆力的最高峰，以后最多只能保持此高点，往往二十岁以后，心境一不平衡，便有减退可能。而理解力的发展，与记忆力大不同，理解力也是自零岁开始酝酿，一至十三岁总是缓慢上升，十三岁以后方有长足的发展，十八岁以后渐渐成熟，但依然可因经验及思考的磨炼，而一直有进步，直到老死为止。

十三岁以前儿童正处于记忆力黄金时期，因此，提倡儿童背诵经典的效果最好。

其实，处在记忆力最佳状态的儿童，即使不引导他们记住有价值的经典作品，他们也会去背诵广告词，流行歌曲。因为重点不在理解，而在记忆，所以"道可道，非常道，名可名，非常名"与"小猫叫，小狗跳，猫叫狗跳好热闹"的难易程度完全一样，而前者对文化生命而言更有意义。

经典名著有益于人格智慧的培养、对历史文化的了解和对文学造诣的训练，让儿童自小就接触最有价值的书、永恒的书；只要有价值，不管艰深不艰深，让儿童多念、多反复乃至背诵。只要能背，不管懂不懂，这些内容不仅会存入大脑记忆，而且会烙印在潜意识里，而潜意识的妙用，就在于无需经过意志的运作，能直接地、默默地、自然地影响人类的思维和行动。

所以儿童读经，选择古代圣贤的智慧精华，是正确的，因为假以时日，读经的人多少都会受到经典的潜移默化，陶冶性情，使心性向善、向上。读经儿童"有口无心"，没有考试的压力，也不必要求理解，在不知不觉中就完成了文化教育的目的。

近年来，脑神经科研究有相当多的突破，对于两脑侧化作用，以及右脑对认知程序的影响，有很深入的了解。理解力基本是左脑的活动，而潜在层次的活动就在右脑。

背诵记忆不仅不妨碍理解力，反而成为理解力发展的基础。而旋律、韵律又可增强记忆，让记忆不仅止于短期背诵效果，而能透入心灵深处。儿童读经背经的过程类似念唱，眼睛看经典上的文字时，透过视觉作用刺激右脑，而念唱的律动也启动了右脑，至于仔细辨字以便记忆，则是左脑的工作。

所以整个读经过程，恰恰动用了左右脑功能，使左右脑运作得以同步。根据研究，左右脑有同步效用时，学习能力可增加2至5倍。

儿童只要反复诵读一篇文章，耳朵听进什么，眼睛看到什么，只要放松跟着念就行。这种直觉的学习法，能让脑内的压力得到纾解，完全松懈、有趣，使脑波从β波转换至α波，也就是说，读经背经一而再、再而三地有机会纾解身心压力，并能在α波的脑与潜意识互动过程中，加强了创造力、灵感、注意力、判断力及记忆力。

美国医学博士杨定一医师，曾在台湾长庚纪念医院，进行儿童读经所经历身心变化的科学试验。他说，初步研究显示：参加读经活动的儿童，其记忆力增强，且数项EEG变化也类似深度打坐的反应。当朗读经典时，脑波韵律会慢下来，而且比较同步，类似镭射作用。这些脑波变化，可以解释为儿童在读经时，所呈现宁静安详的身心状态，也因此更有助于注意力集中与持久。

经常有家长表示，孩子参加读经活动后，会迸发创造性见解，这些是与缓慢的α波及同步的脑波韵律，十分有关联的。

其实，今天的西方学者也已经注意到中国传统背诵教育法的优点。瑞典汉学家高本汉指出："中国学生即使在低年级，也必须背诵几种大部的经典，并需熟记历代名家所作几百篇的文章和几百首的诗歌，这种学习的课程，使人对古代的历史和文学，又产生一种崇敬的心理，这实在是中国人的一种特色。这种积累起来的大资产，供中国作家任意地使用，在文辞上自然能得到有效的结果。"

（三）放情吟诵

　　自古以来，所谓"读书"就是吟诵。"朗读"就是大声地吟诵，"朗诵"就是大声地背诵。"吟诵"这个词是后人指称的，是因为西方的诵读方式传入后借用了"朗诵""朗读"两个词的缘故。

　　诗就是韵文的一种。古代的散文，也多少包含韵律的。古文中为什么那么多"之、乎、者、也、然、焉、哉"等等语助词，就是在朗诵起来，可以抑、扬、顿、挫，帮助长哦慢咏，并且加重语气，也加深了印象，易于记忆。

　　古代的读书方法比现代好，不但有上述的好处，而且高声吟哦朗诵起来，把自己的感情放进去，可以与书中人物打成一片。如读《论语》，有时好像自己就是孔夫子了，在无形之中，又是一项德育的潜移默化。而在生理方面，又等于做了深呼吸，练了气功。不像现代人读书那样，低着头，默不作声地死啃，把知识向脑子里硬塞硬填，强迫脑子死记，这是多么痛苦！

今天年轻人近视那么多,和读书方法大有关系。旧时幼童读书,是把知识像唱歌一样唱进脑子里去的,当然这个时代是拉不回来了。今昔相比,文学的组织方法已大不相同了。

学古文学诗要晓得朗诵,不朗诵是不行的,千万注意!

中国人读书朗诵,既然学诗,学国学,就要朗诵。一个大学、一个书院里头要书声琅琅。那么,各地朗诵有各地的读法。旧时读这个书,一读就背下来了,这就会作诗了,它是有音韵平仄的。为什么这样朗诵呢?看到这个文字,自己把身心都投到那个画中去了!算不定读了这个诗,自己一感慨会掉出眼泪。

学国学,千万注意朗诵!如果只是照现在看书的方法看,基础打不稳,没有用!朗诵没有规格的,你自己可以编,去唱。各地很多朗诵诗的声音,可以自由发挥的。

研究国学诗文都要朗诵,千万注意!朗诵有什么好处?不要管自己声音好不好听,又不是唱歌,歌是给人家听的。所以古人叫读书,在书房里读书吟诗叫"无病呻吟"。有时候,自己看到有感想,是自己对自己的欣赏。这样一次读书,等于现在看书一百次,千万注意!不然你书是看多了,记住没有呢?记不住。这是讲国学,所以古人叫"读书",读出来,读的方法有默念和朗诵,朗诵就是开口念,这叫读书。北方叫"读书",南方叫"念书",这样念书,心里、脑子里会记忆深刻,心情也很愉快,心理情绪自然得到调节。这是学国学的第一步。

过去读书要学写作古文,老师要学生熟读、熟背《大学》《中庸》《孟子》的文章。那么,文章一定会写得四平八稳,而且很好。总之,要多读、多念、多背诵,当歌一样地唱着来读,那么,读熟了,将来自己就会懂了。如果能够读得背熟记牢了,将来就会开悟了,这是正面的经验。

什么叫读书?"读"书是用嘴巴念的。因此,去上课也好,演讲也好,不带数据,也不带计算机。现在人们不但靠笔记本,还靠计算机,什么事情听来就放进计算机。当场一问你,一片空白;如果停电了,什么都没有了!

过去的读书人是读书读出来的,那就不同!从幼小记下来的东西,越到后来越有用,不用思考脑子里就出来了。所以,只要带一支笔,以前是一支粉笔就来上课了,讲到哪里,原文就背出来念出来,还要一字不漏。所以说现在,要这样读书才行。

(四)朗诵悟到音韵

读书,叫孩子们要朗诵。

如果孩子们背来,七八岁、十岁以前能会背,最好是五六岁能背,包你这个孩子到八九十岁也有用处。以前读英文外文也靠背,也靠念诵的。

现在我们读书,譬如学校规定的功课,要读几百本书,那不是读书,是看书。而且一边看一边想,哦哟,这个地方大概这个老师会出题目，我要多记一下，如此而已，考试完了就丢开了。古人读书读完了，一辈子有用。

人类原始的教育方法，只有一个，就是背诵。尤其是读中国书，更要高声朗读。高声朗诵，有什么道理呢？这个含义很多，朗读多了，自然懂得言语与文字的音韵学。换句话说，也懂得文字和语言之间拼音的学问。不管中文、外文，高声朗诵，慢慢悟进去，等长大了，音韵学懂了以后，将来的学问就广博了。假使学外文，不管英文、法文、德文，统统会悟到音韵的拼法，一学就会。在中国古代，这是个普通的教育法，大家都会的。

我们让孩子们背书、朗诵的方法，不需告诉理由。不管四书五经，或是古书，任何一段，像唱歌一样，很轻松愉快地背诵，不给他讲解，偶然稍带讲解一点。这样背下去以后，一辈子都有用，一辈子都忘不掉。不但中国文化要背，外文也要背。

硬记不是背诵，背诵像唱歌一样，不用动脑筋。现在的教育，假如是用脑筋强记，把脑筋都记坏了，这不是背诵。像有些人，大学毕业了，再去背书，用的方法是强记，不是背诵。因为他已经成人，就是强记，背诵是小孩，念"大学之道，在明明德……"是什么内涵，并不知道的，就是会唱、会念，这个叫背诵。

以佛学来讲，背诵是进到第八阿赖耶识里去，记忆强记是第六意识的作用，是脑子表层的作用。比如一个小孩子学普通流行的歌曲，随便一听就背起来了，他不要用心的，就永远记得了，这就是背诵。硬记的不算数。

就像我们现在看那些领导人站在台上拿讲演稿一样，是强记的。每天怎么样讲演，是秘书替他写好的稿子，要点也是你说的，可是自己就记不住。然后一边演讲一边看稿子，这是现代人的做法。古代的人不会做这个动作。现在这些高级领袖，站在台上背自己的演讲稿，自己还不晓得是讲了些什么东西，这是很丢人的时代。过去的学者也好，了不起的英雄领导，哪里还会拿个稿子去讲话，心里想的什么要点都有，就直接讲出来。过去，那些革命老前辈，上台演讲从来不带稿子的，但记录下来就是一篇很好的文章。现代人长篇大论，站在那里，低着头，戴个眼镜，看一下，抬起头讲一句，讲了上半句，忘了下半句，自己也不晓得讲些什么，这就是不读书、不记诵的问题了。

（五）谈儿童读经

"儿童读经"是大家最近讲惯的术语，其实就是儿童读书。

这个时代，尤其我们中华民族这个国家，在近七八十年来这个时代，中国人一听到"读经"两个字，就莫名其妙地反感，认为是复古，走倒退的路线，或者认为不合时宜，这都是一个错误的观念。

其实引用孔子的话，什么事都要"正名"。什么叫正名呢？

就是对于事情的一个主题，先要弄清楚，实际上，我们提倡的儿童读经运动，就是一个背书的方法，就是教人家肯读书、肯背书、肯唱歌，没有别的东西。就是教刚生下的孩子，从零岁起到十五六岁之间，就读书、背书。

读诵的内容包括中国传统文化儒家、道家很基本的一些书，甚至包括佛家一小部分也可以，不过在传统的教育上，是以儒家的书为基础，佛家的书，要大一点再读。背书的内容，不仅是中国的基本文化要背，还要背其他各国的文化，如英文、法文、德文等等。过去，西方的教育方法，不管欧洲、美国，也和中国一样都要背书。

大家都会觉得很古怪，认为在这个时代，怎么还要教小孩子背书？

一般人不懂，这是中国人已丧失的基本教育方法，也可以说，西方人也忘记了。人类原始的教育方法，只有一个，就是背诵。尤其是读中国书，更要高声朗诵。

高声朗诵，有什么道理呢？这个含意很多，朗读多了，自然懂得言语与文字的音韵学。换句话，也懂得文字和语言之间拼音的学问。不管中文、外文，高声朗诵，慢慢悟进去，等长大了，音韵学懂了以后，将来的学问就广博了，假使学外文，不管英文、法文、德文，统统会悟到音韵的拼法，一学就会。

在中国古代，这是个普通的教育法，大家都会的。但是二十世纪中国开始接受西方文化后，对儿童的教育，再不采取朗诵、背诵方法，而着重知识的灌输与理解。这是因为在十九世纪末期、二十世纪初期，受美国教育家"杜威"思想的影响。"杜威"思想后来影响美国，教育上讲"实用主义"，主张教育就是生活，推翻他们所认为古人背诵是读死书的这种制度。认为念诵、背诵是像打针一样注入式的，又像喂鸭子硬喂进去，只会把人喂坏了。所以一百年来，东西方学校的教育都采取较放任儿童的方式，不需要背诵。只要求他懂得，来启发他的脑筋，开发他的智慧。尤其在中国"五四运动"这个阶段，受西方文化的影响，彻底地推翻了读中国的古书，接受新的教育，把一些教科书都变了。过去是读《大学》《中庸》《论语》《孝经》《三字经》《千字文》，变成读的是"小猫叫，小狗叫，开学了，开学了，老师早，老师好"，这是学语言，没有文化了，一直沿用到现在，这种教育方法所造成的流弊、祸害是非常大的。所以这一代的中国人，变成没有文化根基。

一个国家，一个民族，亡国都不怕，最可怕的是一个国家和民族自己的根本文化亡掉了，这就会沦为万劫不复，永远不会翻身。我们只要看看犹太人就知道。自摩西出"埃及"，到现在两三千年来，犹太人在世界上，始终是第一等人，在几千年以后的现在，重新建国，建立了以色列。犹太人几千年来的教育，自己独立一个系统，不与外面接触的，始终保存它的文化精神。可是世界上的人忽视、轻视了这一点，尤其我们中国人更不注意，这个问题是很严重的。

"五四运动"是为了使中国走向现代化，推翻旧文化，可是新的中国文化是什么，并没有建立。所以对中国文化就拦腰砍了一刀。现在国内文化断层是很严重的，这几十年来，新的权策，新的一些做法，几乎连根都挖掉了。要想承先启后、继往开来，使国家民族文化保存下来，因此极力提倡注重文化。

提倡以后，推广些什么？现在回到原来的本题，也就是要让孩子们背书、朗诵的方法，不需告诉理由。我们需要认识背诵，重点在哪里，也许大家可能还不知道。中国五千年文化，以及西方文化，西伯来文也是靠背诵流传下来的。中国唐朝、欧洲十二世纪以前，还没有发明印刷术，也没有纸张，人类文化保存，是靠每个人背下来，口口相传。譬如，大家都知道秦始皇烧书，在那个时候已经发明毛笔了，有些是用毛笔写在牛皮、羊皮上，或用刀刻在竹片上，然后一卷卷卷起来，所以读书是一卷一卷的，叫开卷有益。自秦始皇烧书，到汉武帝开始重新恢复文化，距离七八十年之间，中国文化，"四书五经"、《老子》《庄子》都靠老先生们亲口背出来，口口相传。你以为是像现代靠印刷术、电脑联网出来？不是的，都是背出来的。他们这些读书人、大学问家，怎样读书呢？都背来的。比如过去背了的《大学》《中庸》，随时想起就背一背,从小背到老,中国文化是这样背下来的。即使到了宋朝以后,发明了印刷术,还要背啊!因为那时印书不是很普及,也是很困难的。甚至到清朝末年民国初年,有些书还是借来抄,亲手抄,然后背。当时印刷业并不像现在这样发达,一本书、一篇文章要亲笔抄写三遍,还要背给老师听。像林则徐、龚定盦这些人,都是背书的,而且背得很熟啊!背诵的方法,不但不妨碍社会的发展,反而使社会文化发展更发达,更精详。可是现在人不懂,以为背书是背死书。至于背书的理论基础,这就牵涉到修养的科学,以现在来讲,牵涉到脑的科学。背书非专一、安定不能背起来。小孩子背东西不是痛苦,是很快乐的。因为专一唱歌、专一背书,脑筋就更宁定。思想行为都要变的。这个就要讲到脑波的问题,譬如大家讲修养、修道、学佛打坐,打坐就是使脑神经专一思维,专一思维,就宁定,使身体生理机能改变,健康起来。脑子变健康,那么思想行为也变健康了。背书有很多很多好处,现在一般医学,尤其脑科医学,还没有做详细研究。关于脑科医学这点,我也不是专家,只是大概提一下,背诵的作用可增加一个人的智力、记忆力、思考能力,使头脑能更细腻、更精详。

我们现在提倡儿童智慧的开发,习惯也叫读经,就是那么一种古老的方法,那么简单一条路线。这个工作每个家庭都可以开始,拿本古书就可以背。

有人问读经跟经济效益有没有脱节?

如果父母所希望的经济效益的定义，是让每个孩子们从学校毕业出来，在社会上就能找一份工作，可以赚钱谋生致富的话，那么有的人读了大学、硕士、博士，找不到工作的还很多呢！

至于说读古书出身，将来到社会上找不到工作，赚到钱或赚不到钱，谁做结论？可能读了古书在社会上更好！至于读了古书以后，怕孩子长大以后没有经济效益，这种想法是错误的。孩子们背诵古书，真的把古文背好，智慧开发以后，读现在学校的教科书，一看就懂了，这效益已经出来了。

我们看到现在的教育方法，每个孩子从小学到中学，书包越背越重，眼镜越戴越厚，晚上做功课到九十点，天天考、年年考，考了高中，初中读的东西不要了，考了大学，前面的东西都不要了，这都是浪费。

如果用背诵的方法，把文字基础、文化基础打稳了以后，读这些教科书，并不要花几年时间，只要几个月，中学教科书就都会、都懂了。这样可以节省好多时间，节省好多办学经费。可是大家不懂。

现在工业这么进步，金融发展那么快，再反过来读古书，中间有什么关联？

工业发达，工商业做股票，经济、金融发展的时代，也要知识，知识要智慧指挥，读了这些古书以后，脑筋开发了，学知识就更容易了，智慧更高了，不但没有冲突，还有好处！

现在小孩子功课很多，如果再读这些古书的话，就没时间了，而且也增加压力。怎么办？

现在在台湾全省各地，以及在大陆很多小学，每天十分钟，或每个礼拜只花两次半个钟头时间来背书，等于一个礼拜只花一个钟头，就像唱歌嘛！这不会增加功课的压力。

现在成果已出来，他们背熟了，中国字认多了，读学校的教科书认得更快了，自己也理解进去，不会增加压力，反而使他们更轻松愉快地打开脑中的思想，增加知识，一点都不妨碍。

诗教和礼乐

（一）悠美的情歌

子曰：诗三百，一言以蔽之，曰：思无邪。

有人说《论语》要重新编排，他们看《论语》看到这里就说："讲为政讲得好好的，为什么又突然讲到文学上去，而讲起诗来了呢？还不是编错了，编乱了吗？应该把它拿出来，照现在西方办法，逻辑地整理一番。"我说："逻辑？！大概是把它逻过一下，再辑一辑吧？"只好为他们的主张做如是解释。

殊不知《论语》已经编得非常完整了。

为什么在《为政》里谈这个问题？

"诗三百"，是指中国文学中的《诗经》，是孔子当时集中周朝以来数百年间，各个国家（各个地方单位）的劳人思妇的作品。所谓劳人就是成年不在家，为社会、国家在外奔波，一生劳劳碌碌的人。男女恋爱中，思想感情无法表达、蕴藏在心中的妇女，就是思妇。劳人思妇必有所感慨。各地方、各国家、各时代，每个人内心的思想感情，有时候是不可对人说，而用文字记下来，后来又慢慢地流传开了。孔子把许多资料收集起来，因为它代表了人的思想，可以从中知道社会的趋势到了什么程度，为什么人们要发牢骚？"其所由来者渐矣！"总有个原因的。这个原因要找也不简单，所以孔子把诗集中起来，其中有的可以流传，有的不能流传，必须删掉，所以叫做删诗书，定礼乐。他把中国文化集中其大成，做一个编辑的工作。对于诗的部分，上下几百年，地区包括那么广，他集中了以后，删除了一部分，精选编出来代表作品三百篇，就是现在流传下来的《诗经》。

读《诗经》的第一篇，大家都知道的"关关雎鸠，在河之洲，窈窕淑女，君子好逑"。拿现在青年的口语来讲，"追！"追女人的诗。或者说，孔子为什么这样无聊，把台北市西门町追女人那样的诗都拿出来，就像现在流行的恋爱歌"给我一杯爱的咖啡"什么的，这"一杯咖啡"实在不如"关关雎鸠，在河之洲"来得曲折、含蓄。由此我们看到孔子的思想，不是我们想象中的迂夫子。"饮食男女，人之大欲存焉。"人一定要吃饭，一定要男女追求，不过不能乱，要有限度，要有礼制。所以他认为正规的男女之爱，并不妨害风化，这也叫"为政"，正规的。那么他把文王——周朝所领导的帝王国度中，男女相爱的诗列作第一篇，为什么呢？人生：饮食男女。形而下的开始，就是这个样子。人一生下来就是要吃，长大了男人要女人，女人要男人，除了这个以外，几乎没有大事。所以西方文化某些性心理学的观念，强调世界进步，乃至整部人类历史，都是性心理推动的。

《诗经》归纳起来，有两种分类——"风、雅、颂"、"赋、比、兴"。什么叫"风"？就是地方性的，譬如说法国的文学是法国的文风，法国文风代表法国人的思想、情感，所以《诗经》有《郑风》《鲁风》《齐风》，等等。"雅"以现代用词来讲，是合于音乐、文学的标准，文学化的、艺术化的，但有时候也不一定文学化、艺术化。"颂"就是社会、政府公事化的文学叫"颂"。

作品另三种型态，一种是"赋"，就是直接地述说。其次是"比"，如看见下大雪，想起北国的家乡来，像李太白的诗："举头望明月，低头思故乡。"因这个感触联想到那个，就叫"比"。"兴"是情绪，高兴的事自己自由发挥；悲哀的事也自由发挥；最有名的，像大家熟悉的文天祥《过零丁洋》

七律诗:"辛苦遭逢起一经,干戈寥落四周星;山河破碎风飘絮,身世浮沉雨打萍;惶恐滩头说惶恐,零丁洋里叹零丁;人生自古谁无死?留取丹心照汗青。"这也就是"兴"。他在挽救自己的国家,挽救那个时代,而遭遇敌人痛苦打击的时候,无限的情感,无限的感慨。这也就是真的牢骚,心里郁闷的发泄,就是"兴"。

(二)诗的伟大

孔子说我整理《诗》三百篇的宗旨在什么地方?"一言以蔽之"——一句话,"思无邪"。人不能没有思想,只要是思想不走歪曲的路,引导走上正路就好,譬如男女之爱。如果做学问的人,男女之爱都不能要,世界上没有这种人。我所接近的,社会上普遍各界的人不少,例如出家的和尚、尼姑、神父、修女,各色各样都有,常常听他们诉说内心的痛苦。我跟他们讲,你是人,不是神,不是佛,人有人的问题,硬用思想把它切断,是不可能的。人活着就有思想,凡是思想一定有问题,没有问题就不会思想,孔子的"思无邪"就是对此而言。人的思想一定有问题,不经过文化的教育,不经过严正的教育,不会走上正道,所以他说整理诗三百篇的宗旨,就为了"思无邪"。

那么为什么把这个讲文学境界的话,要放到《为政》篇来呢?这不是次序乱了吗?一点都不乱,这就是"点题"了,就是把题目的中心抓住,先拿出来。

第一个点题:以现在的话来说,一切政治问题、社会问题只是思想问题。只要使得思想纯正,什么问题都解决了。我们知道,现在整个世界的动乱,是思想问题。所以我在讲哲学的时候,就说今天世界上没有哲学家。学校里所谓的哲学,充其量不过是研究别人的哲学思想而已。尤其是做论文的时候,苏格拉底怎么说,抄一节;孔子怎么说,抄一节。结果抄完了他们的哲学,自己什么都没有,这种哲学只是文凭!世界上今天需要真正的思想,要融会古今中外,真正产生一个思想。可是,现在不止中国,这是个思想贫乏的时代,所以我们必须发挥自己的文化。

第二个点题:牵涉到人的问题。中国史上,凡是一个大政治家,都是大诗人、大文学家,我常和同学们说,过去人家说我们中国没有哲学,现在知道中国不但有哲学,几乎没有人有资格去研究。因为我们是文哲不分,中国的文学家就是哲学家,哲学家就是文学家,要了解中国哲学思想,必须把中国五千年所有的书都读遍了。西方的学问是专门的,心理学就是心理学,生理学就是生理学,过去中国人做学问要样样懂一点,中国书包括的内容这样多,哪一本没有哲学?哪一样不是哲学?尤其文学更要懂了,甚至样样要懂,才能谈哲学,中国哲学是如此难学。譬如唐初有首诗,题名《春江花月夜》中有几句说:"江上何人初见月?江月何年初照人?"与西方人的先有鸡还是先有蛋的意思一样，但到了中国人的手里就高明了，在文字上有多美！所以你不在文学里找，就好像中国没有哲学，在中国文学作品中一看，哲学多得很，譬如苏东坡的词："明月几时有？把酒问青天，不知天上宫阙，今夕是何年？"不是哲学问题吗？宇宙哪里来的？上帝今天晚上吃西餐还是吃中餐？"不知天上宫阙，今夕是何年？"他问的这个问题，不是哲学问题吗？所以中国是文哲不分的。此其一。

文史不分：中国历史学家，都是大文学家，都是哲学家，所以司马迁著的《史记》里面的八书等等，到处是哲学，是集中国哲理之大成。此其二。

文政不分：大政治家都是大文豪，唐代的诗为什么那么好，因为唐太宗的诗太好了，他提倡的。明代的对联为什么开始发展起来？朱元璋的对联作得很不错，他尽管不读书，却喜欢作对联。有个故事，朱元璋过年的时候，从宫里出来，看见一家老百姓门前没有对子，叫人问问这家老百姓是干什么的，为什么门口没有对子。一问是阉猪的，不会作对联。于是朱元璋替他作了一副春联："双手劈开生死路，一刀割断是非根。"很好！很切身份。唐太宗诗好，大臣都是大文学家，如房玄龄、虞世南、魏征每位的诗都很好。为什么他们没有文名？因为在历史上，他们的功业盖过了文学上的成就。如果他们穷酸一辈子，就变文人了，文人总带一点酒酿味，那些有功业的变成醇酒了。其次，像宋代的王安石，他的诗很好，但文名被他的功业盖过了。

所以中国文史不分、文哲不分、文政不分，大的政治家都是大文学家。我们来一个老粗皇帝汉高祖，他也会来一个"大风起兮云飞扬，威加海内兮归故乡"，别人还作不出来呢！不到那个位置，说不定作成："台风来了吹掉瓦，雨漏下来我的妈！"所以大政治家一定要具备诗人的真挚情感。换句话说，如西方人所说，一个真正做事的人，要具备出世的精神——宗教家的精神。此其三。

第三个点题：中国人为什么提倡诗和礼？儒家何以对诗的教育看得这么重要？因为人生就有痛苦，尤其是搞政治、搞社会工作的人，经常人与人之间有接触、有痛苦、有烦恼。尤其中国人，拼命讲究道德修养，修养不到家，痛苦就更深了。我经常告诉同学们，英雄与圣贤的分别："英雄能够征服天下，不能征服自己，圣贤不想去征服天下，而征服了自己；英雄是将自己的烦恼交给别人去挑起来，圣人自己挑尽了天下人的烦恼。"这是我们中国文化的传统精神，希望每个人能完成圣贤的责任，才能成为伟大的政治家。从事政治碰到人生的烦恼，西方人就付诸宗教；中国过去不专谈宗教，人人有诗的修养，诗的情感就是宗教的情感，不管有什么无法化解的烦恼，自己作两句诗，就发泄了，把情感发挥了。同时诗的修养就是艺术的修养，一个为政的人，必须具备诗人的情感、诗人的修养。我们看历史就知道，过去的大臣，不管文官武将，退朝以后回到家中，拿起笔，字一写，书一读，诗一诵，把胸中所有的烦闷都解决了。不像现在的人上桌子打麻将或跳舞去了。这种修养和以前的修养不同了，也差远了。

由此我们已了解，孔子说《为政》的"诗三百，一言以蔽之，曰思无邪"就是告诉为政的人，除了领导思想不走邪路以外，对于自己的修养，更要有诗人的情操，才能温柔敦厚，才能轻松愉快地为政。

（三）诗教

> 子曰：小子，何莫学夫诗？诗，可以兴，可以观，可以群，可以怨，迩之事父，远之事君，多识于鸟、兽、草、木之名。

孔子在这个地方点出，讲学问修养必须要读诗，也就是我们经常提到，中国上古的文化，不像西方的文化把宗教放在那么重要的地位，中国上古文化注重于诗的文学境界，它有宗教的情感，也具有哲学的情操，上古的诗，就包括了现在所讲的整个文艺在内，所以孔子告诉学生们，修养方面，多注重一下文学的修养。我们翻开历史，中国古代的文臣武将，每人文学境界都有基本修养，从正史上看，关羽就是研究《春秋》学的专家；岳飞等人，学问都是非常好的，都有他们文学的境界。退休的朋友们走这个路线是不错的，不然就去研究宗教，最怕是退休闲居的人，自己内心没有一点中心修养，除了工作以外就没有人生，很可怜，所以学一种艺术也可以，自己要有自己精神方面的天地，这是很重要的。

所以孔子说，你们年轻人，何不学诗？

诗"可以兴"，兴就是排遣情感，人的情感有时候很痛苦，人生有许多烦恼，对父母、妻、儿、朋友都无法说的，如果自己有文学或艺术境界，再不然就写写毛笔字，乱画一阵，也把怨气画去了，绘画也好，诗词更好，所以诗可以兴。这个兴是兴致，就是一切感情的发挥。

"可以观"，在诗当中可以得到很多道理，得到很多启发。对自己的诗，也可以看出自己思想的路线与情绪。看一个人的作品，大致上就可以断定作者的个性。说写字吧，过去就名为"心画"，同样的毛笔，一万人写同样的字帖，可是一万人写出来的都不同。所以中国人看毛笔字，可以知道写字者的个性，寿命的长短，前途的祸福，现在发现钢笔字、铅笔字一样可以看出人的个性。"观"就是这个道理，从作品中可以了解人。

"可以群"，也可以合群，自己调整心境，朋友之间、社会之间，可以敬业乐群而不孤立，所谓以文会友。

"可以怨"，这很明显的，有了文学的修养，可以发牢骚了，有时心里的苦闷没有办法发出来，压制在里面，慢慢变成病。脾气大的人、情绪不好的人，心里很多痛苦压制下去，往往得肝病、精神病,所以需要修养,可是修养并不是压制,是自己疏导,不能疏导也不行,人的牢骚往哪里发?会作诗就可以发牢骚了。有文学艺术修养,在文学艺术境界上可以把牢骚发泄掉。

"迩之事父",近一点可以孝顺父母。怎样孝顺?有艺术修养,侍奉父母,则有乐观态度。

"远之事君",远大一点可以对国家社会有贡献。

最后一句话,因为喜欢在文学方面多研究,喜欢诗词,就"多识于鸟、兽、草、木之名"。知识渊博了,等于学了现在的"博物"这一科,什么都知道了。我们要知道,孔子的时代,工具书是绝对没有的,就靠一些诗才知道。工具书从唐宋以后才有编辑,《辞源》《辞海》是民国时代,根据《渊鉴类函》《佩文韵府》这类书编的,而这类书都是后世才有。例如晋代左思作《三都赋》,花了十年的时间,并非是文章难作,而是当时没有类书。所谓虫鱼鸟兽、人物,等等,资料难以收集,何况远在春秋时代。孔子当时所以特别提倡学诗,也是为了获得各种各样的知识。这是孔子教学生们一定要学诗的道理。

(四)面壁而立的悲叹

> 子谓伯鱼曰:女为周南召南矣乎?人而不为周南召南,其犹正墙面而立也与!

《周南》《召南》是诗经中《国风》的两篇诗。孔子告诉他的儿子伯鱼说,你有没有研究过这两篇诗?为什么要研究?就是上面说的一些大道理,诗有这样多好处。他说一个人知识不渊博,文学修养不到最高的境界,等于正面对着墙壁而立,墙外面什么也看不见,背后有什么更看不见,就是文盲、白痴了。

说到这里,可以介绍很多东西的,就讲文学境界中诗的牢骚,随便举个例子:宋代爱国诗人陆放翁的诗,就有很多牢骚,对国家世事很多忧虑,爱国热情无法发挥,在他的诗集文集里,可以看到很多;岳飞的有限遗著中也有很多牢骚;再说文天祥的诗词中,也看到很多牢骚。不论古今中外,每个时代,人生的痛苦,尤其想有所贡献于国家、社会的人,所遭遇的痛苦,比普通人更大更多,多半见之于诗词之中。辛稼轩有一阕有名的词,仅举半阕,就看出他有多少的痛苦与牢骚:"追往事,叹今吾,春风不染白髭须,却将万字平戎策,换得东邻种树书。"这是下半阕。上半阕是描写他的生平,年轻时壮志凌云的气魄;这里则回想过去,感叹自己,现在老了,头发白了,胡须白了,再没有青春的气息能把自己的白发恢复年轻,回不去了。现在干什么呢?当时南宋不敢起用他,自己住在乡下,他写给南宋的报告,论政治、谈战略,好几篇大文章,如今没有用了,只好拿到隔壁邻居的老农家里,去换种瓜种菜的书。这里面岂不有牢骚?而且牢骚很大,可是他决不掩盖自己心里的牢骚。他非常平淡，要我贡献就尽量贡献，不需要贡献则不贡献，是牢骚也非常平淡。因为他艺术文学的修养太高，把人生看得很平淡。像这些情感，他的诗词里太多了。看了以后就懂了人生，也懂了历史。古今中外一样，看通了人生，了解了人生，就会更加平淡、更愿贡献给社会。像辛弃疾的一生，所遭遇的打击太大了，照我们现在人的修养，可以造反了。这样一腔爱国的热忱，他带到南宋来的部队，却被解散了，他都受得了，而能淡然处之，虽然怨气填膺，但不像普通人一样动辄乱来，就因为他的目的只在贡献。我们举他这个例子，就是说诗可以兴、可以观、可以群、可以怨的道理。

（五）礼乐的基本精神

子曰：礼云礼云，玉帛云乎哉？乐云乐云，钟鼓云乎哉？

孔子动辄教人学礼乐，这个礼并不是普通的礼貌，所以我们强调说，它就是文化的精神、文化的哲学。孔子这里说，礼，并不只是送火腿，这是情礼的一点表达而已，主要在文化的精神，乐也并不只是唱歌跳舞，是把人的精神，升华到永远乐观的境界。

上面连起来,就归到人生出处。第一步站出来要慎重考虑,并不是说有机会就抓。既不随便站出来,则自己立身,做人总要做的,事业可以不做,官可以不做,人总要做的。所以说要知道六言六蔽,要学诗,以及如何才是礼乐,都是教人晓得立身,如何站得住,知道自己如何做人,这些基本修养要做到的。

静定

(一)诸葛亮《诫子书》

平常人谈到修养的问题,很喜欢引用一句话——宁静致远,淡泊明志。这句话出自诸葛亮告诫他儿子如何做学问的一封信——《诫子书》。原文:

> 夫君子之行,静以修身,俭以养德。非淡泊无以明志,非宁静无以致远。夫学须静也,才须学也。非学无以广才,非静无以成学。慆慢则不能研精,险躁则不能理性。年与时驰,意与日去,遂成枯落,多不接世。悲守穷庐,将复何及!

有人说文人都喜欢留名，其实，岂止文人喜欢把自己的著作留给后人。好名好利，是人心的根本病根，贤者难免。先不谈古人，就拿现在来说，几十年来，不知出版了多少著作，但其中能被我们放在书架上要保留它到二三十年的，又有几本书？尤其现在流行的白话文章，看完就丢，只有三分钟的寿命，因为它缺乏流传的价值。一本著作，能够使人舍不得丢掉，放在书架上，才有流传可能。所以留名是很难的。清代诗人吴梅村说的："饱食终何用，难全不朽名。"一点不错。

所以古人又有一句名言说："但在流传不在多。"比如诸葛亮的一生，并不以文章盖世，当然是他的功业盖过了他的文章。而他的文章只有两篇《出师表》，不为文学而文学的写作，却成为千古名著，不但前无古人，也可以说是后无来者，可以永远流传下去。他的文学修养这样高，并没有想成为一个文学家。从这一点我们可以看到，一个事业成功的人，往往才具很高，如用之于文学，一定也会成为一个成功的文学家。文章、道德、事功，本难兼备，责人不必太苛。

诸葛亮除了《出师表》外，留下来的都是短简，文体内容精炼得很，一如他处世的简单谨慎，几句话，问题就解决了。看他的传记里，孙权送他东西，他回信不过五六句话，把意思表达得非常清楚，就这么解决了。

这一篇《诫子书》，也充分表达了他的儒家思想的修养。所以后人讲养性修身的道理，老实说都没有跳出诸葛亮的手掌心。后人把诸葛亮这封信上的思想，换上一件衣服，变成儒家的。所以这封信是非常有名的著作。他以这种文字说理，文学的境界非常高，组织非常美妙，都是对仗工整的句子。作诗的时候，春花对秋月，大陆对长空，很容易对，最怕是学术性、思想性的东西，对起来是很难的。结果，诸葛亮把这种思想文学化。后来的八股文也是这样，先把题目标好，所谓破题，就是把主题的思想内涵的重心先表达出来。诸葛亮教儿子以"静"来做学问，以"俭"修身，俭不只是节省用钱；自己的身体、精神也要保养，简单明了，一切干净利落，就是这个"俭"字。

"非淡泊无以明志"，就是养德方面；"非宁静无以致远"，就是修身治学方面；"夫学须静也，才须学也"，是求学的道理；心境要宁静才能求学，才能要靠学问培养出来，有天才而没有学问修养，孔子也说过，"学而不思，思而不学"的论点，和"才须学也"的道理是一样的。

"非学无以广才"，纵然是天才，如没有学问，也不是伟大的天才。所以有天才，还要有广博的学问。学问哪里来的？求学来的，"非静无以成学"。连贯的层次，连续性的对仗句子。

"慆慢则不能研精"，"慢"也就是"骄傲"的这个"骄"字。讲到这个"骄"字很有意思，我们中国人的修养，力戒骄傲，一点不敢骄傲。而且骄傲两个字是分开用的：没有内容而自以为了不起是骄，有内容而看不起人为傲，后来连起来使用为骄傲。而中国文化的修养,不管有多大的学问、多大权威,一骄傲就失败。孔子在《论语》中提到"如有周公之才之美,使骄且吝,其余不足观也已"。一个人即使有周公的才学,有周公的成就,假使他犯了骄傲和很吝啬不爱人的毛病,这个人就免谈了。

我们中国人力戒骄傲,现在外国文化一来,"我有了他真值得骄傲"这类的话就非常流行,视骄傲为好事,这是根据外国文字翻译错了,把骄傲当成好事。照中国文化规规矩矩翻译,应该是"欣慰"就对了。这是几十年来翻译过来的东西,将错就错,积非成是,一下子没办法改的地方。但是将来维护我们中国文化的传统精神,是要想办法的。有许多东西,都要慢慢改,转移这个社会风气才是对的。这是说到慆慢所引出来的。

再回到本文"慆慢则不能研精",就是自满,慢就是自以为对。主观太强,那么求学问就不能研精。"险躁则不能理性",为什么用"险躁"?人做事情,都喜欢占便宜走捷径,走捷径的事就会行险侥幸,这是最容易犯的毛病。尤其是年轻人,暴躁、急性子,就不会理性。

"年与时驰,意与日去",这个地方,有些本子是"志"字,而不是"意"字,大概"意"才对,还是把它改过来。年龄跟着时间过去了,三十一岁就不是三十岁的想法,三十二岁也不同于三十一岁了。人的思想跟着年龄在变。"遂成枯落,多不接世。悲守穷庐,将复何及!"少年不努力,等到中年后悔,已经没有法子了。

看诸葛亮这篇《诫子书》,同他做人的风格一样,什么东西都简单明了。这道理用于为政,就是孔子所说的"简";用以持身,就是本文所说的"俭"。但是文学的修养,只是学问的一种附庸,这是做学问要特别注意的。

宁"静"致远究如何?

现在我们要继续研究的,便是"定而后能静,静而后能安"这句话中的"静"和"安"的道理。

如果只从人们的心理意识来讲,一个人如果把心一定下来时,当然便有一种较为宁静的感受。尤其人的生活,每天活在极度的忙碌紧张当中,只要能够得到片刻的宁静,就会觉得是很大的享受。但也不一定,有些人习惯于忙碌紧张的生活,一旦宁静无事下来,反而觉得无比的寂寞,甚至自生悲哀之感。在人群社会中,这种人的比例,比爱好宁静的人,至少超过三分之二以上。那么,只有那些学者、文人、艺术家、科学家、诗人们,才是爱好宁静的!其实不然,这些人的思想意识和情绪变化,也非常忙碌,并无片刻的宁静。只是并不太注重外物的环境,而习惯于一种相似的"定"境之中。有时,忽然撞着一个特别的知觉或感觉,那便是一般人所说的灵感、直觉,甚至叫它是直观。其实,始终还跳不出意识的范围,并非是真正的宁静中来。

所以有人说，诸葛亮的千古名言"淡泊明志，宁静致远"，总算是真正的宁静吧！差不多了。不过，要特别注意的是，孔明先生这句话的要点，首先在于"淡泊明志"的"淡泊"上，既然肯淡泊，而又甘于淡泊，甚至享受淡泊，那当然可以"宁静致远"了。一个人淡泊到了如孔子所说的，"饭蔬食，饮水，曲肱而枕之""不义而富且贵，于我如浮云"，那当然是人生修养达到一种高度的宁静意境。孔明一生的学问修养，就得力在这两句心腹之言，所以隆中决策，已明明知道汉末的局势，必定只有天下三分的可能。但他碰到了穷途无所定止的刘备，要使他在两强之间站起来。又很不幸的，碰到一个天下第一号的庸才少主，永远扶不起来的阿斗。无论在当时或后世，如果甘于三分天下，抱着阿斗在蜀中安安稳稳地过一生，那么，他的生平历史，又是一个怎么的描写呢？所以他只有自求死得其所，六出祁山，鞠躬尽瘁，正所以表明他的"淡泊明志"的本心而已。

后人说孔明不听魏延出子午谷的提议是他的失策，所以陈寿对他的定评，也说他善于政治，而不善于用兵。殊不知他早已知道尽他一生的时势，只有三分之一的定局。祁山六出，目的只在防卫西蜀，并不在侥幸地进取攻击。我知，敌人也知，而且对手并非弱者。如果出子午谷，胜算并不太高。假使由魏延向这一路线出兵，万一他中途叛变，势必腹背受敌。恐怕一生英名，毁于一旦而不得死所，所以否定这个计划。这是"宁静致远"，正是诸葛亮之所以之为"亮"也。他的用心，唐代诗人杜甫也早已看出来了，所以杜诗赞诸葛亮，便有"志决身歼军务劳"之句。身歼，便是他要以身死国的决心。

（二）"动"与"静"

要了解"动"与"静"的现象，首先要在科学和哲学的观点上，研究这个世界，这个宇宙。怎样叫做"静"或"静态"？而且，真正有一个"静"的作用吗？很多年前，有一位名气很大的先生讲哲学，说中国文化就害在"静"字上。而且只知道"守静""主敬""存诚"，这都是儒家哲学的过错。中国文化真的如他所讲的吗？

中国文化，基本上，并未在哪里真正说过宇宙是静态的，也没有确认有一个静的作用。例如大家公认为中国文化的群经之首的《易经》，开始便在《乾卦·象辞》上说，"天行健"。怎么叫做"天行健"呢？这是说，这个宇宙天体，它永远在动。"行"字，就是行走运转的道理。至于下一句"君子以自强不息"，那是教人们也要效法天地，永远要自立自强，不要偷懒止息。

不但天地宇宙永远是在动中，万有的生命，也永远在动中。所谓的静，只是缓慢地动，或可说是太过快速地动，所以在感觉上叫它是静。其实,并没有一个真正的静。例如老子说:"夫物芸芸,各复归其根。归根曰静,是谓复命。"这不是很明显可知,所谓的静,是一种生生不已,绵绵不绝,极大快速而却像缓慢的动作而已。譬如物理的真空,并非绝对的没有,它具有压力,也同时存在反压力,它能破一切,也能存在一切,只是人们还没有完全知道如何利用它而已。

地球在宇宙间永远在动,并没有一分一秒停止,但我们在大动中生存习惯了,反而觉得大地好安静。人们在车中、船上、飞机上,可以安静地休息或睡眠,并不会随时觉得车和船在行驶中,或飞机在推进中。当然,如果引用自然科学中的物理、化学,甚至电啊、光啊等等原理,有太多理由和事实说明,并没有一个真正的"静"。

但是相反的,天地宇宙之间,也没有一个真正的"动"。所谓"动"和"静",只是正反、阴阳,一体两面的一种变化规律,在人们的意识、知识上,假名它是"动"是"静"而已。同样的道理,"空"和"有",也同是这个原则。"生"和"灭"也不例外。

那么,究竟有没有一个真正的静态呢?答案:有。这是说在心理意识作用上,在物质世界的现象上,都是有的。换言之,说并无一个真正的动和静的分别,是指形而上的道体功能而言。至于在有形有质的后天作用上,动和静,的确是有比量比较的不同。

尤其在注重"内明"之学,做心理修养方面,更容易体会到静态,它和起心动念之间,大有差别的不同。其实,也可以说,在心性修养上,它和"止""定"的境界,是在程度上有深浅的差别而已。

讲到这里,只好用偷巧的办法来做说明,我们心理意识的思潮,连带情绪的波动,正如"黄河之水天上来",夹泥沙而俱下,无法制止。历来治水的办法,一是疏导,一是堵防。《大学》所说治心的方法,第一步便是"知止"。所谓"止"的方法,就如治水一样,姑且打了一道堤防,先用智知来制心一处,渐渐分散流量,加以疏导。将此心犹如奔竞的流水,引入渠道以后,归到一个平原湖泊的时候,渐渐变成止水澄波,清风徐来,微波不兴。就是达到了"知止而后有定"的境界了。

但必须要知道,这样的"定"境,只是"内明"自修治心的一种现象,还不是定慧的一种最高境界。然后由"定"到"静",那便是指"定境"上量和用的不同。静到了与外界隔绝,犹如《书经》记载大舜:"烈风雷雨弗迷。"又如说,视而不见,听而不闻,就是山崩地裂,也如不见不闻,只有一个心境的静境存在。但纵使这样,也还是静的一种过程。

如由静境再进深入,就可到达没有内境外在的不同,到这里很难说清楚,只好用佛学《楞严经》上的话"净极光通达,寂照含虚空。却来观世间,犹如梦中事"来表达。不过,特别要注意，它所说的"光通达"的光，并非如一般宗教迷信者所解说的，如电光，或是太阳、月亮似的光，或者在头顶上，画一个光圈的光。这里所说的光，是形容词，是智慧成就的光，并非有相的光亮。

曾子说：

> 大学之道，在明明德，在亲民，在止于至善。知止而后有定，定而后能静，静而后能安，安而后能虑，虑而后能得。

曾子的《大学》，所谓"定而后能静"的句子，他所用每一个"能"字，都不是只为写文章做介词或语助词而用的。先由"知止"，才能够得"定"。再由"定"了，才能够得"静"。这一直连下来的"能"字，实在是一字千斤之重，不可轻易忽略过去。中国的俗语说得好，你真"能干"！能才干。不能而干，安得不糟且糕哉！

再说，"定"和"静"的差别，只好再借用水做譬喻：我们把流动中的浊水，装到一个容器玻璃杯子里，先让它不再流动了，便似"止"的状态。然后投进一点明矾，渐渐使水质澄清了，便似"定"的状态。等到水里所有混浊的泥沙，完全沉到杯底，水净沙明，玻璃与水，内外通明一色，便似"静"境的类比了。好了！大家听了不要用心去求静；一有用心，"君心正闹在"，早已不静了。

（三）《大学》之"静""定"

孔子死后，继承他心法的弟子是曾参。曾子受孔子的教导，著了一篇《大学》。大学是大人之学、成人之学，就是讲身心修养，这就是中国教育的基本。我们这一百年来，教育没有方向也没有目的，究竟想把我们的孩子教成什么样子？没有一个方向、没有一个目标，方法也有问题，所以我们要重新思考。像《大学》这一篇，就确定了中国教育的目的和方法。什么是教育的目的？就是教做人；做人从什么开始？从心性修养开始，做一个堂堂正正的人。

"大学之道在明明德，在亲民，在止于至善"，这是纲要，明德、亲民、至善，古人叫"三纲"。修养的程度有七个阶段，"知止而后有定，定而后能静，静而后能安，安而后能虑，虑而后能得"，这个"定"不是讲静坐，不必盘腿，随时站在那里也好，坐在那里也好，在生活行住坐卧四个形态之间，就是修养心性的定。"知止而后有定"，知止，有定之后呢？"定而后能静，静而后能安，安而后能虑"，才能发生智慧，"虑"

是自己内在的智慧，"虑而后能得"，得到什么？得到"明德"了，大彻大悟，见到生命的本来面目，曾子把这种心性修养的成就称为"明德"。所以《大学》里头讲，"自天子以至于庶人，一是皆以修身为本"，这七个阶段就是学问修养的程序。

注意"知"跟"止"这两个字，人一出娘胎就有个知道的作用，譬如婴儿生来，肚子饿了就晓得哭，要吃奶；冷热过分了，他也晓得哭，这个知性是天生的。但是"知止"，注意！知止并不是说把能够感觉知觉的这个作用停止了，这就错了，是要自己引导知性向一个最好的路上走，选定一条心性宁静的路给自己走。

《大学》一书中，有关"知止而后能定，定而后能静，静而后能安，安而后能虑，虑而后能得"，这是"大学之道"的"七证"——七个修证的层次。看来平平淡淡，其实，这不但是曾子特别提出孔门心法求证实验的修养功夫，同时也代表周、秦以前儒道本不分家的中国传统文化中，教化学养的特色。

如果我们对中国佛、道两家的发展史略有了解，就知道这个"知、止、定、静、安、虑、得"的"七证"说法，从秦、汉以后，就被道家修炼神仙之道所引用。到东汉以后，佛学传入中国，讲究修习小乘禅定的罗汉果位和修证大乘道菩萨地位的止观方法，也借用了"止、定、静、虑"的说法。

直到现在两千多年，仍然犹如擎天一柱，屹立万古而不毁。曾子著《大学》时，希腊哲学家苏格拉底才刚出生。佛学开始传入中国，约在公元开始六十五年以后。距离曾子时期，约有五百年的差距。

我们先要了解这个文化历史的差距，然后再反过来借用佛、道两家的学术来加以说明，就比较自然，以免有先入为主的观念，容易发生碍难接受的反感！

《大学》所列举这七个修证层次，第一个便是"知"字。我们是中国人，当然明白这个"知"字是"知道"的"知"。由知觉到知识，知己到知心，乃至天知、地知、你知、我知、他知，都是假借这个"知"字而来。"知"就是"知"，还有什么问题呢？

如果仔细研究，问题就多了！我们的生命，为什么会有一个作用，能自然知道一切事和一切物呢？自古以来，大家也都认为天生而知，或者说，因为我们有灵性、有心，所以便能知一切事物。依照现代人来讲，因为生物有脑的作用，所以便能知一切。但是无论你说是灵性也好、心也好、脑也好，这还只是人类文化文明所产生的，人们自己认定的学说。究竟"能知之性"的第一因，从何而来，如何产生，仍然还是科学、哲学上一个大问题。

这和宋儒理学家所主张"性理"或"理性"之知，以及明代著名理学家王阳明先生，特别从孟子学理中提出的"良知"、

"良能"之说等，实在也还存在人类文化史上从来也未解决的基本问题。

如果我们从中国哲学史来看，尤其是佛家的哲学传入中国以后，往往把"知"和"觉"字随便解释为同一义语。但从逻辑（推理）和科学分析来讲，这两个字义又不能随随便便含糊同用。所以在心理学和医学上，知觉与感觉，必须清楚地分别。

例如在唐初时期，禅宗六祖慧能大师的弟子，荷泽神会禅师，就直接提出"知之一字，众妙之门"。这是肯定地说，知，就是入德之门。知，便是明道悟道的最基本的作用。无知的，就如木头石块，与道无关了！

以现代人来说，一个人，如果变成了植物人，他的些许反应，算是有知无知呢，或只是生理的反射而已呢？可以说，这还是一个存有争辩问题。人如死了，这灵知之性，究竟还存在不存在？这也还是一个重大的问题。即便不谈这些问题，这一知，就是人性生命的第一因吗？荷泽所说"知之一字，众妙之门"，以及王阳明的良知、良能之说的"知性"，完全对吗？

这个问题，在中唐、晚唐时期，当禅宗正在光芒四射的时代，早已有禅师们对"知之一字，众妙之门"提出无言的反应。最有名的如禅宗公案记载，有一位香严禅师，跟沩山大师参学很久了，沩山禅师却对他说，你问一答十，问十答百，这些都是你的聪明伶俐，意解识想。对于生死根本，父母未生时，你试说一句看？沩山这样一逼，弄得他茫然不知所云。他便自叹说，画饼不可充饥。请求沩山为他说破。沩山说，假如我告诉你，你以后一定会骂我，我说的是我的，始终与你无干。

香严禅师听了，就把平常所看经书文字烧了，愤恨地说，这一生决定不学佛法了，只做一个到处旅游、混饭吃的和尚算了，免得自己劳役心神。因此，就向沩山拜辞，哭着走了。有一次，到了南阳，住在慧忠国师过去住过的寺院里，他很喜欢这个地方。一天，他起来铲草，碰到一块瓦块，随手一抛，瓦块打到竹子，啪的一声响，他就忽然开悟明白了！立刻回到住处，洗好澡，点上香，向沩山住的方向叩拜说，老和尚，你真是大慈悲，恩逾父母。如果你当时为我说破，我哪里有今天的事啊！因此他就写了一首偈说：

　　一击忘所知，更不假修持；
　　动容扬古路，不堕悄然机。
　　处处无踪迹，声色外威仪；
　　诸方达道者，咸言上上机。

沩山知道了便说，这个小子，总算彻底明白了！

这就说明忘其所知，才可近于入道之门了！

另外，如大家公认为道家的祖宗老子，早就提出"绝圣弃智，民利百倍"。他明显否定那些自认得道的圣人，认为他们便是扰乱苍生的家伙，那些自称有知识的智者愈多，人世间就愈不得太平了！所以他又主张"知者不言，言者不知""大道无名"等说法。

再如道家的庄子，便用一个寓言故事说：南海有个大帝，名字叫儵。北海有个大帝，名字叫忽。中央有个大帝，名字叫混沌。

有一天，南北两个大帝在混沌那里碰头。混沌对他们太好了。这南北两个大帝一商量，我们怎样才能还报混沌的恩德呢？会议结果，认为人人面上都有七窍，所以能够看，能够听，能够吃，能够呼吸，只有混沌没有这样的功用，太可惜了！开罢！我们有志一同，同心协力为他开窍。于是，每天为他打一个洞，到了第七天，七窍开了，混沌也就死了！这真变成因福得祸，报德以怨了！

我们引用佛、道两家的一些故事，说明他们都同样认为"知"，并不是心性道体无上妙法。"知"，不是道的本体。换言之，"知"不是"能"。"知"是由一个能知的"所"生起的一个最初作用而已。

《大学》所讲"知、止、定、静、安、虑、得"的七个修证学养的层次，我们已讨论过第一要领的"知"字。现在应该研究第二个层次的"止"字。当然，大家都明白"止"，便是停止的意思。但是，要停止什么呢？这个问题，可以说真正不容易随随便便就可以讲得清楚。最好的办法是，先要了解"止"字有两个内涵：一是内在的——"内明"之学的"止"。也就是宋儒理学家们借用庄子所说的"内圣"之学的"止"。

二是外用的"止"。也就是庄子所说的"外王"外用之学的"止"。不论是上为领导天下的帝王，下及做一件事业（包括工、农、商、学）的领导人，或是只做一个家长，或是只做一个极普通的平凡人，怎样把自己的思想行为，做到恰如其分的止。

了解了这个"止"字的定义，含有内明（内圣）外用（外王）的两重作用。其次，再从内明的"止"字讲起，才能引申到外用"止"的作用。

但不论是内明的"止"，或外用的"止"，首先又必须从"知止"这个名言词句的逻辑次序讲起。因为"知止"这两个字联结在一起的话，便有这个问题，先"知"道了才能够"止"？或是先"止"了才能够"知"？答案是，先"知"道了才能够"止"。这是理性的智知做主观，是主导。那这一"知"便是主；"止"便是宾，是客观的，是被领导的作用。譬如看到前面有火，便自行停止前进。这便是"知"是主；停止的作用是宾。又如肚子吃饱了，再不想吃了，脾胃满足了，反应到意识或脑，必须停止不吃了。这便是"知"为主；"知"道饱了应该不吃，这"知"就是宾了。朱子注释《大学》，在这个要领上，只从"止"字着眼，对这"知"并未特别注意，或是有意、无意地

317

忽略过去，不得而知。但这是关键所在，不能含糊放过。

了解了这个关键以后，再来研究"知止"或"知止而后有定"，就有理路可循了。换言之，就合于推理的程序，比较容易明白"内明"的性理之路了。这样的结论，当然是"知"为主，"知"为先导；"止"为宾，"止"是主导所造作的一种境界。

所谓"知止"的"内明"之学，是要每一个人，先来明白知道自己的心理心态，或更明白地说，自己的心思和情绪。无论是上为天子（帝王），下为平民（庶人），人们的心思和情绪，从睡醒起来，再到进入睡眠的时候，在这一天的生命历程中，能够数得清、记得完全经过多少思想、乱想、幻想吗？至于其中所起浮生灭的各种大大小小的情绪，就更不用说了。而且这些复杂万分的思绪，在我们进入睡眠时，还会如多面镜子般地互相曲折反映，幻化出各种奇怪难解的梦。谁能把此心思绪，清清静静、平平安安地时常摆在一个清明、清静、安详的境界中呢？恐怕是绝对不能做到的吧？答案是能够做到的。问题是人们不知道自己怎么来"知止"。所以说，英雄可以征服天下，而不能征服自己。圣人之道，首先要征服自己，不想征服天下。征服天下易，征服自己难。降伏自己的心思而反归平静，初步能做到如老子所说的："专气致柔，能婴儿乎！"才能渐渐达到"知止"而进入"明德"的境地。

在这里，我们再借用禅宗一首偈语来说个明白。一生严格

第二部分：为师之道

教化子弟的临济大师，在他临终前，还写了一首偈语，特别垂示弟子们要严谨修行，不可懈怠。他说：

沿流不止问如何？真照无边说似他。
离相离名人不禀，吹毛用了急须磨。

这首偈子的文字意思是怎样说呢？第一句，"沿流不止问如何"？是说：我们人的思想、欲望、情绪、意识等等，由生到死，每一天，每时、每秒，所有这些心思，犹如一股滚滚洪流，滔滔不绝，对境动心，或起心造境，绵延不断地流动，永远无法使其停止，自问、问你，怎么办才能得止啊？

第二句，"真照无边说似他"。但你要自己反省，认识自己天生自性本来就有一个"能知"之性的作用存在。你要自己提起那个"知性"，如无边际的照妖镜一样，自己来看住、管住那些妄想和妄情。犹如自己注定视线，对镜照面，一直照，不动摇地照，渐渐就看不见镜子里的面上幻影了。镜子清静了！空灵了！如果这样用功反省反照，那便可以说很像接近"他"了！"他"是谁？勉强说，"他"是道啊！但是即使是这样，还只能说好像"似他"，但并非是究竟的大道。

第三句，"离相离名人不禀"。这是说，人的生命自性究竟的道体，是离一切现象的名和相的。但是人们始终自己不明白，自己不理解，也就不清楚。它也不是永远禀赋在你身上。

因为此身长短是虚空!

第四句,"吹毛用了急须磨"。吹毛,是古代形容锋利的宝剑,只要把毛发对着剑峰,一吹就断,它太锋利了。这是形容人们的聪明智虑,不管你有多么锋利,多么敏捷能干,如果不能随时回转反省自修而还归平静,包你很快完蛋,而且此心被习气所污染,就如滚滚旋转的车轮,不停不回,堕落不堪了。所以说,就算你聪明伶俐得像一把吹毛宝剑一样,也必须再磨砺干净啊!

临济大师到底是禅宗五宗的开山之祖,他这一首偈子把性理修养和文字,轻轻易易地联结在一起,绝非一般诗人所及。现在,我们借用他来说明"知止"的学问修养境界,应该是比较明白了!

这个道理我们了解了,所以对于思想,我们不要去控制它,譬如说我们想静下来,脑子里在想"我最好静下来",这反而又多了一个念头,所以最好不要去做"我最好静下来"的想法。许多人学佛、学道、打坐、练功夫,有意要把心静下来,这心怎么能静?有的两腿盘起来,闭眉闭眼,不言不语,耍把戏一样,这也可以,但不是真正"静"的境界。对生理的帮助则有之,如说这就是静,那就不通的。这样坐在那里,心里的乱想会更多,这不是真正的"静"。所谓"真正的静",要有高度的修养,比如一面批改公文,一面听取报告,处理急务,日理万机的情形下,而心境始终是宁静的。我们要想做到这一步修养，就先要认识自己的心理，思想是这样不断地过去，现在我们就可以做一个体会，我们对于前面过去的思想不理它，过去的已经过去了。譬如我们所有的痛苦烦恼在哪里？我们往往知道是无法挽回的，但硬是想要把它拉回来。所谓后悔，就是已经过去了的，想把它抓回来。对于未来的，又何必去想它？有人说我走路很快，我说我这个人"懒得用心"，譬如我出门到这里来，目标是恒庐，就直往恒庐来，路上的事就不去管它，不去想它。可是许多人一路上看到的、听到的、遇到的，可想得多了。假使能够不去想它，心理上永远保持这份宁静，心理就健康了，生理也自然健康了，这是必然的医学道理。现在再回来说本题，我们知道过去的已经过去，未来的还没有来，不去管，单说现在的，"现在"也没有，我们说一声"现在"，这"现在"就马上过去了。慢慢从这一面去体会，永远保持心境的安宁，这一个平静的心境，一直平静到甚至于今天被敌人抓住了要枪毙也不怕，想想，就是枪毙也不过是一颗子弹这里进去那边出来，就完了！不过现在它还没有来，何必去怕？它来了，就是这么回事，怕也没有用，又何必去怕？现在还乐得享受，清静一点。

所以古代许多大臣、忠臣，如文天祥的从容就义，就是如此，在文天祥的传记里就看到他有这种修养。他在被执以后，路上遇到一位老师，不知是道家的人物或是佛家的人物，他没有讲。只在他遗集中一首诗前面的序言中说，碰到一个异人，传他一个"大光明法"（这是佛家的东西）。因此，当时他就把生死看开了。读了这传记，才知道怪不得文天祥有这样高的修养，他是从此之后，就把生死观念完全看开了。

如拿佛家、道家的观点来说，他得了道，有了功夫，对于肉体的生死，不当一回事了，但这有什么稀奇？没什么稀奇，就跟我们刚才讨论心里的思想一样。

我不知道这样解释清楚没有，希望对大家在修养上有点贡献，获得一点安身立命的修养，有此高度的修养，才能处理大事，才能担任大的任务。

刚才说的第一步是比较高的。第二步就要注意孔子所说的"克己复礼"。这个"克"字，就是克，克伏下去，含有心理的争斗意思。譬如我看到别人的领带漂亮，想去把它拿过来，但理智马上就来了："我为什么这样无聊？有这样下流的思想！"这就是克，就是心理上起了争斗的现象。在庄子的观念中叫做"心兵"，心里在用兵，所谓天理与人欲之争，以现代语汇来说，是感情与理性的争斗，我们一天到晚都在这种矛盾之中。我们克己，要怎么克服呢？《书经》里两句话："惟狂克念作圣，惟圣妄念成狂。"这个"狂"同一般人所认为的狂不同。照佛家和道家的解释，普通一般的"凡夫"就是狂。如果平凡的人，能把念头克伏下去，就是圣人的境界。换过来，一个人放纵自己的思想、感情、观念，就变成普通人。这是《书经》的文化，比孔子还早，是我国上古老祖宗的文化，孔子继承传统文化,就是这里来的。"克念作圣"这个"克"字,我们可以了解了,就是孔子说的"克己"。

克己以后,就恢复了"礼"的境界。"礼"不是现在所谓的礼貌,"礼"是什么呢?《礼记》第一句话,"毋不敬,俨若思。"就是说我们要随时随地很庄严,很诚敬。这个"敬"并不是敬礼的敬,而是内心上对自己的慎重,保持克己的自我诚敬的状态,表面上看起来,好像是老僧入定的样子,专心注意内心的修养。所谓礼,就是指这个境界而言。从这里发展下来,所讲对人对事处处有礼,那是礼仪了。《礼记》的这一句话,是讲天人合一的人生最高境界。

"克己复礼"就是克服自己的妄念、情欲、邪恶的思想、偏差的观念,而完全走上正思,然后那个礼的境界才叫做仁。如宋儒朱熹的诗:"昨夜江边春水生,艨艟巨舰一毛轻。向来枉费推移力,此日中流自在行。"这就看到他的修养,不能说没有下过工夫,他也曾下了几十年工夫。尽管宋儒有许多观点值得斟酌,但他们对的地方,我们也不应该抹杀;刚才我们讲克伏自己的思想,心境永远保持平静,不受外来的干扰,这是很难的。这里是朱熹的经验谈,他做了几十年的学问与修养,这个功夫不是一做就做到的,要平常慢慢体会、努力来的。这首诗里他以一个景象来描写这个境界:我们心里的烦恼、忧愁,就像江上一艘搁浅的大船一样,怎么都拖不动,但慢慢等到春天,河水渐渐涨到某个程度的时候,船就自然浮起来了。

后两句诗是重点，平常费了许多力气——想把这艘船推动一下，可是力气全白费了，一点也推移不动，等到修养到了相当程度的时候，便是"此日中流自在行"的境界了。到了这一步，就相当于孔子所谓的"克己复礼为仁"了。"仁"就是这样解释的。现在我们可以有一个观念，就是孔子所说的"仁"，是有一个实在的境界，而并不是抽象的理论，是一种内心实际功夫的修养。所以真做内心修养的，个中艰苦真是如人饮水，冷暖自知。

前面研究讨论的，是"知止"的"止"，是属于"内明"学问的"止"。等于佛学所说的"制心一处"和"系心一缘"的"制止"的"止"，是都属于佛家小乘观心地法门的原则。如果从整个地球的人类学立场出发，认真研究这些学问，你可发现在公元前四五百年之间，同时同样地，讲究人类自己身心性命的修养学问，只有中国和印度，有这一门的科学同步发展。其他如埃及、巴比伦、希腊，虽然早已有了哲学的雏形，但仍似依稀仿佛，具体而微，后来渐渐形成以宗教为主导的西方前期文化。

但讲究"止、定、静、安"的具体研究，毋庸讳言的，以印度佛学为最精详，也最科学（这是指这身心性命修养的一门科学。并非说它就是自然科学，如声、光、电、化等应用科学一样。这个观念，不可以随便混淆。）。

（四）"止"与"定"的因果关系

我们继续研究下去，便需从"知止而后有定"这句话所指出，由"止"到"定"的两个层次来讨论。简单地分别来说，"止"是"定"的因，"定"是"止"的果。也可以说，"止"是"定"的前奏，"定"是"止"的成效。

因此照这样的思路来讲，对孔门心法《大学》的研究，便更有价值，而且对上古中国传统文化的精华，更显出特色。但这不是从民族国家意识立场来强调其说，事实确实如此。不过，这样一来，不从佛学，或者说不借用佛学来说明，仍然还是含糊不清。宋、元、明、清以来的儒家理学家们，就因为困于门户之见，死守固有藩篱，不但无法发扬光大，反而纯置儒道所长于无用之地，很是可惜！

大小乘的佛学，它的修证原则，最基本的，便是"戒、定、慧"三学。所谓戒学，犹如中国上古文化中的礼学，所谓"礼仪三百，威仪三千"，是属于由心理行为起点，推及到立身处世，甚至和世间生物的整体道德息息相关。它和人类世界所有法律的法理哲学，有很重要的密切关系。但是人们很随便地把它归入宗教的档案里了，真也一言难尽。

至于"止"和"定"的修证学问，更是佛学求证大觉的中心。从印度梵文翻译成中文，流传影响最广的，就是"禅定"这个名词。其实，梵文的"禅那"含有寂静精思的内涵。而魏晋以后初期的翻译，便借用《大学》的"知止而后有定"，保留原来的"禅"音，配合一个"定"字，因此就叫做"禅定"了。到了初唐，玄奘法师又改译作"静虑"，这样一来，更明显地是借用"静而后能安，安而后能虑"，充分表达出是"思维修"的内涵。

可是，在佛学修证上，严格说来，"止"和"定"，它的作用和境界，又各有界别、功果的不同。例如佛说："如香象渡河，截流而过。"这是很恰当的形容，人们要把这个纷纷扰扰的心思暂时停"止"下来，就必须如力大无比的大象，有能从奔涛滚滚中，截断众流，横身而过的大勇才可，这便是"知止"而"止"的状态。

至于"止"的外用方面，大略说来，每个人立身于这个社会，都要给自己定位，也就是自己要确定这一生要干什么。在做一件事的时候，要知道自己怎么做，"止"于这一理念上，才能处变而宠辱不惊，处事而无悔。如能做到这个样子，在滚滚红尘里，也算得是一等一的人了。

然而，在大小乘的佛学里，又把"止"和"定"的功果境界，统名为"三摩地"，旧译为"三昧"，玄奘法师的新译，叫"奢摩他"，这都是文字言语发音有差异，所以用字不同。另有一个译名叫"三摩钵底"，这是指"定"和"慧"同一境界之果。好像等于《大学》的"知、止、定、静、安、虑、得"的总和。

那么，佛学对于"定"学有什么说法呢？这要提出大小乘佛法对于定学有不同的原则了。

佛说小乘的"内明"、"定学"，通称为四禅八定，那是佛法和世间任何宗教、宗派，或一般学者都可能进入的一种身心修养境界。它的进度层次分作四禅：初禅，心一境性，离生喜乐；二禅，定生喜乐；三禅，离喜妙乐；四禅，舍念清净。它的心智境界，分作四定：空无边处定、识无边处定、无所有处定、非想非非想处定。

但佛说四禅八定是共法。也就是说：佛法和其他方面的修证程序，在身心的过程上，自有彼此经验相同，身心相同感受之处。至于佛法另有不同于共法的"定"境，就是阿罗汉的"灭尽处定"。所以佛学把它综合起来，便叫做"九次第定"。这便是小乘佛学修证功夫的学问。

如果以中国上古传统文化，儒道尚未分家的道学来讲，这是"内视"和"精思"的实际学养的内涵，并非徒托空言、虚构玄想的空话，它是有科学性的实验，更非盲目迷信来崇拜信仰，就能达到的境界。如早于孔子而生的管仲，便提出"心术"的重要，而且说"思之，思之，鬼神通之"的形容词。迟于孔子而生的庄子，就用"神明来舍"来表达。但须知管子、庄子所说的鬼啊、神啊，并非如童话和民间通俗小说的鬼神。鬼，是指精神阴暗不明状态的代号。神，是指上下通达的名词。庄子所说的神明，也是相同的意思。如照小乘佛学的四禅八定来讲，都属于"非想非非想处定"的境界。

在大乘的佛学里，固然也肯定四禅八定的重要，但却以"止"（奢摩他）的"观"（梵言：毗钵舍那）两个中心，概括了"定学"和"慧学"的整体功用。当然，最主要的，也是最后的，必须以"慧学"的成就，才是入佛智觉的真谛。

佛学大小乘中有关"止"和"定"的大要原则，已经概略知道。但在心理作用上，还有一层最重要的说明，那就是说，怎样才能够达到止定的用心方法呢？

这在小乘的"禅观"的方法，又指出有"觉"和"观"的两个作用。"觉"是包括知觉和感觉。"观"是指理性"智知"的心态。当你自己反照，追索自己的思想心念时，你一定可以知道自己现在的心念思想现状。

举例来说，刚才我正在想吸烟或喝酒，可是在这个正在想吸烟或喝酒的同时，我们一定也有一个知道正在想什么的知觉，同时了然在心。再细一点来说，当你意识正在思维或在烦忧的时候，同时也有一个知道自己在做什么。这个作用，在心理学上，也可以叫它是监察意识。在哲学的理论上，便可叫它是理性或理智的作用。换言之，无论你在思想纷飞，或是喜怒哀乐发作的时候，自己必然知道。不然，你在心烦意乱的时候，你怎么会说我烦死了，或者说，气死我了呢？

明白了这种浅显的道理，就可知道小乘禅观所说的"觉"，便是指这种知觉和感觉的作用。"观"是指同时有了解自心,观察自心的本能。因此,要达到修止修定的成果。可另做四个程式:一为有觉有观。是初步的禅修境界。二为有觉无观。可能是半昏晦沉没的境界。三为无觉有观。可能是心思出位,浮想纷散的境界。四是无觉无观。达到心境一片清明,也就同朱熹注《大学》"明明德"的解释中,所提出的"虚灵不昧"的境界。其他理学家们,也有叫它是"昭昭灵灵"的。禅师们也有叫它是"历历孤明"的。如果一个人对心性修养,真能达到这种程度,当然是合于"大人之学"的"知止而后有定"的一种标准。但在大乘佛学来讲,即使修养到此程度,也只可以说达到半途,未尽全程。

宋儒理学家们,根据《大学》的"自天子以到于庶人,一是皆以修身为本",要求做皇帝的天子,以及做人臣的王侯将相,必须要个个具备这样的学问修养,做到"虚灵不昧",去尽人欲,为天下表率。这岂不是要他们比和尚更和尚,能吗?他们说,尧、舜能的!人人都可为尧、舜,有何不能!真是迂拙空疏到极点。所以使南宋的江山,上下臣工,都在"平时静坐谈心性,临危一死报君王"中完结了!怪不得高明的汉文帝要说,"请卑之,毋高论",才能使那些帝王老板们听得进去啊!因为他们的命运机会好,不幸做了帝王,当了老板,但他们的人品,毕竟还是一个平凡的人,甚至比平凡人还要平庸呢!

那么，大乘佛学对于修习止定的说法，又是怎样一个原则呢？那就要了解玄奘法师翻译的佛学里，不用"有觉有观"的字样，却有更精细的描写，叫"有寻有伺"。寻，譬如灵猫捕鼠，在找。伺，犹如黄龙南禅师说的：如灵猫捕鼠，目睛不瞬，四足踞地，首尾一直等在那里。用现代语的解释：寻，犹如拿一只手电筒来找东西。伺，犹如千万只电灯光下，照到物件投入光中。所以，初步用"有寻有伺"的心态去捕捉自己此心的一番清静境地。慢慢纯熟了，便到达第二步的"无寻唯伺"的心境。也就是已经不用太费心力，自然可以到达了。最后达到"无寻无伺"的地步，才能使意识清明，心如明镜的境界。

此外，还有配合心理生理作用的喜、乐情况，和暖、顶、忍等身心同步转化的作用，一言难尽。

总之，我们已经用了最大力气，花了很多时间，借用佛学来发挥"知止而后有定"的学问修养的概念。也等于褒扬了朱子学养，他对"虚灵不昧"之功，并非托空妄语，实在有他的见地。不过，不能含混加在《大学》"明明德"的意旨上而已。

第二部分：为师之道

循循善诱

> 夫子循循然善诱人，博我以文，约我以礼，欲罢不能。既竭吾才，如有所立卓尔。虽欲从之，末由也已。

孔子教育人的态度："夫子循循然善诱人"。注意"循循"这两个字，"循"是跟着走。不但是教育如此，做人处世也是如此，讲理论容易，做起来很难。在学校里教学生，就常会感到非常讨厌，有时候心里会想："你还没有懂？真蠢！"当我们有了这个心理的时候，马上感觉自己到底不是孔子。颜回这里说孔子，对学生不会发这种脾气。"循循然善诱人"，教育是诱导的，东方和西方都是一样。什么是诱导？这是好听的名词，说穿了只是"骗人"而已，善意的"骗"。好像小孩子玩火柴，这是多危险的事，你如说不准玩，他非玩不可，就要赶快拿另外一件玩具骗他，要诱导他，使他觉得别的玩具更好玩，把火柴丢了，来拿其他的玩具。这就是"循循善诱"，就是这样"骗"人。

教育如此，推而广之，做领导的人，从事政治，都要做到"循循然善诱人"。"循循然"就是循他的意志，循他的个性，循他的道理，把他带一个圈子，还是把他带上正路。人性就必须这样处理。所以从孔门思想的推演，到了孟子讲到人性，就主张堵不得的。你说："不可以！不行！"他就非做不可。

尤其是对一个小孩的教育,你说不准,他非反抗不可,至少在心理上反抗,表面上你是父母,是老师,听你的,但心里非常反感,从心理学来看,就只这一点反感,慢慢积累起来,到最后他对一切事物都有了反抗性的习惯了。越是受压制的孩子,反抗越大,所以要想办法,循循然善诱。当然有时候有例外,像军人带兵,老实说没有那么多理由,命令就是命令,教你如何就如何,没有理由,因为战场上必须这样,也就是孔子说的"民可使由之,不可使知之"。平常的教育则还是要"循循然善诱人",像对年轻人有一件事就感觉得到,有些书越禁止,他越偷偷地看。所以循循善诱是一个原则。方法怎样运用,则和用兵一样,运用之妙,存乎一心。

孔子的教育是依受教者的思想、品格而施教,不勉强人,不压制人,不挡住人,把门打开给他看,诱导他进去。但用什么诱导他呢?用什么"骗"他呢?"博我以文,约我以礼。"所谓人文的学问,就是这两句话。什么是"博我以文"?就是知识要渊博。现在的教育,从"五四运动"白话文流行以后,有一大功劳,知识普及了,现在的青年知识渊博了,这就是"博我以文"。尤其现在加上传播事业发达,每个家庭有电视,在社会上有电影、报纸、刊物、广播,各种传播知识的工具,以致现在十几岁的青年,对于常识,比我们当年二三十岁时还知道的更多。当年我们书是读得多,对于普通知识还是傻傻的。现在七八岁的孩子都知道太空了。可是知识越渊博,学问越没有了，缺乏了"约我以礼"的涵养。我们要了解，"博我以文"的"文"并不限于文字，而包括了一切知识。知识要渊博。但知识越渊博的人，思想越没有中心。

所以中国政治，在过去领导上有一个惯用的方法。是什么呢？他尽管采用知识多的人，渊博的人，而真守成的干部是找老实而学识不多的人，他稳得住。凡是知识越渊博的人越靠不住，因为他没有中心思想。对于这种人，给予的官位、头衔非常大，而真正行政的权力，并不交给他。知识多了的人，好的可以说成坏的，坏的可以说成好的。像现在的人好讲逻辑，把西方的一种思想方法，也当哲学来讲。例如说到法理学的话，如果我们抓到小偷，送官署是对的。但是打了他一下，他可以要求验伤，告你伤害。他说他做小偷是犯了法，但你打他是侵犯人权，至少在判决确定前，他还只是一名嫌疑犯，你打他，侵犯了人权，人权第一，你犯了伤害罪。讲法律逻辑，这是对的。但从另一面讲，善就是善，恶就是恶，坏人就该打，可以不跟他讲这一套。这就是说死守逻辑的坏处，也就是说仅仅是"博我以文"的流弊。以下面这句"约我以礼"来救这个流弊就对了。知识要渊博，思想要有原则，走一个专精的道路，做人处事要保持文化思想的中心精神。这是颜回第二点说到孔子教育他的方法，也可以说是他的心得。

第三点他说自己受孔子教育，大有"欲罢不能"之感，他说有时候自己想想算了，不再研究了，可是却像谈恋爱一样，藕断丝连，总罢不下来。"既竭吾才，如有所立卓尔。"颜回说他自己，尽所有的才能、力量跟他学，然后感觉到很不错、很成功，好像自己建立了一个东西，自己觉得"卓尔"站起来了，可以不靠孔子，不依赖老师了，好像行了，结果冷静下来一反省，还是不行。

"虽欲从之，末由也已。"虽然跟着他的道路走，跟着他的精神那么做，但茫无头绪，不晓得怎么走，简直一点苗头都找不到。这是颜回口中所描写出来的孔子，就是这样一个人，讲他的做人，崇高、伟大、其实，而摸不透。第二点讲到孔子教育自己，是那么善于诱导，而且那么注重多方面的知识，知识渊博了以后，同时注意中心思想的建立。第三点说明自己努力的结果，不论怎么，老是跟不上孔子。

由此，联想到禅宗百丈大师的几句话："见与师齐，减师半德，见过于师，方堪传授。"说够得上做一个禅宗大师的徒弟，要有一个条件——比老师还高明。他说如果学生的学问见解和老师一样，已经是矮了半截了。为什么？因为老师已经走了几十年了，这个学生还是在几十年以前的程度，在后面跟着老师走。教育的目的希望后一代比前一代好，要年轻一代的学问见解超过了老师，才可以做徒弟。所以，我们年纪大一点的朋友们，领导青年们，所期望于后一辈青年的，就要效法这几句话，希望后面的青年比我们行。

谈到命运的问题，我们这一代，不包括现在的青年，不必算命,如果要算八字,已经批断好了八个字:"生于忧患,死于忧患。"我们这一代是命中注定垫墙基的。但是不要自认悲哀,这是神圣的,一个建筑物基础不稳固就不好。所以我们这一代要认清楚,是未来一代的基础,自己要建立得稳固,同时希望后一代,要胜过于我们,见解学识都超过我们,这是我们国家民族所最值得欣庆的事。如果现在发现不及我们,这有什么用?要现在超过了我们。如孟子说的:"得天下英才而教育之。"这种"见过于师"的青年就是英才,但是这种人才,始终很难得。

刺激和诱导

> 子曰:不愤不启,不悱不发,举一隅不以三隅反,则不复也。

这里是说教育方法的原则。所谓"愤",就是激愤的心情。对于不知道的事,非知道不可,也是激愤心理的一种。如有一件事,对学生说,你不行,而他听了这句话,就非行不可,这是刺激他,把他激愤起来。"启"就是发,在启发之前,先使他发愤,然后再进一步启发他。这种教育方式,有一个很好的例子:相传清代名将年羹尧,是汉军镶黄旗子弟,幼时非常顽劣，他父亲前后为他请了好几个老师，都被他打跑了。后来没有人敢去应聘教他，最后有一个老师是隐士——有说是顾亭林的兄弟，顾亭林虽然一生不做清朝的官，从事反清的地下活动，但为了同胞的福祉，还是叫别人出来做些事——自愿任教。年羹尧的父亲说明自己儿子的顽劣，老先生说没关系，唯一的条件是一个较大的花园，不要设门，而且围墙要加高。就这样开始教了，年羹尧最初想将这位老师打跑，不料老先生武功很高，打又打他不着，却什么也不教他，到了晚上，老先生运用他高强的轻功，一跃出了围墙，在外逍遥半天，又飘然跳了回来，年羹尧对这位老师一点办法都没有。老先生有时候吹笛子，吹笛是可以养气的，年羹尧听了要求学吹，于是利用吹笛来使他养气，这才开始慢慢教他。后来老先生因为有自己的私事，一定要离开，临走时说，很可惜，这孩子的品质还没有完全变过来。虽然如此，年羹尧已经够得上是文武双全了，所以后来成了平藏的名将。而他以后对自己孩子的老师，非常尊敬，同时选择老师也很严格，有一副对联："不敬师尊，天诛地灭；误人子弟，男盗女娼。"就是他写了贴在家里的。这个故事，可说明孔子所说教学的原则，必先刺激他的思想，使他发愤，非要有坚强的求知心，才能启发出他本有的智慧来。

　　第二就是引起他的怀疑，"悱"就是内心有怀疑、不同意。譬如说古人这样讲，就告诉他这值得考虑。孔子所谓"当仁不让于师"，韩昌黎所谓"师不必贤于弟子"。老师不一定完全是对的，不是光靠服从接受便行，如果呆板地接受，学问会越来越差的。多怀疑就自然会去研究，"发"就是研究。

"举一隅不以三隅反，则不复也。"而且要多方面看。一桌四角，讲了一角，其余三角都会了解，那么他可以回来，"复也"就是回来。回到哪里？回到思想智慧的本位，就是回到自己智慧的本有境界。所以在教育方面，一定要激发他愤、悱的求知欲。我们看儿童的教育，有的孩子，对什么事情都不服气，而做家长的，总是希望孩子服气，尤其老一辈的人，往往把自己的经验看得非常重要，希望孩子接受。实际上要使孩子服气，接受上一代的经验，在教育方法上，必先使他能愤、能悱才行。

下面是讲一个人的领悟力，"举一隅不以三隅反，则不复也"。有些人读书学习很用功，但是领悟力不够，充其量，只能成为一个书呆子。譬如拿研究历史来说，最低限度，也是为了"前事不忘，后事之师也"，了解前代的事情，和现在的事情原则差不多，道理是一样，只是发生的时代不同，地区不同，现象两样而已。所以多读历史，能够举一反三，就可前知过去，后知未来。否则，白读死书，"则不复也"。学识又有什么意义呢？

玩索而有得

> 善读者玩索而有得焉，则终身受用之，有不能尽者矣。

这句话很好："善读者玩索而有得焉"，哎！圣人告诉我们，孔子也讲过，读书要玩！这里"索"就是探讨。"玩"这个字，我认为孔子开始用"玩索"这个名词用得好极了！真的！读书要轻松，真正的学问要轻松，不要像现在那么辛苦。我看现在很多学生戴着眼镜，就晓得读书很认真，读书呀不是玩索，所以头脑搞坏了。读书要高度的智慧，绝对地轻松读，越轻松智慧越开发；但是不能不用心。盯着一点慢慢地抠，结果呢，小而无内，小得没有再小了。要读书"玩索而有得焉"，要大而无外，无书不读。

我小时候读书，我因为爱读书，一辈子有这个习惯，也是个毛病、大嗜好。我读书呢，不同的书，摆很多种，圣经，很严肃的，小说、武侠的也有，什么的也有，黄色黑色白色蓝色都摆，科学也看，航空也看，包括驾飞机、驾船怎么驾也看，摆得多。这本书读到一个地方，读不通了，想半天想不通，我就丢掉，抓出别的一本小说来看看，或者像是诗啊、词啊来念一念，搞了半天——哎呀！这个道理是这个！再拿起一看，读懂了。这就是读书玩索。

所以我很反对现在当父母的管理子女的方法，小说都不准看。我家里孩子们是鼓励看小说，不看小说不懂做人，不懂做事。光读书，"三个加两个，两个加三个……"，拼命记，明天要考、明天要考——结果脑子读坏了。现在读书要体会玩索。我看到大家现在读书，真的非常佩服！我们小的时候读书很调皮，没有好好读；但是比现在很多人读的书都多，记忆的多，因为记忆都是玩索。尤其像我喜欢运动打拳，一边练拳一边手里拿着书，"通"一拳，哎，再看一看书。因为我怕脑筋读坏了，自己小的时候就怕。盯着书坐着读几个钟头，这个脑筋不坏啊？！如果此脑筋不坏，是无天理！读书这个环境是这个味道啊！

所以啊，我有四个字给送给大家——语重心长！大家不要当笑话啊，我是语重心长。这是"玩索有得焉"。那么，"则终身用之，有不能尽者矣"。朱子说，你现在把这个书好好研究，有了心得，一辈子用不完，够用了，则终身用之，不能尽矣。

无有定法　贵在得法

（一）得什么说什么

> 须菩提，于意云何？如来得阿耨多罗三藐三菩提耶，如来有所说法耶？

佛问须菩提，你的意思怎么样？你认为我，一个成佛的人，得了无上正等正觉吗？阿耨多罗三藐三菩提，用中文来讲是大彻大悟，你认为成佛得道，真正得到一个东西吗？这是第一个问题。"如来有所说法耶？"你认为我平常在讲经说法吗？反问须菩提两个问题。

> 须菩提言，如我解佛所说义，无有定法名阿耨多罗三藐三菩提，亦无有定法如来可说。

须菩提回答说：佛啊，很抱歉，假使根据我学佛所了解的道理，没有一个定法叫做佛法。大家注意啊！"无有定法名阿耨多罗三藐三菩提"，认为念佛才是佛法，你错了；认为参禅才是佛法，你又错了；认为念咒子才是佛法，你更错了；认为拜佛才是佛法，你更加错了。

什么叫做定法？佛说法等于一个大教育家的教育方法，不是呆板的方法，所谓因材施教，有时候骂人是教育，有时候奖励人也是教育，恭维你是教育，给你难堪也是教育。反正教育法的道理，是刺激你一下，使你自己的智慧之门打开就对了，所以说无有定法。他说：据我所想，开悟，大彻大悟，没有一个定法叫做阿耨多罗三藐三菩提，如果说有一个一定的方法成佛，有个"悟"字的话，那佛法就是在骗人了。应无所住而生其心，哪里有定法呢？

第二个问题须菩提的回答："亦无有定法如来可说"。佛的三藏十二部，《金刚经》这样讲法，《圆觉经》那样讲法，《法华经》又是一套说法，《楞严经》又是它的一套。等于有人说，你们学佛的嘴巴好厉害啊！下雨出门，说是慈云法雨，运气好；太阳出来说慧日当空，也是好；不晴不雨呢？说慈云普覆，反正都对。

叫什么？这叫"无有定法如来可说"。佛法在哪里？不一定在佛经上啊！世间法皆是佛法，《金刚经》下面会告诉你。所以大家学佛的，不要把学佛的精神和生活与现实人生分开。本来无所谓出世，也无所谓入世。世界上哪有个出？哪有个入啊？不出也不入嘛！那些都是外形，都是相。

何以故？如来所说法，皆不可取不可说，非法非非法。

大家特别注意，如来所说法，你也不可抓住！你听了他老人家的话，认为这样就对，那你就上了你自己的当了。不可取，不可说，说的都是第二，都是投影，真正那个东西说不出来的。譬如你去吃了一样好菜，回来告诉我怎么怎么好，好了半天，我也觉得那真好吃，我还是没有吃到。说的那么好，百分之百地形容出来，还是第二个月亮，不是当时的好吃味道，对不对？佛法也是这样，说得出来的，表达得出来的，已经不是它了。所以如来说法皆不可取，不可说。"非法"，没有一个固定的说法。"非非法"，也不是没有固定说法。

（二）程度的差别

所以者何？一切贤圣，皆以无为法而有差别。

"所以者何"，什么理由呢？"一切贤圣，皆以无为法而有差别"，佛法是这样的伟大！这是佛法的精神，它不像其他的宗教，否定自己以外的宗教，佛法是承认一切的宗教，一切的大师，乃至到了华严境界，连一切的魔王邪王都对了一点。只要你教人做好事，这一点终归是对的。所以一切贤圣，罗汉也好，菩萨也好，你也好，他也好，对于道的了解，只是程度上的差别而已。

耶稣的道，佛的道，穆罕默德的道，孔子的道，老子的道，哪个才是道？哪个道大一点，哪个道小一点呀？真理只有一个，不过呢，佛经有个比方，如众盲摸象，各执一端。瞎子来摸象，摸到了那个象耳朵，认为象就是圆圆的；摸到尾巴的时候，象就是长长的。所以一般讲众盲摸象，各执一端，都是个人主观的认识，以为这个是道，那个不是道。

　　学佛的人不应该犯这个错误，因为是无有定法可说，所以真正的佛法能包含一切，一切贤圣，皆以无为法而有差别。真理只有一个，没有两个，不过他认识真理的一点，认为这一点才是对的，其他错的，其实是他错了。真正到达了佛境界是包容万象，也否定了万象，也建立了万象，这是佛境界。

第三部分：「师道」久违「体用」待明

第一章　有关中学与西学的体用问题

这一百多年来，虽然高喊"中学为体，西学为用"，事实上通通是西学，没有中学！

我们这个国家由现在展望未来，究竟要走怎样一条路？

"中学为体，西学为用"，如果改成"中学为体，西学为相，我为用"，都被我用就对了。

師道

体用之见

"中学为体,西学为用",这是我们中华民族一百多年来的大问题。

"中学为体,西学为用"这个问题,又不是问题,但要真正讨论东西的文化思想,需要不少时间。有人说这是清朝末期大家闹革命,要推翻中国三千年来的帝王政治制度时,张之洞提出来的。其实这个问题,最初是《万国公报》华文主笔沈毓桂在一八九五年(清光绪廿一年)发表的《匡时策》中说的,后来张之洞《劝学篇》也引用,并推广论述。讲到"中学为体,西学为用",先要研究张之洞这个人,还有他和曾国藩、李鸿章、盛宣怀等大臣,以及容闳、辜鸿铭这几个初期国外留学生的关系。除此之外,更涉及乾隆以后的嘉庆、道光、咸丰一直到光绪、宣统这个清王朝的衰亡,这是很长时间的一段历史文化问题。

这样一讲，内涵资料就那么多了，再讨论起来，中西方学者沟通之间的矛盾对立，就更为突出了。

试想，以一个世纪为单位倒推回去，譬如推到老子、孔子、释迦牟尼、苏格拉底那个时代的前后一百年，看看当时西方出现什么人、什么思想，东方又出现什么人、什么思想，就会发现东西方的情况几乎是相同的。所以古人有句话"东方有圣人，西方有圣人，此心同，此理同"，道理都是一样的。

百年的人与事

古代有一位诗人元遗山，他是金朝的大名士，而金朝亡于元朝。在元朝统一中国这个阶段，他有两句诗："百年世事兼身事，樽酒何人与细论。"他说一百年当中，世界上以及个人家庭一切的事情，其是非利害的关键，没有对象可讨论。

我们这一百多年来，用的都是西方的学术，没有真正用过自己的文化学术，这是很奇怪的事。我们推翻清朝至今，这段历史，我们中国人经历过的艰难困苦，是现代人很难想象的。

十九世纪到二十世纪是整个阴气很盛的时期，很多国家是女人领导的，英国的伊丽莎白、中国的慈禧太后、韩国的明成皇后，还有二十世纪的末期印度的甘地夫人，等等。

这百年当中的人物，先从西方开始，法西斯的墨索里尼怎么起来！当时流传过来的西方文化，如所谓意大利文艺复兴的后三杰——达·芬奇、拉斐尔、米开朗基罗，对我们震撼很大。接着是德国的希特勒、英国的丘吉尔、法国的戴高乐，然后一直到日本军阀一齐起来了，加上中国的蒋介石、毛泽东，这一百年间的人物，男男女女，很可观，这是讲大的。其次，第三四流的英雄豪杰也不少，但是，"而今安在哉"？新的时代会出来什么英雄人物，二十一世纪究竟如何？

　　十九世纪末有那么多人，比三国时代、春秋战国还混乱，而东西方文化的冲击又那么严重。这都是在一百年之中的事。

戴鸿慈的资料　蒋梦麟的说法

　　戴鸿慈是清末政府指派出洋考察的五大臣之一。他是广东人，当时是户部侍郎，后来还做过尚书。他出国考察整个欧美的文化，八个月当中把当时欧美的政治、体制、一切文化等等搞得清清楚楚。不像现在，虽然出去留学三五年或者七八年，还不如他弄得这么清楚。他回来后，立刻向皇帝上奏折，建议国家的体制非改不可，但是他不像康有为、梁启超等闹戊戌政变，他不来这一套。他的建议非常有力，文章内容很好，就连慈禧太后也听进去了。

第三部分："师道"久违 "体用"诗明

讲到这里，再讲一个故事：

中国禅宗在唐代有位三平禅师，他与曾经反对佛道的韩愈一样有名。韩愈在中国文化史上的地位是"一言而为天下法，匹夫而为百世师"，这是苏东坡恭维他的（见苏轼《潮州韩文公庙碑》）。

看起来韩愈是反对佛、道，但他最后是学佛修道的。有一次他被贬到广东潮州，当地有个大颠禅师，韩愈就去请教他，向他问道。他问的是形而上的问题，大颠禅师没有讲话，只是在座位上敲两下，韩愈当然不懂。这时站在旁边的是年轻徒弟三平禅师，韩愈只好问他，师父刚才是什么意思啊？三平禅师说，这个你还不懂吗？"先以定动，后以智拔"，先要做工夫宁定，宁定后自己的智慧发起，可以大彻大悟。后来韩愈懂了没有，谁也弄不清楚了。

三平禅师后来有一个偈子，与"中学为体，西学为用"的问题有关。他的偈子说：

即此见闻非见闻　无余声色可呈君
个中若了全无事　体用何妨分不分

"即此见闻非见闻，无余声色可呈君"，这个眼睛能够看见，耳朵能够听到，脑子能有思想，都靠不住，因为我们的思想是生灭法，每个念头都把握不住的，思想学问随时都会溜了过去,也靠不住,究竟是唯物唯心还是个大问题。"个中若了全无事,体用何妨分不分",这个里头的道理,由形而下到形而上,真的彻悟了,了解了,什么事都没有。我现在引用"体用何妨分不分"这句话,来答复"中学为体,西学为用"的问题。

我们晓得中国原来都以北大为最高学府,推翻清朝以后有位校长蔡元培,后来因有蔡元培、胡适等人物,才引出"五四"新文化运动这些问题。后来蔡元培下去了,这个历史经过就不谈了。接下来的校长蒋梦麟,也是浙江人。蒋梦麟最后退到台湾,晚年在台湾做了一件了不起的大事,就是创建了"中国农村复兴委员会",简称"农复会"。当时开始做农复会时,他向蒋介石老先生讲一句话,他说你要我来做有个条件,党与政府不能进入干涉,完全由技术领导。蒋老头子说:"好!我们不干涉,只是帮忙。"所以农复会对台湾的农业复兴以及农业市场,一直到现在贡献很大。

蒋梦麟也已过世了,他曾著了一本《西潮》,西方文化影响中国,这本书大家都应该看看。《西潮》出版后,蒋梦麟在晚年说:我是三家学术用一辈子。哪三家?"以儒家的学问做人,道家的学问处世,鬼家的精神办事。"我们不禁要问,蒋先生啊!你说的鬼家是鬼谷子吗?他说不是的!我说的鬼家是学洋鬼子,以西方的逻辑来处理事情。所以,以儒家的学问做人,道家的学问处世,鬼家的办事方法,这是讲体用问题。

第三部分："师道"久违　"体用"待明

西学为体的百年

接下来，广东人孙中山先生以三民主义号召全国起来革命，推翻清王朝。三民主义吸收了洋学，引用英美的文化，立法、司法、行政三权独立，加上中国古有的监察与考试两权，变成五权宪法。他的理想是以三民主义、五权宪法建立一个新的国家体制。孙中山所创立的国民党推翻清朝帝制政权，准备用这样一个民主的体制立国，所以国民党的政府有五院——行政院、立法院、司法院、监察院、考试院，五权分立，是平等的。但国民党推翻清朝以后，来不及统一中国，就碰到问题了，西方文化的军国主义也来了。这时的国民党很可怜很可怜，可以说各省的强权军阀各自独立，直到北伐打到南京为止，根本还没有完全统一中国，只是名义上统一。当时南方的两广、福建，西南的云贵、四川，直到湖南、长江以南各省，及西北、东北各地，都是军阀割据，拥兵自重，国民党中央没有真正的统一过。这时留学生回来，又反对"中学为体，西学为用"。其实不管西学、中学，一片混乱，一概都没有用上。事实上，那时大家只有一个观念，"枪杆下出政权"，才能维持各省的独立。

民国六年时，俄国人的革命成功，人民势力起来了，由俄国变成苏联。接着是民国八年的"五四运动"。严格讲"五四运动"不是文化运动，"五四运动"最初的动机，是起来反对北洋政府与日本偷签的几乎等于卖国的"二十一条"。另外如无政府主义、三民主义、君主立宪、民主自由等，各种各派的西方主义思想纷纷涌进，凡是欧美留学回来的，就把西方所有东西都搬回来，在我们这个国家政坛上都试用过。直到现代，我们用的还是马克思主义以及社会主义等等。所以我说现在影响中国、影响全世界的都是西方文化的思想，一个是达尔文的进化论，一个是马克思资本论，一个是凯恩斯经济学理论，一个是弗洛伊德的性心理学，再勉强加上一个美国人杜威的实用教育。就以自然科学来说，大家都还在牛顿万有引力定律与爱因斯坦相对论的范围。我们几十年来引进自然科学的教育，以及精密的科技，哪一样不在西方文化的体用里头打转？现在只是很简单地带过去，详细地说都有凭有据。

但是我们一百年来都在自吹自擂，称道自己的中国文化，轻视西方。请问什么是中国文化？我们这个国家由现在展望未来，究竟要走怎样一条路？这一百多年来，虽然高喊"中学为体，西学为用"，根据我们刚才随意的述说，事实上通通是西学，没有中学啊！大家当然是中国人，还认得中国字；而今中国字还有认不得的，就是简体字。吃一碗面（麵），写的是脸面的面，中国文化根本连字体都有了问题！几十年前，甚至还有人主张整个废除中国字，用罗马拼音，学外国人拼音讲话就好了，要把几千年的文字都废掉。这也是有凭有据的事。因此我们研究中国这些问题，要以一个多世纪作对比来研究。

第三部分："师道"久违　"体用"待明

　　太阳从东边出来从西方落下去，研究这个世纪，要从三百年前开始才行。前面提出来龚定盦的时候，那是由乾隆到嘉庆时代，已经开始有了变化。再严格地讲，大家常常讲到西洋文化十六世纪的文艺复兴，仔细研究一下在文艺复兴以前的西方，就知道西方在将近一千年之间，都是在宗教的文化笼罩之下，这在西方历史称之为黑暗时期，所以才有马丁·路德的宗教革命，以及十六世纪文艺复兴的突起。文艺复兴是绘画、歌舞等文艺解放，向自由主义的路上走；接着是科学的发展。这个时候，大家都忽略研究印度、中国两个古国文明的变化；同时也要兼带研究日本、朝鲜等与西方文化接轨的事迹。

　　最有趣的是，看看这一百年来，所有的民主党派用的名号和精神，哪一个不是西方文化的代表？例如民主进步（简称民进）、民主社会（简称民社）、民主革命（简称民革），等等，有哪个用的不是西方文化呢？嘴里还拼命说中国文化了不起，这不是使人笑掉了大牙吗？

西方的毒害

　　"中学为体，西学为用"的问题来了。现在我们讲印度做一个参考，几千年来的阶级观念，到现在还是存在，印度几千年来的文字、语言，没有统一过，至今还有几十种。如果研究世界上的宗教，天主教、基督教的来源都是印度。在清初时期，印度已经不行了，荷兰与英国早在印度成立了东印度公司。这个时候，我们同时要注意研究外贸商业经济等问题。尤其是英国的东印度公司，他们发现有个东西——鸦片，是中国人所爱好的，可以利用它到中国赚大钱。

人抽了鸦片以后，思想状态近似于服用美国几十年前发明的迷幻药（LSD）那样。感觉会得定升华，可是又很难受。

清末民初这个时代的知识分子，几乎全国都在抽鸦片，连清朝道光皇帝也沾上了，这就是为什么林则徐要烧鸦片了。

印度呢？更不得了，可是印度今天还是那么活下来了。这两个东方古老的大国，受外侮侵害，真是疲惫不堪。有一篇文章，说东方两个国家，一个印度，一个中国，一两百年来没有侵略过人家，都是受列强所侵略欺负的，可是列强对这两个大饼，始终无法完全吞没。什么原因啊？这是一个大问题。

所以我们对"中学为体，西学为用"，要认真地仔细思考研究。不管资本主义也好，马克思主义也好，自由民主也好，都在东方中国的政治舞台上一幕一幕扮演过。譬如说经济的建立，我们研究一下中国，讲经济建设的先要研究《管子》，发展经济强国的主张非常多。《管子》这个不是随便读读的，要真研究，我们今天所讲的许多观念在《管子》这本书上都有，这是"中学为体"的问题了。

第三部分："师道"久违 "体用"诗明

我们讲"中学为体，西学为用"，其实到现在这一百年，为体又为用的都是西学。没有中国文化，中学为体的东西好像没有！包括政治体制、人文思想、教育、经济等等一切，没有一样是中国的！我们学经济的，连自己的经济学都没有看过。如果研究这个问题，牵涉到印度史、日本史、韩国史、中国史，在这一百多年的变化中，都相互关连的，这是历史哲学演变的大问题。

谈到中学为体，顺便讲一下清朝入关以后，在康熙、雍正、乾隆三代，对中国文化做了几件大事，功劳非常大，超过了汉唐。第一，是把中国文字统一起来。所以不论研究简体字和繁体字，还是研究中国文化，真要认得中国字，先要注意一本书，就是《康熙字典》。这部字典把中国几千年的文字加以整理，是一大功劳。第二，是编辑《四库全书》，把中国的文化做了系统的整理，又是大功劳。第三，在康熙时编了一部比《四库全书》还实用的《古今图书集成》。要研究中国经济体制，有一部书，其中资料包括从上古到明清之间的经济体制，就是《古今图书集成》的《食货典》，不叫经济。经济这个名词是日本人先翻译的，我们的许多翻译名称用的是日本的二手货。《食货典》所谓的食，是老百姓吃的，货是货品；可惜这本书没有人去研究。

第二章　中和位育

喜怒哀乐之未发谓之中，发而皆中节谓之和。中也者，天下之大本也；和也者，天下之达道也。致中和，天地位焉，万物育焉。

致中和

> 天命之谓性，率性之谓道，修道之谓教。

《大学》《中庸》是儒家代表性的两部书。有一点我们研究方面首先要注意的：儒家讲的道，把道的"体"跟"用"是不分的。换句话说，形而上、形而下综合起来讲，没有把形而上之道，与形而下的行为——"用"分得那么严格。看起来以西方的哲学观念来看，很不逻辑，条理分析不清楚。事实上也不尽然。因为道体跟用、形而上跟形而下，本来不可分。"体"是不可见的，只是在"用"上、在"形"上见之体，见之道体的作用。这个观念我们首先把握住，然后读中国儒家的乃至诸子百家的书，观念就能搞清楚了。

"天命之谓性，率性之谓道，修道之谓教。"这三句话，

第三部分："师道"久违 "体用"诗明

是影响几千年来中国文化最大的东西。尤其后世宋元以后的理学家、儒家们，所有讲的儒道、理学的道理，他的修养、功夫，统统从这里出来的。那么再会同佛家、道家，所有的修养方法，构成中国文化宋元以后儒家的另一套、另一个系统的哲学。

首先对于这三句话，"天命之谓性"，我们强调说，研究中国古代的书，一个"天"字一个"道"字，特别要小心。这个"天"有时候代表抽象的一个符号，形而上的本体——就是"道"，拿"天"字来做代表。有时候是代表有形的，天文的天、气象的天。有时候这个"天"是代表宗教性，有个主宰，叫他是神也可以、上帝也可以、天帝也可以，反正有宗教性的，所谓冥冥中有一位——有一个主宰，不是有一位，说一位已经拉到人的观念——有一个不可知的力量做主宰，也用这个天。有时候这个天是直接就代表人的善心，等于中国后世文化，同佛家以后的明心见性这个"心"一样的。所以宋元以后，有时候把这两方面合起来用，譬如讲学佛、禅宗的境界，他们用一句话"性天风月"，就是说本性里头的、人的自性里头那个天地、那个宇宙，有他的境界，有他的风光，所以叫做"性天风月"。文字非常优美，实际上是个哲学——性天里头哪里有个风月？实际上它不是一个实际的，只是一个形容，形容里头有很优美的境界。所以这个"天"字我们要特别注意。

那么《中庸》所讲的"天"呢？是抽象的，代表形而上的道，也可以把它当作宇宙之间万事有一个不可知的力量。"天命之谓性",人性从哪里来?天命。这个命是当成禀赋,赋予你的,生命当中自然有这股力量给你,这就是"人性"。"天命之谓性",那么如果拿这句话做比较宗教、比较哲学的研究,那就牵涉到佛家的所谓唯识、唯心,各种的思想;那么牵涉到道家的,就是老子所讲的"人法地,地法天,天法道,道法自然",这个就是自然。那么再加上牵扯到西方宗教、哲学的,那就越来越多。在中国文化过去就是这样简化,我们后世当成一个大问题;在几千年前对中国的老子、中国的古人来说,这个字很简单。生命从哪里来?也不管先有鸡还是先有蛋,反正"天命之谓性"。所以我们常常讲天生我的个性是这样;这个天就代表了宗教的、哲学的、不可知的、可知的,统统在内了。你觉得上面掉下来也可以,地下长出来也可以,反正后面那个是什么东西呢?拿一个字把它挡住——"天"。就是到这里为止,哈!所以在西方哲学家看来,中国文化没有哲学,它不能被追究的,它上面来个挡箭牌就给你盖掉了,再问下去呀,不能问了。事实上可以问,就是解释非常多。假定把中国文字,所有书本里,秦汉以来的这个"天"字都集中下来,那可以写一大部头的书,几乎写到可以同《辞海》一样多的字,讲不完的,这个"天"字。

现在我们把它简化起来。《中庸》所讲,人性的来源,自然的禀赋,这个就是"性"。在儒家的观点,认为人性本来

第三部分："师道"久违 "体用"待明

是至善的，不坏的；坏是后天搞坏的。从性善派的这个思想来看《中庸》，所谓讲"天命之谓性"，这个性是本来干净的、纯洁的、善良的、无私的，总而言之，至真、至善、至美；拿西方的哲学观念，真、善、美的。——"天命之谓性"。

"率性之谓道"，我们中国话、土话里"率性"两个字用得很"率性"了，可以随便乱用。我"率性"要打你就打你了，我"率性"爱怎么样就怎么样。实际上这个率（suǒ）字，又念 shuài、又念 lǜ，各种读音，是所谓的破音字，现在新的名词。在过去的文字的观念，叫做借用、假借。有些地方都可以借用这个字。率（suǒ），在古代的解释里是"直"，直道而行，很直的，不转弯的，不是老子所讲的"曲则全"，不是歪曲。直，也就是直心，直心——没有加坏的观念染污的，纯洁的、天然的，这个就是道。依本性至善，第一念的至善之心，这就是道。这个道，做个比较来说：《中庸》上的道在"天命之谓性"的之下，"道"变成"用"。"大学之道，在明明德"，《大学》上的"道"，道盖住了"天"。两个代号不同。之所以一般研究我们中国文化，为了这个名词代用的范围、定义很难下。同样一本书上，上下两个字不同，观念不同，有时候做名词用，有时候做动词用。那么这些，我们假如青年同学们念书念多了会起怀疑，这个"道"是讲什么？这是讲"用"。道和天两个都有几个方面的代号，几方面的代表。

他说我们人性天生是至善的，孔子讲的话："人之初，性本善。"这个《中庸》是孔子学说传统下来。"率性之谓道",不加上后天的心思,不加上后天的染污,直道而行,这就合于先天的道。但是人往往不可能!人生下来,加上后天社会、家庭的教育、社会的教育、各种的影响,心思龌龊了、脏了,或者歪了,必须要把它纠正过来,所以要修行;修正自己的行为,把它改过来,所以"修道之谓教"。这个"教"不是宗教的教,是教育的教。"教"者,在古人解释"教"字是效法的"效","效"也是"学"的意思,学习的学,跟着来学——教化。所以修道就是教育的目的。所以人同一切众生、一切禽兽、一切生物不一样,因为人有思想、有教育、有文化,可以把坏的一面把它修正、改过来,这是《中庸》这三句话里面的原则。

换句话说,第一句话,"天命之谓性",自然之道,就是见道。"率性之谓道",就是修道。"修道之谓教"是行道。见道以后如何去修道,修道以后如何去行道。这个道要注意,不是学佛的那个道,也不是道家修长生不老之道;这个道——天人之际,人同天两个不相隔离的,人同鬼神也不相隔离的;以人为中心、人道为中心,如何去明道而起行的道,这就是"修道之谓教"。这三句话下面所有的解释都是在这三句话的原则之下的变化。

  道也者,不可须臾离也,可离,非道也。是故君子戒慎乎其所不睹,恐惧乎其所不闻。

第三部分："师道"久违 "体用"诗明

后面这几句话,是中国文化、东西方的文化——宗教也好、宗教的哲学也好,或者不是宗教哲学、纯粹的哲学也好——一切人文文化的一个万古的名言,不能变。

它的道理就是告诉我们,"道"这个东西并没有离开我们!每个人生下来本身都有道的,因为"天命之谓性"嘛,各个都有道。"不可须臾离也",这个"须臾"是中国的形容词,等于佛家后世来说的刹那之间。那么佛学讲刹那,那很严重,人一个弹指包括六十个刹那。中国人讲须臾,有多少个刹那、含有多少个弹指(指头弹动一下)?没有规定,反正最快的速度就是须臾,一下子;就是眼睛眨一下也有好多须臾了。所以这个"道"啊,他说"道"这个东西,他上面讲的是做功夫修养,不可以有一刹那离开道的,叫我们修道的人要小心,随时要在修道。事实上进一步说,这个"不可"啊!事实上教我们认清楚"见道"的方面。人,生来各个有道,就是自己忘记了。"不可须臾离也"。

"可离"都"非道也"。说修它就有,不修就没有,那不叫做道,那是修得来的,没有用。他说道这个东西啊,就在我们这里,随时随地有。"可离者",认为道可以离开,认为我现在为什么要修道?——道掉了,所以去找回来。找得回来一样掉得了啊!那不是真道。

这个道是"天命之谓性",人人生命当中本来有的。"可离者非道也",离得开,做功夫再回来、不做功夫又掉了,你这个不是道哦！真正的道，就同佛家说的一样，一悟千悟、一得永得，不掉的；不生不灭、不垢不净、不增不减，是同样的道理。这个道是没有变动过。所以讲，这几句话是东西方宗教与哲学中的哲学，是万古的名言。"道也者，不可须臾离也，可离，非道也。"

但是下面就讲到"修道之谓教"。事实上我们这些人啊，生下来以后把道蒙蔽住了，自己蒙蔽住了，不晓得自己的本身有那么大的宝贝，道是永远跟着我们的。那么我们为什么不能自己见道啊？是后天的情、识、观念把这个道挡住了。我们要怎么样修道呢？要"君子戒慎乎其所不睹"。在行为上讲，在修道上来讲，我们每一天都在做事，要小心，自己要做个范围——戒，要谨慎。"其所不睹"，看不见的地方要小心，为什么呢？就是曾子在《大学》上讲的"小人闲居为不善"。一个人平常很道德，很严肃，当你一个人在房间里，都关起来，都看不见的时候，你什么怪相自己都会做得出来，什么事情都会做得出来，这就不是修道人的规范。

修道人"戒慎乎其所不睹"，一个人都看不见的时候，乃至鬼都看不见你的地方，等于平常那个在佛堂里、在教堂里、在孔庙里、在父母的前面、在祖宗的前面，完全是一样，这是修道的行为。所以"戒慎乎其所不睹"，表面和背后完全一样，那还不算数；看见与看不见的地方一致，这是道德的标准、行为的标准。"恐惧乎其所不闻"，恐惧，害怕。你说没有关系，

第三部分："师道"久违 "体用"待明

我们骂他两句，不要紧，他听不见；果然别人、第三者是听不见，我们自己却违反了自己天性上的道德。即使没有人听见，乃至没有鬼神听见，可是一样要恭敬而严肃，这是行为的标准，也就是一个人有没有教养的标准。

中国几千年来文化的教育，《大学》《中庸》《诗经》朝这一条路上走。我们过去的教育是如此，这是讲形上。但这两句话这样解释就是根据上面"修道之谓教"来的，"修道之谓教"就是"行"了。假设拿修道来讲，同上一句"天命之谓性"的见道来讲，又不同了。那么，有两个字要注意——"睹"，眼睛看见；"闻"，耳朵听见。他说道在哪里见呢？"戒慎乎其所不睹"，看不见的，见而不见，那个地方是道的体。所以要想见到道的体，"率性之谓道"，真正是自己"天命之谓性"。你如果打起坐来，前面有光，不是道；道是看不见的。看见有光，看见有个佛像，看到了孔子，都不是！道是看不见的，它无形色，也无声音。所以《中庸》最后有交代，"上天之载，无声无臭"，这个本性啊，不可见、不可闻、不可得，它充满宇宙之间，空灵绝顶。所以说，"戒慎乎其所不睹"，一切无所见、见无所见的地方，正是你见到自己本性、悟道的时候。可是一切人修道，总要抓一点东西吧，而且有时候看见什么啊？啊，我看见莲花了，看到菩萨了，看到上帝了，就是习惯性都要看见一个东西或者是道。"天命之谓性"，这个"性"不是肉眼可见——不可见处体会这个性命的本来，你就差不多到了。所以"恐惧乎其所不闻"，换句话，你要小心、谨慎，有所闻、被声色所扰的不是道，有形可见也不是道。所以大家研究佛家《金刚经》也一样，释迦牟尼佛也这样说："若以色见我，以音声求我，是人行邪道，不能见如来。"那么跟《中庸》一比一样，只是两个表达的方法不同。所以不可见、不可闻，"天命之谓性"，本性的境界。

> 莫见乎隐，莫显乎微，故君子慎其独也。

这就是刚才说明的。第一个，道这个东西到底不可见，你说人家明心见性，见个什么？有人说，我功夫到了，看到一个亮光，这就是本性了。不是的！那是"相"，着相就不是了。"戒慎乎其所不睹"，看不见，听也听不到，一切耳目所不到处——差不多你可以了解这个道了。"莫见乎隐"，"莫"是不可以、没有。因为你要见道，我们一般人去追求一个道，不管你修儒家、修佛家、修道家，总想追一个道，一般人修道总想得道；"得道"是个名词，得道并不是抓到一个手表一样，总算我偷来了，那个叫得到，世俗把拿到叫得到。真正见道是一切放掉，什么都放下，那个才是见道；同世俗观念是两样的、相反的。"莫见乎隐"，我们的习惯，去修道一定找一个隐秘、不可知的隐秘——"隐"就是秘密——都认为道是非常奥秘的，去找那个奥秘，想在奥秘中间去见

第三部分:"师道"久违 "体用"待明

道——错了!那里见不到的。道在哪里见?——"莫显乎微",到处都是道,摆在那里明显得很。很精微的道,很明显地摆在这里,处处有道。庄子就提出来,"道在屎溺",道在哪里?道在大便、小便,厕所里都有道,吃饭也有道,就是生活之间没有哪一处不是道。所以讲"莫见乎隐,莫显乎微,故君子慎其独也",也是体和用两个一起来了。

讲用,讲行为,就跟到上面说,"戒慎乎其所不睹,恐惧乎其所不闻"。我们修道,不要认为,人看不到的地方、没有人知道,那么可以乱来——不可以!要"君子慎其独也"。单独自己一个人在这里,如对大宾——就是说等于对长上。我们历史上许多有修养的儒家,退朝之后,坐在家里,在书房还穿着朝服,非常严肃。"如对大宾",像对着皇帝、对着父母一样地讲话、做事情。在历史上好多这样的榜样——过去都是儒家的教育。

在过去呢,因为这种教育,"慎其独也",单独在一起,如面对上帝、面对菩萨、面对祖宗、面对父母那么严肃,这是"形"上。实际上,在见道方面,我们讲曾子的"慎其独也",超然之独立,孤零零地存在,那是独。儒家这个"慎独",有很多的解释。我们晓得唐代有《十三经注》这本书,宋代的著作也有,清朝有《皇清经解》,合起来《大学》《中庸》注解的书不晓得有多少家,各种文字解释很多,当然都有它的理由。那是拿学问、学理上讲。

所以说，见道与修道，开头这几句话，统统告诉我们了，非常简单。那么，我们讲，他这个《中庸》《大学》里，拿佛家禅宗的话讲，都有直指人心见性成佛的法门，就是这个法门，单刀直入，告诉我们道在哪里，怎么样明心见性？就是那么简单。同时它也包括行为，修道人的行为在哪里，怎么样修？具体怎么样修定？就是根据前面"天命之谓性，率性之谓道，修道之谓教"所谓见道、修道、行道这个道理来。

> 喜怒哀乐之未发谓之中，发而皆中节谓之和。中也者，天下之大本也；和也者，天下之达道也。致中和，天地位焉，万物育焉。

"中节"这个"中"不念中（zhōng）了，而是念"中（zhòng）"，打靶一样打中了。这里讲，"修道之谓教"，行道、见道的功夫了，做功夫方面，明确告诉我们方法了。他教我们从心理上起，做功夫起修。儒家的修心养性，怎么样修心呢？他说，我们的心理，有喜、怒、哀、乐这四种，他把情绪的变化分这四种，喜、怒、哀、乐之未发，没有"中（zhōng）"，今天也没有人骂你，所以不怒；今天也没有中一百万给你，所以你也没有喜；今天没有伤心的事，所以没有悲哀；今天也没有爱国奖券中了那么高兴，平平淡淡，此心不动。一点都没有喜怒哀乐，喜怒哀乐没有发动的时候，这种情况这种境界叫做"中（zhōng）"，

第三部分："师道"久违　"体用"诗明

中性，道的中性，不动。那么《中庸》叫"中"，佛家叫做"不动地"，各种各样的名称很多了，或者叫"未心定处"，等等。《中庸》直接告诉你，喜怒哀乐都没有动，这个叫"中（zhōng）"。比如说，我们比较地来看，大家喜欢流行的禅宗，喜欢用寒山的诗，"我心如秋月，寒潭清皎洁"——太冷了！这个境界太凉了。喜怒哀乐虽然没有动，未免带一点点悲哀的情调，不"中"，还是偏了。后来有个人说："我心如灯笼，点火内外红"——太热了，未免还是不好。虽然喜怒哀乐未动一些，未免有一点带怒容，太热了，有点光火，还是不"中"。中者，喜怒哀乐没有动，这个境界，只要我们自己在自己内心上随时可以找到"天命之谓性"的这个中庸境界。喜怒哀乐没有动以前、未发动以前，不是没有动！快要发动了——"中（zhòng）"是已经发出了作用——还没有发，快要来了，事先知道，没发之谓"中（zhōng）"。

但是，一般人都认为，修道的人没有喜怒哀乐。一般人的观念里认为，修道的人一定都不生气的，你把他的头、鼻子割掉了倒过来装他也不生气——那叫做泥巴人，不是修道。修道不然！形上讲体，喜怒哀乐未发的，适当有喜怒哀乐，还是个人，但是要发而皆中节，恰到好处。这个叫做"和"。真的不起用，换句话说，喜怒哀乐都不动，在佛家来讲，是小乘罗汉的境界。大乘菩萨的境界是"发而皆中节"，他就能够入世。比如说今天你爸爸妈妈死掉了，你说，因为我修道，喜怒哀乐之未发谓之中，我哭都不哭——你把它压下去，还有情感哪！真的连情感都没有，那这个道这个中庸不必修了，这个是叫做"昏庸"，那不叫做"中庸"。当然，亲生父母过世，或者看到人家遭遇大悲惨的事，掉几颗同情之泪，是应该得很噢！"发而皆中节"。当然，我们现在讲《中庸》情绪很平淡，但如果突然"唉呀，我的妈呀！"一把鼻涕一把眼泪哭起来，那就不中庸了，不中节了，疯子。要"发而皆中节"，所以，当为孝子的时候为孝子，当为忠臣的时候为忠臣；出家就是大法师，在家就是大菩萨；做媳妇就像个媳妇，做儿子当然像儿子。当然鼻子像鼻子，眼睛像眼睛，反正样样"中节"了——恰到好处！人生"中节"叫做"和"。

换句话说，"喜怒哀乐之未发谓之中"是体，修道，"天命之谓性"。那么"发而皆中节"就是"率性之谓道"。那么怎么样去修它呢？所谓中，就是这个体；和，就是这个用。所谓"中也者"，那个境界，我们学佛的讲"万缘放下"，万缘当然包括了喜怒哀乐，都放下了，这是中——道体。"中也者，天下之大本也"，根本的道体。但是得了道不能不起用啊！不起用何必修这个道呢？起用要"发而皆中节"，所以你说古人也辩论，修道能不能发怒？尧舜也发怒——武王一怒而安天下。这种怒多怒几回蛮好的，天下太平！为什么不可以怒啊？所谓怒目就是金刚——你看佛家的庙子，瞪起眼睛、拿起武器、要吃人，魔王一样的，他也是教化，只好拿这个教化；慈眉就是菩萨。怒目金刚、慈眉菩萨，是喜怒哀乐的变相，都是道之用。所以说，要起用，用到恰到合适的时候，"和也者"，"天下之达道也"。达者，能够用；不能去用，这个道修来干什么？没有用的。

所以，"中"跟"和"，一个"体"，一个"用"。体用要不分，要合起来，体用不分。光用而不能返回道体，那就是普通人，在佛家讲，是绝对的凡夫；光晓得清净就是道、不能起用，在佛家的观念就是罗汉，没有用，死东西。所谓禅宗就骂人"死水不藏龙"，没有用。所以，由体归用、舍用归体、应用自在，佛家叫做"观自在"——观自在菩萨。儒家叫中、和。"致中和，天地位焉，万物育焉。"那境界大了！

体、用，一切无一不在道中；整个的宇宙，一个宇宙的中心，合拢来，天地的这个宇宙，地球在空间的转动，太阳、月亮转动，它因为在这个宇宙之"中"，不偏，永远在这个中心点在转。所以人这个修养，效法这个天地，到达中和的境界，"天地位焉"，跟天地同一位，所以道家修道成功的人，他也吹这个牛："宇宙在手"，修道成功了，宇宙抓在自己手里；"万化由心"，一切变化由他的心念一动，就是所谓"神通"。儒家不讲这一套，这些在儒家看来是鬼话，不谈这个，只讲道理。"天地位焉"，就是智慧、神通，无一不自在，本位的，也就是禅宗六祖悟了道以后，"何期自性本自具足，何期自性能生万法"。这是"天地位焉"。

"万物育焉。"一切万物一切众生生命的根源，就是这个东西。这个东西在儒家叫"中"、"庸"，他的境界修养到最高的——致中和。那么，我们拿道家的道来讲，就是清虚、上清——道家说："老子一气化三清。"太清、上清、玉清——整个太清的境界。拿佛家来比方，这就是大涅槃境界，一切圆满，一切归一。所以他说，道是这么一个东西。现在首先告诉我们中庸，中庸的修养。

　　这里附带讲，我们就学术上的研究有个声明，从宋元以后，讲做功夫修养，理学修养，都讲"喜怒哀乐未发之谓中"；但是，在我的观念，《中庸》《大学》百分百的对，没有错；但你自己可不要认错了！——喜怒哀乐是情啊！不是心！不是念。喜怒哀乐是情。在中国文化里情跟性两个是分开的。

　　"天命之谓性，率性之谓道"，性；喜怒哀乐来，就是修心，没有见性！"喜怒哀乐之未发谓之中"，讲修心、所谓明心！拿佛家禅宗讲明心见性那个明心！"喜怒哀乐之未发谓之中，发而皆中节谓之和"一直到"致中和，天地位焉，万物育焉"，是明心，不是见性！所以中国《礼记》分这个人"性"与"情"，人的情就是感情、情绪，情绪分七种，所以叫七情六欲。七情：喜怒哀惧爱恶欲，这是《礼记》所讲的"七情"。主要的这个四柱，算八字一样的喜怒哀乐四柱，这四种情绪是我们经常动，但是心理的思想，那个"见性"在哪里呢？"戒慎乎其所不睹，恐惧乎其所不闻。"那是见性。心，那个性、那个动念，我们

第三部分："师道"久违 "体用"诗明

思想那个动念怎么来怎么去，看不见的啊！所以老子经常比方它是"隐现莫测"！佛也说这个东西是无所从来也无所去的。那么，为什么儒家的修养侧重于情呢？后世宋明理学家十个有八个，几乎把喜怒哀乐当成是心理作用。这是错误的，大错误！喜怒哀乐是情绪！这一点，我特别向诸位提出来。

他说这是什么道理呢？我们在座的人大家有这个经验——今天你好好的，突然有个人、有个同学、朋友来看你，你发了很大的脾气，很不高兴。你自己想想很无聊，"他也没有得罪我、来看我，蛮好的么！"为什么今天情绪很不好？这个情绪里一定有愠闷那个脾气，闷，很闷！这个情绪是生理来的；理性上想：唉！何苦呢？对人家笑一下也好啊！可那个脸上绷不起来笑哎！那个神经拉不开啊！牙齿都咬紧了，皱眉。因为对人家真讨厌吗？没有啊！可自己情绪非常闷。所以喜怒哀乐是"情"，不是性。

但是《中庸》教我们做功夫修养，先转变"情"——即所谓变化气质。"情"大部分是属于生理上的、身体的关系——生理上气质变化了，养心养到中和的境界不会不见性。所以，修心自然就可以养性。佛家讲明心见性，儒家是修心就养性。所以喜怒哀乐始终培养到和平，永远在和，和就很难了。一天到黑既无欢喜也无悲，很平静，太难了！

正在中午睡午觉睡惯的人，突然中午来个两三个客人，给你拖住了，不能睡午觉，你到三四点钟的时候，又困又累，又有人家跟你谈话,你那个谈话中间"你好吗?""哦!""真好吗?""差不多哦!"眉毛就皱起来了。啊,虽然没有发脾气,已经在心里发怒了。自己对自己发怒,而且大家都有这个经验!我们活到了二十岁以上的人,都有这个经验。脸绷下来,一个人都看不见,有时候对自己发脾气的。觉得自己好讨厌!有没有这个经验?这就是"戒慎乎其所不睹,恐惧乎其所不闻"。别人看不见,你自己对自己……有时候想想自己真会悲哀起来。会不会?有这经验吧?如果没有经验要赶紧经验!人生没有这个经验不叫做人生!人尤其在单独的时候,你的情绪变化,喜怒哀乐、柴米油盐酱醋茶,各种情绪统统会来。你的修养、气质变化不了,心性修养之道免谈!都不是。